东莞理工学院学术著作出版基金

现代田径运动
竞训发展探究

王 平 ◎ 著

东北师范大学出版社
长 春

图书在版编目（CIP）数据

现代田径运动竞训发展探究／王平著. —2 版. —长
春：东北师范大学出版社，2015. 3（2024.8重印）
ISBN 978 - 7 - 5681 - 0378 - 7

Ⅰ. ①现… Ⅱ. ①王… Ⅲ. ①田径运动—运动
训练—研究 Ⅳ. ①G820.2

中国版本图书馆 CIP 数据核字（2015）第 006880 号

□责任编辑：冀爱莉 □责任印制：刘兆辉
□责任校对：曲 颖 □封面设计：书香阁

东北师范大学出版社出版发行
长春净月经济开发区金宝街 118 号（邮政编码：130117）
网址：http：//www. nenup. com
东北师范大学出版社激光照排中心制版
河北省廊坊市永清县晔盛亚胶印有限公司
河北省廊坊市永清县燃气工业园榕花路 3 号（065600）
2015 年 3 月第 2 版 2024 年 8 月第 3 次印刷
幅面尺寸：170 mm×230 mm 印张：14.75 字数：267 千

定价：45.00 元

前　言

随着我国人民生活水平的不断提高，生活、工作节奏的加快，保持强健的体魄和健康的生活方式已越来越成为人们追求的目标，体育健身运动已成为人们生活中不可缺少的组成部分。

田径运动是最古老的运动项目，田径运动自诞生之日起，就深受群众的喜爱，并逐步成长为现代竞技体育中最重要的生力军，现代奥林匹克运动在世界范围被普及与发展，这与田径运动的普及密不可分。田径源于生活，其中处处要求速度、力量、耐力以及技术，田径可以全方位展示人类掌握生存技能的最高境界，它集各种人类身体素质、技巧于一体。田径运动被看作是人类挑战体能极限的一个项目，田径运动较量的是谁更快、更高、更远。田径赛场紧张激烈，因此众多田径选手把从事田径运动作为超越自我的一个人生目标而奋斗不已，这也正是田径运动吸引观众的地方。

本书着眼于田径运动竞技训练的发展，坚持继承与创新、改革与发展，坚持实事求是，从田径运动竞训的实际出发，在继承前人理论的基础上，重点吸收了国内外田径运动的先进理论和实践内容，突出实用性、实践性、科学性、先进性、时代性等特点。

全书共分八章。第一章主要介绍了本书的研究背景、意义及相关研究情况；第二章主要介绍了田径运动技术的基础理论；第三章主要介绍了田径运动战术的基础理论；第四章是关于田径运动训练主要理论与方法的研究；第五章主要介绍了田径运动训练的管理；第六章是关于田径运动科学化训练的研究；第七章是关于田径运动竞技能力的研究；第八章是关于我国田径运动可持续发展的研究。

目　　录

第一章 绪论

第一节 研究背景及意义

一、研究背景

田径运动是最古老的运动项目，也是目前世界上衡量一个国家和地区体育运动水平高低的重要标准。不仅是亚运会乃至奥运会的主旋律，也是金牌数目最多的项目，故有"得田径者得天下"之说。世界体育强国都将田径项目放在基础的战略位置，我国田径运动近几年也有很大的突破，但与世界体育强国相比仍相差甚远。田径运动训练理论的发展，对促进田径运动的发展，提高运动成绩有重大的作用。

(一) 选题依据

理论是系统化了的理性认识，具有全面性、逻辑性和系统性的特点。田径运动训练理论是对田径运动训练的本质和规律的认识，是人们在田径运动训练竞赛实践过程中联系实际推演出来的概念或原理，形成了田径运动训练的基本理论框架，以提供训练思路的模式指导田径运动训练，为田径运动训练提供科学依据。

任何事物都是一个发展变化的过程，田径运动训练理论也必然要与时俱进，不断补充新的血液，才能适应田径运动发展的需要，更好地指导田径运动的训练和比赛，促进田径事业的发展。现在田径运动竞赛越来越激烈，运动员训练和比赛的强度越来越大，每年参加比赛的次数也越来越多，运动成绩越来越接近人体的极限，因此对田径运动训练理论的研究是必要的。随着科学技术的不断发展，许多新的训练方法和手段、科学的训练理论不断地运用到田径运动训练中去，促进了田径运动的发展，使人们对田径运动的实质、机制、影响成绩的因素等问题的认识也不断完善、深刻。在现代田径运动迅猛发展的促进下，田径运动训练理论知识在不断地充实和更新。这就要求我们对田径运动训练理论进行研究，在总结前人研究的基础上，不断增加新的内容，促进田径运动训练理论的系统化、科学化。

现代田径运动训练实践及科学技术的发展，对田径运动的发展产生了积极的影响，这一变革对现代田径运动训练理论也提出了新的课题，我们只有对其进行认真的梳理，明确其科学的走向，探索和寻求新的特征，才能依据事物发展的趋势，科学地指导田径运动训练，挖掘运动员的最大潜能，提高我国田径运动的整体水平。

（二）研究目的

通过对当前田径运动训练的研究现状进行详细分析，深化对田径运动训练理论的认识，找出当今田径运动训练理论发展的特点和趋势，为我国田径运动训练水平的提高，提出一些建设性的意见，为教练员制订田径训练计划和方法提供参考依据。

（三）研究方法

1. 文献资料法。在研究中，参阅与本研究相关的国内外专著和期刊文献，收集和分析大量与研究有关的文献资料，其中部分资料来源于直接的有关文献的二次文献，了解当前国内外关于田径运动训练理论和研究的基本状况。

2. 逻辑分析法。收集和整理田径运动训练领域相关理论，对其进行归纳、分析。

3. 比较研究法。通过对优秀运动员训练安排的发展比较研究，总结田径运动训练发展趋势。

二、研究意义

对田径运动训练理论的研究具有理论意义和实践意义。

通过对田径运动训练理论的研究，可以展现当前田径运动训练理论研究新的进展，对原有的已经不适应田径训练与竞赛的理论进行改革，使田径运动训练理论向系统化、科学化方向发展，进一步完善田径运动训练理论体系，以适应田径运动的不断发展。

通过对田径运动训练理论的研究，提高田径运动训练理论的时代性、科学性，增进人们对田径运动训练现象的认识和了解，提供田径运动的训练思路和模式，为田径教练员制订田径训练计划提供参考，可以更好地指导田径运动的训练和竞赛，提高田径运动训练水平，推动我国田径运动更快、更好地发展。

第二节 相关研究综述

一、专门的田径运动训练理论研究

当前我国专门的田径运动训练理论的研究比较少，通过在期刊网上搜索"田径训练理论"只是搜到少于十篇相关文章，而且这些研究的内容具有很大的相关性，基本上是同样的内容，但都涉及好多方面，主要是周期训练理论、运动负荷理论、恢复理论、专项训练理论、选材的科学性和早期训练。

关于周期训练理论的研究，主要有陈仁伟认为的现在运动训练的周期理论有待突破。传统的周期训练理论，随着现代运动竞赛的变化，比赛的次数逐年增多，已经不能适应新的赛制。在全年的每个季节、每月都可能有好几次比赛，运动员必须在全年都要保持较高的竞技状态，如果按照传统的训练周期进行训练，就无法适应现代的运动竞赛，也不可能创造优异成绩。我们认为现代训练的周期应以周为单位设计，即使在准备期，仍然要有一定比例的较大强度的训练。尹军、李鸿江对周期理论的研究主要是综合分析国内外的文献资料并进行了总结，发现现在学者们对周期训练理论的研究主要是依据生物科学中的超量恢复原理、机体适应原理，系统科学中的阶段性与整体性原理，对不同田径专项训练周期的设计与安排，以及训练方法、内容、手段、原则等方面进行了较为广泛而细致的研究，并列举了一些具有代表性的专家学者的研究成果。我们发现国内外学者在训练过程的周期划分、训练结构、训练内容等方面有较为一致的看法，但在周期的具体安排上却存在巨大差异，这可能与运动员个体差异以及各国的季节差异有关。但是仍须指出的是，最近几年有一些训练学专家对马特维耶夫的传统训练周期理论提出了质疑和批判，并提出了新的周期控制模式。高春明、岳新坡、毛爱华指出，随着现在比赛次数比以前成倍增加，过去在一个年度中安排一到两个大训练周期已不能适应现在比赛的需要，现在田径训练的年度训练周期安排应是多个大周期，每个大周期的训练时间缩短，促使运动员连续出现最佳竞技状态，以取得优异运动成绩。同样持这种观点者还有林锦清、倪超，认为在每个周期训练中完整技术的训练应贯穿全年的各个时期。

关于运动负荷理论的研究，陈仁伟认为，运动负荷安排应以强度作为灵魂，传统的时间长、数量大、强度低的准备期的训练几乎不复存在，随之而来的训练时间、负荷数量相对减少，而有效负荷强度的训练将成为当今运动训练安排方面的一个发展趋势。尹军、李鸿江在综合分析了国内外的文献资料的基础上，对田径运动负荷的研究现状进行了分析，认为现在对其的研究主要是从生理学角度展开的，其研究基点是依据训练过程中人体的生理适应与刺激变化。介绍了20世纪50年代、70年代、80年代主要的研究成果。茅如林、傅建东、毛冬香、高春明认为训练中要突出专项强度。现代运动训练实践中，有的教练员和学者提出训练过程中经常采用与比赛接近的负荷量和强度，才能使运动员长时期的保持竞技状态，随时参赛，随时出成绩。国外还把当前训练的特点总结为"一快、二多、三大"，即全年训练节奏快，训练天数多、课次多，每次课总运动量大、密度大，强度大。

李金珠认为现在田径运动训练负荷量明显加大，呈现出追求大强度运动负荷的态势。表现为：年训练量、周训练量、课训练量加大；课的训练强度加大；年参赛次数增加，密度加大；恢复调整期缩短等。吕季东认为现代训练的负荷安排具有如下特征：总量不断增大；突出专项负荷强度的增加；强调负荷安排的定向化；负荷指标的定量化。

关于恢复理论的研究，主要有李金珠、高春明、茅如林、傅建东、毛冬香指出的现代田径训练高度重视训练后的恢复及营养补给。认为运动员在训练或比赛以后能否迅速而充分地恢复，直接影响着运动水平的提高；加速机体恢复是采用大运动量训练的前提。同时介绍了运用医学、生物学、营养学、教育学和心理学进行恢复的方法。现代田径运动训练给人体带来的负荷与日俱增，随着负荷的加大，不少运动员常超负荷运转，训练负荷近乎极限，疲劳的积累也越来越大，营养与恢复措施就显得十分重要，只有在保证恢复的前提下，负荷产生的疲劳才有价值。同时高春明、岳新坡、毛爱华在恢复方法创新方面都提到了我国中医理论的重要作用。吕季东认为应加强对营养和恢复的认识和研究，"对营养和恢复的投入，就是对训练的投入"。过去，我国在女子项目训练中非常重视这方面的研究，并且取得了可喜的成就，在男子项目训练中虽然也注重，效果却不明显。在今后的田径运动训练实践中，对于男子项目的营养与恢复研究必须重视和深入，这样才能促进我国田径运动训练水平的全面提高。

关于专项理论的研究，吕季东认为我国现在的田径运动训练主要是靠经验来指导的，我们必须将经验通过辩证的否定，找出田径专项训练的内在规律，结合本国的特点研究各个项目的制胜规律，以期待我国田径专项训练理论取得新的发展。陈仁伟、林锦清、倪超研究认为，现在田径训练的内容应围绕专项来设计，在训练方法上提出了训练方法更新理论，平时所采用的训练方法、手段要经常更新，要注意不断创新。每周训练内容的固定搭配要经常交换，每次训练课除了突出一项主要内容之外，最好安排综合性练习，让运动员有新鲜感。高春明树立了速度训练为核心的指导思想，世界优秀运动员无一例外地把提高速度放在首位，以专项速度为核心，并建立合理的速度结构。坚持速度训练为核心的指导思想有助于高水平田径运动员的培养，也是田径运动训练的发展方向。

关于选材理论的研究，我们认为应科学选材和早期训练。茅如林、傅建东、毛冬香、高春明、李金珠认为应重视遗传因素在选材中的重要作用，科学验证运动能力与遗传有极重要的关联，如身高、外型和最大吸氧能力、遗传因素占93.4％，最大脉搏频率遗传因素占85.9％，血乳酸浓度遗传因素占81.4％，红肌白肌纤维，骨骼肌纤维数量都取决于遗传的支配。德国学者格拉姆在研究运动能力遗传时指出："在运动能力遗传中，具有卓越运动才能的亲代，其子代中有 50%的人具有优秀运动才能，而且有可能超越亲代个体。"现代田径运动员培养追求的是科学选材、早期培养，其核心是把具有田径运动天赋的青少年选拔出来，给予专门训练，使他们的潜能得到充分挖掘和发展，进而达到较高的水平。实践证明，选材的成功是训练成功的一半，只有选材好，加以科学训练，才有可能培养出高水平的田径运动员。

二、对田径运动训练理论研究的述评

目前专门的关于田径运动训练理论的研究比较少，而且研究的深度很浅，理论还不是很系统。在搜集的田径运动训练理论的研究文献资料中，在研究方法上一般都采用文献资料法、逻辑分析、数理统计等方法，说明这些方法是田径训练理论研究的主要方法。在研究内容上周期训练理论、负荷理论是大家研究的重点，每篇文章都用较多文字进行阐述，而对选材理论、专门理论、恢复理论的研究就相对较少。这表明现在周期训练理论、负荷理论是研究的热点，也是现在田径运动训练中变化最大的。

在田径周期训练理论方面，随着时间的推移、科学技术的进步、现在田径运动赛事的改革等，传统的周期训练理论已经不能适应新的训练要求，必须进行改革。近几年许多学者、专家对这个问题进行了研究，提出质疑和挑战，并提出了一些建设性的意见，使田径运动周期理论得到了一定程度的发展，但都不是很全面，存在许多不同的观点。现在田径运动周期训练理论的本质并没有被触动，只是各个周期训练内容、负荷有些变化，去适应现在的赛制。本书就是对这些问题进行全面的分析，针对这些不同的观点，进行再次的分析和研究，提出具体的具有指导性的措施，指导运动员训练周期的设计，对我国田径周期训练理论的实践提出建议。

现在田径运动训练负荷发展趋势是运动负荷不断增大，特别重视负荷强度，以训练的强度作为现在训练的灵魂，尤其是专项负荷强度的增加，并十分强调负荷安排的定向化。其实负荷的安排必须是因人而异的，因为每个人能承受的负荷是不同的，而且在基础训练、专项训练等阶段的安排也是不应该相同的。不能只是强调强度，因为任何事物都有个量变到质变的过程，没有量的积累，达不到成绩提高的目的。

田径运动员的选材现在更加重视科学选材和早期培养。发展的趋势是更加重视新的科学技术在选材中的应用，特别是现在运动生理学、解剖学、遗传学、基因工程等学科和科学技术的发展给田径运动员的准确选材带来了更大便利。

专门理论的研究主要是对项目制胜规律的研究和项群训练理论的研究。发展

趋势是田径运动训练的内容应围绕专项来设计，根据田径运动训练的内在规律，结合我国的特点找出各个项目的制胜因素。在训练方法和手段上追求新和变，每次的训练在突出主要内容外，训练内容要不断更新，让运动员有新鲜感。

现在田径运动训练的发展，高度重视运动训练和比赛后的恢复与营养的补给。应用到恢复的方法越来越多，如医学、生物学、营养学、教育学和心理学等，现在对传统的中医理论对恢复效果的研究也在增多，这些都对研究田径运动恢复理论提供了研究的参考。

总之，现在对于田径运动训练理论的研究文献还很少，面对现在迅速发展的田径运动训练和比赛，对田径运动训练理论进行研究，深化对田径运动训练理论的认识，对田径运动训练和比赛成绩的提高具有重大的帮助，有助于田径运动事业的发展。

第二章　田径运动技术基础理论

第一节　田径运动技术基础理论概述

一、田径运动技术原理

田径运动技术原理是对田径运动技术及发展规律的一般性概括与论述，是学科理论的基础。丰富、完善与发展田径运动技术原理对田径学科建设，促进田径运动向前发展具有重要意义。

每一种理论学说，都表现为一定的体系，并以体系的方式存在。体系是内容以范畴的形式的逻辑展现，这是理论的形式方面；另一方面，相对完善的学科内容（尤其是学科基础理论）必须寓于相应的形式之中，且具有严密的逻辑结构。因此，这里指的体系包含两个方面，一是构成完整理论各要素间的内在逻辑联系，二是指理论的存在形式。基于这样的认识可以知道，田径运动技术原理目前尚未形成完备的理论体系。

从总体上看，完善田径技术原理有三个方面的内容：一是明确田径运动技术原理的研究对象；二是确定技术原理的基本内容；三是确定这些基本内容的构成方式。

（一）田径运动技术原理的研究对象

田径运动技术原理的研究对象，是建构和完善其理论体系的逻辑起点。从最一般意义上讲，运动技术原理的研究对象就是田径运动技术的内在组成要素及结构方式，对于作为逻辑起点的田径运动技术，认识有待深化，不能仅仅停留在认为田径运动技术是指人们合理地利用自己的运动能力创造田径运动各项目成绩的方法上，应该更全面、更深刻地理解田径运动技术含义。

1. 田径运动技术的内在规定性

明确田径运动技术的内在规定性是指在什么范围内考量田径运动技术。首先，从主客体关系看，当前的认识只注重了运动技术的主体性，其实运动技术的构成应包括主体和客体两个方面，在多数情况下，运动技术的主体是受客体的支配与制约的。这里的客体指场地、器材、设备等要素，也指竞赛规则、竞赛环境这样被客体化了的客观存在，而更主要的是指运动力学这样的物质运动的客观规律。

后者已成为运动技术原理的主要内容，前两者也应作为影响田径运动技术的客体要素而被纳入研究范围，从而成为田径运动技术原理的组成部分。其次，由于田径运动技术的成绩评定与作为技术方法的表现形式无关，因此，田径运动成绩是对通过一定动作方法所表现出来的身体运动能力的客观测量。这就是说，运动能力（身体素质）是运动成绩的实在内容，运动技术是运动成绩的表现形式，以运动技术作为研究对象的运动技术原理不能不涉及运动能力（身体素质）这样的实在内容。身体素质既是运动成绩的实在内容，也是运动技术的基础。因此，运动技术原理应该揭示身体素质与运动技术的内在关系，对这种内容与形式的关系的把握应成为田径运动技术原理的主要内容之一。当前的田径运动技术原理虽有这方面的内容，但论述不全面。对径赛项目成绩的决定因素，只涉及步长、步频的层次，而对影响步长、步频的诸多因素缺乏系统而深刻的研究。对田赛项目成绩的决定因素，也限于对几个力学参数的论述，没有突出身体素质对运动技术的影响与制约作用。

2. 田径运动技术的周延性

所谓田径运动技术的周延性，是指田径运动技术的多种表现形式。田径运动技术原理的内在规定性强调的是田径运动的物质属性。运动技术不是物质本身，而是物质运动的方式、方法。而物质运动的方式、方法在符合一定原理、条件下呈多样性。这种统一于一定的方式、方法基础之上的多样性就是田径运动技术的周延性。

同一项目的田径运动技术一般都有相同的技术结构，且服从一般的理论原则，但相同的技术在不同的载体（身体）上，用以表达技术的各种参数是有差异的，这种技术参数的非一致性就是我们通常所说的技术类型和个体技术特征，是运动技术周延性的具体内容。技术类型与个体技术特征是由身体素质结构特点与身体形态结构特点所决定的。如在田径的跳跃项目中，跳高有幅度型和速度型之分；跳远与三级跳远有高跳型与平跳型之分；投掷项目中的掷铁饼有支撑投与跳投之分；掷标枪的投掷步有跑步式投掷步与跳跃式投掷步之分；径赛项目中的中长距离跑有小步幅、高步频与适中步长之分。短距离跑目前虽然没有划分技术类型的提法，但在主要技术环节的技术参数上存在明显的个体差异。如百米跑的前蹬距离，中外优秀运动员分别为 27 厘米和 43 厘米，这种差异已引起有关研究者的关注，提出了提高步长是增大支撑位移还是增大腾空位移的问题，并对技术原理中关于"着地点应尽量靠近身体重心投影点"的提法产生了质疑。技术原理虽然是一种普适性理论，却不能回避现实中普遍存在的技术类型的划分和个人技术特点问题，应对此作出科学合理的解释。

3. 田径运动技术的本质

对于技术原理研究对象的田径运动技术，在概念的定义上，如仅仅从动作方法上来解释和把握，并不是对技术概念最本质的抽象，这种概念并未指明作为技术实在内容的身体素质与动作方法之间的内在联系。这样定义的技术概念由于蕴含的信息量太低，因而难以成为技术原理的逻辑起点。技术的本质体现于构成技术的各要素的联系之中，关于运动技术的最本质的抽象就是动作方式、方法的合目的性。前者是手段，后者是特定的运动效果。运动技术就是一个"手段——目的"系统，这样理解田径运动技术的本质为我们构建原理体系确定了一条主线。即以构成运动技术的基本单位——动作（手段）分析为起点，以运动效果（目的）的综合分析为终点。围绕这条主线，按一定的逻辑结构对运动技术的内在规定性和周延性进行展开式论述。

（二）田径运动技术原理的基本内容

技术原理是技术理论的经典部分，对技术原理的研究对象及其所蕴含的理论要素作了一般的考察之后，并不意味着技术原理的基本内容已经确定，而是要按照一定标准，把基本原理和非基本原理加以鉴别，从运动实践和学科发展的需要来看，确定技术原理的基本内容除了应充分考虑逻辑起点所蕴含的理论要素外，还应遵循实践的标准和学科课程的标准。

1. 确定技术原理基本内容的实践标准

所谓实践标准，是指理论是否反映了田径运动技术的本质，是否对技术实践具有普遍指导意义，即理论的普适性问题。作为基础理论的技术原理，应该具有两个特征。一是理论的统一性，即理论可以解释同一实践领域的各种表现上的不相同现象，理论与丰富的实践活动达到统一，如田径运动技术原理中关于"蹬、摆"技术的论述与分析，适合与跑、跳、投各种运动形式不同的项目，即"蹬摆理论"反映了田径运动技术的本质。二是理论的一致性，即理论与观察事实的无矛盾性。田径运动技术原理是在大量经验材料积累的基础上，借用其他学科的知识建立起来的。这个理论中的相关推导性结论必须与观察事实相一致。比如，在对跳跃和投掷项目进行力学分析时，把人体或器械的运动看成是抛射运动，确切地说，是一种模型化了的抛射运动，由于研究对象过于复杂，必须对其进行简化，因此人体或器械的运动仅作为按一定的抛射角以初速度 V 作惯性运动和按引力加速度 g 作垂直的匀加速运动。以力学理论来解释人体运动除了初始条件不同之外，还必须考虑到人体在运动中不是单纯的受力体，人体运动是内力和外力互相作用的结果，虽然服从一般的力学规律，但有自身的特点。实践中跳跃的腾起角与投掷项目的出手角和理论值就相去甚远。或者说相关理论与观察事实不一致，这就需对理论的适用条件加以解释与说明，我们通常把这种解释与说明称为理论的还原，只有通过这种还原，才能使理论获得普适性品格，才能成为技术原理的内容。

2. 确定技术原理基本内容的学科课程标准

所谓学科课程标准，是指按照技术原理本身的特点和理论性质，根据学科课程的性质与功能对技术原理的内容构成进行取舍。技术原理就是要为学生打下扎实的技术理论基础，这一要求决定了技术原理的内容有两个基本特点：一是内容的一般性，二是范围的限定性。

技术原理内容的一般性，首先意味着关于田径运动技术的质的最高规定性，这种最高规定性体现在技术的形式结构和技术基础两个方面，因而，动作要素分析与动作机制分析是技术原理的基本内容。其次，内容的一般性还意味着所论述问题的高层次规定性。高层次规定性决定了技术原理的普适性，因而对技术实践具有普遍的指导意义。

范围的限定性与我们确定的技术原理的研究对象有密切关系。从学科课程标准来看，确定技术原理的基本内容时，应避免范围的过窄和过宽两种倾向。

根据上述两个标准，田径运动技术原理的基本内容主要应包括：技术结构分析；"结构—功能"机制分析；技术价值分析；运动成绩分析；技术载体的形态、结构、功能与动作方式、方法的关系分析；技术形式与技术内容关系分析。

（三）田径运动技术原理的逻辑构成

田径运动技术原理属实证性理论，即运用自然科学的认识成果，对实践中已存在的技术动作进行解释性描述，因而技术原理的逻辑结构是一种解释性结构。这里，解释是指从一般规律演绎出某一现象，或者相反，从某一类似的现象中归纳出一般规律。由此看来，两种解释就构成了技术原理的逻辑顺序。换言之，从方法论角度看，技术原理是一个演泽、归纳系统。这个认识与前面确定的构建技术原理体系的主线是相吻合的。根据技术原理的研究对象和基本内容，田径运动技术原理可划分为四个层次。

第一层次为叙事论，是对已存在的运动技术进行经验描述，即事实性陈述，是构成技术原理的基础。具体包括技术的基本构件—运动动作分析；田径运动技术的一般结构分析；田径运动技术的特点与分类等内容。

第二个层次为因果论，是运用相关学科的理论知识从结构—功能的角度分析动作机制，揭示技术构成要素间的内在联系。因果论是田径运动技术原理的核心内容，但在理论体系中并不直接表现为最终认识成果，因果论只有经过理论还原才能运用于实践，但因果论显然具有基础的性质，是依据理论来进行技术价值判断和最终形成应用性理论的基础。因果论主要包括田径运动技术的理论基础；影响运动成绩的因素（主观因素：人体形态、结构、机能、运动素质；客观因素：场地、器材、设备、竞赛规则、竞赛环境）等内容。

第三层次为价值论，相当于技术原理中技术评定这一部分内容。如果说因果论是关于运动技术的合理性的论述，则价值论就是关于运动技术的经济性与实效性的论述，价值论是对因果论的进一步深化与发展。

第四层次为应用论，是连接理论与实践的桥梁。应用论是一种还原性理论，因果论的形成与建立是以对技术构成要素的简化为代价的，而理论应用于实践时，必须把舍弃掉的种种因素重新考虑进去，以形成更高层次且符合实际情况的还原性理论。因此，在技术原理这一逻辑体系中，应用论是作为关于研究对象的最终认识成果而存在的。

从以上四个层面来构建田径运动技术原理的理论体系是基本可行的，前提是技术原理的知识积累必须达到一定数量，学科内容发展到一定程度。但即便是这样的前提条件未完全成熟，构建一个相对稳定的体系结构也是必要和可能的，因为理论体系的确立本身就是学科走向成熟的一个标志。

二、田径运动技术的共性

田径运动技术动作具有加速节奏，从髋部开始发力直至蹠趾或掌指、手指关节的末节用力，是跑、跳蹬地动作和最后用力的共同发力顺序。蹬摆配合与蹬撑配合是田径运动技术最基本的协调配合。支撑——退让——蹬伸是田径运动中着地支撑蹬伸动作的共同规律。动量矩守恒和空中补偿原理是田径项目中人体腾空和器械空中运行中都应遵循的规律。田径运动的主要项目技术都可划分为四个技术部分，田径运动成绩的公式表示有共同的方法等。我们按照实际情况把田径运动技术的共性归纳如下：

（一）田径运动属于加速运动，技术动作具有加速节奏

多年来专家们都认为田径运动是为了获得最大加速度的运动，其最终目的是使人或器械获最大离地或出手初速度。力量是获得加速度的基础，较大的腿部力量能使人或器械获较大离地或出手初速度。腿部力量是从事田径运动的基础，田径运动成绩很大程度上决定于腿部力量，只是具体项目不同所侧重的力量素质也不同。身高、腿长、臂长也与获得最大加速度有关。重心高，腿、臂长有利于提高人或器械重心的高度，也有利于发挥人体速度杠杆的作用，这亦是田径运动员选材的依据之一。

1. 加速节奏

田径运动技术在关键部分都表现出加速节奏。如走跑的后蹬离地动作，跳跃的起跳离地和投掷器械的出手过程都显示加速节奏，其目的都是为人或器械获最

大离地或出手初速度，在离地或出手的刹那，作用力和加速度趋向于零而初速度增至最大。

2. 连续动作的加速节奏

短跑和跨栏起跑后的加速跑，跳跃和投掷的最后助跑都应尽量保持加速节奏，在教学训练中常常会要求助跑的加速节奏。认识加速节奏对于田径运动技术教学、训练都有积极的意义。

（二）从髋部开始发力直至脚趾或掌指、手指关节的末节用力，是跑、跳、蹬地动作和投掷最后用力的共同发力顺序

走、跑、跳、投获最大初速度的关键是快速有力协调顺序的肌肉发力，使人与器械在用力过程中不断加速。人体各关节的肌肉看起来似乎是同时用力，但其中大关节总是首先产生活动，并依据关节的大小，表现出一定的先后顺序，运动生物力学把大关节首先产生活动称为"顺序性原理"。髋关节是位于身体重心附近的最大关节，是上体与下肢的联结处，髋关节周围的肌肉大而有，但收缩速度相对较慢。在走、跑、跳、投项目中，从髋关节开始发力能推动重心向前上方运动，然后膝、踝关节的顺序加速用力，最后加上趾关节的末节用力，使人体快速蹬离地面。走、跑、跳项目下肢的发力顺序完全符合运动生物力学从大肌肉大力量慢速度开始发力，直至小肌肉小力量快速度结束用力的顺序协调加速的"顺序性原理"使人体获得最大的离地速度。投掷项目的最后用力同样是从髋部的蹬转开始发力，向下蹬腿表现为膝、踝关节的蹬撑，使腿部处于蹬而不直含而不放的蓄力待发状态。当左腿完成支撑腿阶段，躯干完成转腰转体和挺胸形成"满弓"时，人体就完成了把肌肉突然拉长与扭紧的自下而上的超越用力，"满弓"是投掷项目最后用力特有的共同规律，是最佳的发力时机。"满弓"之后紧接左右腿的快速蹬伸，完成身体以髋部带动腰胸，以腰胸带动手臂，顺序以肩、肘、腕的加速用力，直至掌指手指关节的末节用力，使器械出手时具最大的初速度。末节用力的方向决定了器械自转的方向。最后用力是投掷项目技术的关键，而用力顺序是最后用力关键中的关键。也是走、跑项目的蹬地技术和跳跃项目起跳技术中关键的关键。这就决定了从髋部开始的发力顺序是田径运动走、跑、跳、投项目技术教学训练中的重点之所在。目前中学某些体育参考书中关于推铅球技术要领的描述是不正确的，如认为最后用力是从蹬腿开始的，这就违反了顺序性原理，造成了把腿蹬直了再送转髋的错误动作。

（三）蹬摆配合与蹬撑配合是田径运动技术最基本的协调配合

1. 在走跑类与跳跃类项目中，支撑腿与摆动腿之间的协调配合能增强蹬地效果

研究资料证明，短跑的后蹬，起跳腿的蹬伸所产生的支撑反作用力是跑跳的主要动力，摆动腿的作用不仅是维持平衡，更重要的是其摆动动量推动了身体重心向前上方的运动，从而增强了跑跳的用力效果。摆动腿前摆的同时异侧臂也随之前摆，这是人类先天具有的最基本的协调动作。在田径运动中利用和发挥了摆臂的功能，摆臂既能促使人体在走、跑、跳中的动态平衡又能增强蹬地效果。摆臂在非助跑项目中也有重要作用，如摆臂和不摆臂的立定跳远成绩相差约 20％。

2. 蹬撑结合是投掷项目双腿支撑用力的共同规律

无论采用直线还是滑步旋转等不同的预加速形式，到最后用力时都必须经过蹬撑结合的双腿支撑阶段，如推铅球最后用力时，右腿的蹬转和左腿的支撑用力就是典型的蹬撑结合。

（四）支撑——退让——蹬伸是田径运动中着地腿支撑蹬伸动作的共同规律

蹬地动作产生的反作用力是促使人体或器械向前运动的动力。走、跑、跳、投中的蹬地动作都经历了支撑——退让——蹬伸三个阶段。蹬地腿着地支撑的位置一般在重心之前，故着地支撑时产生的是阻力。虽然脚着地的位置各项目都有所不同，但都要求脚着地积极快速地过渡到蹬伸，由于脚着地时人体所具有的动量，使着地时腿部伸肌被动拉长，表现为肌肉的离心收缩，称为退让工作，在一些教材中称为"缓冲"。退让能使身体重心更快地过渡到支撑腿，使蹬地动作有更多的力量通过身体重心。退让使伸肌在收缩之前被动拉长，使肌肉储备更多的弹性能，突然的退让更能增加肌肉的蹬伸力量。过去田径专家曾用"跪撑"的形象之词说明了在支撑退让阶段的技术要求。在髋蹬送的前提下，膝关节蹬撑前跪，膝踝关节的伸肌被动拉长，可加强蹬伸用力的效果。研究结果表明，退让时力的峰值都大于蹬伸阶段力的峰值，如跳远起跳时退让的冲量占起跳总冲量的 87％，力量训练的理论也证明，只进行蹬伸（克制）力量训练不能提高退让力量水平，同理，只进行退让力量训练也不能提高蹬伸（克制）力量水平。训练实践也证明由于不理解或不重视退让力量的训练，使运动员不具备与蹬伸力量相适应的退让力量，从而促使或加重了一些优秀运动员的膝、踝关节伤，并因此过早结束运动生涯。田径运动包括跑、跳、投项目运动员都应重视与加强对退让力量的认识，加强对退让力量的训练，使退让与蹬伸力量都得到均衡发展，这对提高田径运动成绩是非常必要的。

（五）动量矩守恒和空中补偿原理是田径项目中人体腾空和器械空中运行中都应遵循的规律

跑的腾空阶段，跨栏的腾空过栏，跳跃人体的腾空和投掷器械的空中运行，都必须遵循惯性定律，自由落体定律与动量矩守恒原理。

1. 人体和器械的空中运行在不考虑空气阻力前提下，总重心运动由匀速直线运动和自由落体运动相结合，总重心的复合运动的抛物线运动轨迹在腾空中不变。

人体腾空时的总重心为抛物线轨迹。腾空的高度与远度都在人体离地腾空刹那就决定了，人体运用内力所完成的空中动作都不能改变总重心的抛物线轨迹。即所有空中动作都只能利用腾空的高度与远度，而不能改变腾空的高度与远度。

2. 人体和器械的空中运行保持总重心旋转动量矩的守恒，即人体与器械的重心按抛物线平动的同时还围绕总重心转动。

（1）人体和器械在空中所具有的总动量矩（包括人体额、矢、纵三轴转动的动量矩）都必须在人体蹬离地面和器械离手刹那获得，人体腾空和器械离手后都保持从地面获得的动量矩的守恒，任何空中动作都只能利用动量矩，而不能创造动量矩。

（2）相向补偿和旋转补偿是动量矩守恒原理在田径运动人体腾空中的具体应用。

①相向补偿

在跑、跨栏、跳跃等项目的腾空状态，人体某部分肢体以一定大小的动量矩绕转轴的某一方向转动时，另一部分肢体便以大小相等的动量矩绕同一转轴向相反方向转动，这种现象称为"相向运动"，田径术语称为"相向补偿"。相向补偿的力学条件就是动量矩的矢量和等于零，如跨栏的攻栏动作中，挺身式跳远中的挺身动作，背越式跳高中的背拱动作等都体现和运用了相向补偿。

②旋转补偿

人体在空中减小或增大身体的转动惯量从而达到改变旋转角速度的现象，田径术语称为旋转补偿。动量矩守恒是指转动惯量与角速度的积守恒。腾空状态中某些要求角速度变化的动作可以通过改变转动惯量来实现，而转动惯量的改变是通过肌肉力量使身体的某些部分靠近转轴或远离转轴，即改变转动半径，从而使身体的转动惯量减小或增大。如走步式跳远为克服起跳时同时获得向前转动的动量矩，在空中采用了"走步"动作，向后摆的腿是伸直的，向前摆的腿是弯曲的，走步过程中两腿的转动惯量大小不等，向后的大于向前的，从而减缓了双腿围绕着总重心额状轴向后转动的角速度。同时在走步时向前摆臂是直的，向后摆臂是曲的，使双臂增大了向前的转动半径和转动惯量，达到了减慢上体向前的转动角速度。由于双腿与双臂的协调配合，同时减慢了上体向前和双腿向后的转动角速度，克服了空中上体向前的转动，保持了空中的平衡。在有些田径运动技术中，"相向补偿"和"旋转补偿"是同时存在的，如背越式跳高中的背拱动作，既是相向补偿，又达到了缩短旋转半径和转动惯量，起到了加快旋转角速度更快脱离横杆的旋转补偿的目的。身体过杆之后，上肢上体和双腿伸展表现为相向补偿，同时也增大了旋转半径和转动惯量，起到了减慢旋转角速度使落地动作更为安全的"旋转补偿"的目的。

第二节　跑、跨技术基础原理

一个人要想跑得快，必须符合跑的基本规律，即完成动作时运动员的身体姿势，动作的方向、幅度、距离、节奏、速度、速率，以及力的相互作用等都应符合基本的运动学和动力学原理。

一、跑的技术原理

跑是一项周期性地推动人体移动的运动，步是组成跑的动作基础。运动员单腿蹬离地面至另一腿着地前，身体在空中运行一定距离。这种支撑时期与腾空时期的重复交替是跑成为周期性运动的前提。复步由两个支撑时期和两个腾空时期所组成。每个时期中又包含两个阶段，支撑时期有缓冲阶段和后蹬阶段，而腾空时期有身体总重心的上升阶段和下落阶段。每个时期和阶段有一定的瞬间动作作为分界线。

（一）跑的周期划分

腿的动作周期的阶段顺序包括支撑时期和腾空时期（见图 2-1）。

人体状态	支撑		腾空	支撑		腾空
阶段	着地缓冲	后蹬	折叠前摆	着地缓冲	后蹬	下压准备着地
	折叠前摆		下压准备着地	折叠前摆		折叠前摆

图 2-1　腿的动作周期的阶段顺序图

1. 支撑时期：（1）腿的着地瞬间；

　　　　　　（2）缓冲阶段；

　　　　　　（3）垂直瞬间；

　　　　　　（4）后蹬阶段；

　　　　　　（5）离地瞬间。

2. 腾空时期：（1）身体总重心上升阶段；

（2）身体总重心轨迹最高点瞬间；

（3）身体总重心下落阶段。

（二）跑的动力来源

根据运动第一动力，物体的运动是力相互作用的结果。跑的动力来源是肌肉的工作。然而，对产生人体运动来说，只有肌肉力量还是不够的。人体运动是内力（肌肉工作所产生的力）与外力的相互作用产生的运动。人体运动，如跑或跨时的外力有重力、空气阻力、摩擦力、支撑反作用力和离心力等。重力始终引向地心并起不同作用，身体向下运动时，它是动力；身体向上运动时，它是阻力。重力不会加大或减小运动的水平速度，它只能改变运动方向。

空气阻力对运动起阻碍作用，它始终与人体的水平运动方向相反，并与赛跑运动员速度的平方成正比。跑速越快，空气阻力越大。

跑时，支撑反作用力的大小方向是不断变化的，它与蹬离地面的力大小相等，方向相反，这一力决定于运动员的质量、跑的速度和肌肉用力。在支撑期的不同阶段和瞬间，跑的支撑反作用力是不断变化的。当运动员的身体位于支撑面的压力中心正上方时，在身体质量的作用下，支撑反作用力垂直向上。

然而，身体总重心不是总位于支撑面的压力中心之上，支撑反作用力可能与地面成较小角度，因而压力和支撑反作用力可分为两个分力：垂直分力和水平分力。这些分力的大小决定了赛跑运动员的运动。支撑反作用力的垂直分力与重力相对抗，当垂直分力大于运动员的体重时，身体总重心向上运动，反之，则相反。

支撑反作用力的水平分力决定于给地面施力的大小与施力的角度。水平分力对身体向前运动具有极其重要的作用。运动员在结束后蹬时的蹬地角叫后蹬角（后蹬角是指运动员跑时蹬离地面瞬间，支撑腿纵轴与地面所成的倾斜角。腿的纵轴是支撑压力点与髋关节的连线）。后蹬角决定了水平分力和垂直分力合力的方向。在短距离跑中，此合力远远超过中距离跑和长距离跑时的合力。

脚着地瞬间支撑反作用力的方向是向后向上的，这样就产生了制动，使前支撑阶段中的跑速降低。通过腿的缓冲和靠近身体总重心投影线的着地动作能降低制动力量，但要想完全消除制动力是不可能的，运动员只能把它减小到最低程度。

支撑期是从脚的着地瞬间到蹬离地面瞬间，它是推动人体向前运动的基础。在这一时期中，支撑腿承受着身体的重量，着地缓冲，然后蹬地，从而创造向前的动力。

从腿着地瞬间到后蹬阶段的开始前，支撑压力的水平压力方向向前而产生制动。然后，在后蹬阶段中，支撑压力的方向转而向后，这时身体的大多数环节产生正加速度，这意味着身体总重心是向前加速的。

从腿的着地瞬间起，身体的负加速度一直存在，到接近身体总重心轨迹的最低点时，负加速度逐渐下降到零。在这一阶段中，支撑腿进行缓冲，减慢和停止运动员身体的向下运动。当负加速度达到零时，即开始后蹬阶段，这一阶段到脚蹬离地面时止。后蹬阶段的正加速度主要是依靠支撑腿的有利伸展而获得的。

身体按惯性运动是腾空时期的特点，腾空中身体总重心的轨迹呈抛物线。身体重力使运动员改变着运动方向，空气阻力也使运动速度下降。

支撑反作用力在起跑和起跑后的加速中起明显作用。但当人体从静止状态摆脱后，达到较高速度时，前支撑的"扒地"作用明显加大。有关研究认为，此时应是输出功率大小成为影响途中跑速度的主要因素，所以形成了"扒地"、"展髋"、"屈蹬"等跑的技术形式；而支撑反作用力更多地表现在起跑和起跑后的加速跑中。

（三）身体重心的运动

作用于运动员身体的外力，使身体总重心不能按匀速直线运动。它除了向前运动外，还有上下和左右的摆动。身体重量从一条腿移至另一条腿，是出现左右位移的主要原因。与垂直摆动相比，左右摆动幅度较小。身体总重心在不同动作阶段中的运动速度各不相同。最高速度出现在蹬离地面瞬间，最低速度在支撑期的垂直瞬间。

（四）腿的动作

脚的着地点是在身体总重心的投影线前，接着完成屈膝、屈髋、屈踝。短跑时，支撑腿在垂直瞬间的膝关节角度约为130～140度，髋关节角度约为63～67度。在后蹬阶段，进行快速的伸髋、伸膝和积极的屈踝动作，保证身体的正加速度并促进运动员身体向前运动。

脚在蹬离地面后，开始从最后的位置向前摆动，动作顺序为：上抬、超越、制动和下落支撑。蹬离地面后，腿快速向前方运动，同时完成屈膝、屈髋。这一动作明显缩短了腿的摆动半径，减小了它的转动惯量，加大了腿的前摆速度，为提高跑的步频提供了条件。

在腾空时期，腿完成分与合的动作。支撑腿在蹬离地面之后，仍继续分腿的动作，到接近身体总重心轨迹最高点瞬间时，开始空中的剪绞动作。这一动作不能提高空中的运动速度，而是为加快步频创造良好条件。

（五）跑时骨盆、臂和躯干动作

骨盆不仅可以向前运动，而且也可转动。最明显的是围绕垂直轴的转动，接近蹬离地面瞬间时，最大转动角达到45度。另外，跑时骨盆还有围绕矢状轴的转动，垂直瞬间时，骨盆向摆动腿一侧的倾斜度最大。骨盆的这种转动提高了运动员身体的向前速度。骨盆围绕垂直轴的转动能促进加大步长，有利于后蹬和摆动腿的前摆。高速跑时，肩部动作是在前后方向运动的，肩关节的动作幅度加大，肘关节的角度也有变化：前摆时，角度较小，后摆时，肘关节角度加大。

中长跑时，肩的动作幅度明显减小，方向也有些变化，前摆时，臂稍向内，后摆时稍向外。

跑时躯干位置也有变化。在跑的全过程中，躯干始终保持正直或微前倾。后蹬阶段时，躯干前倾减小，摆动腿着地时，躯干前倾加大。各类跑都保持着跑步的基本结构，但是，随着运动速度的变化，跑步的运动学和动力学特征也随之改变。短跑的变化最大，随着跑的距离加长，组成跑速基本因素的步长和步频响应缩短和下降，支撑期和腾空期的持续时间和它们的比例也相应改变。

（六）弯道跑的技术原理

在径赛比赛中，200 米和 200 米以上项目，均有一半以上的距离是在弯道上完成的。弯道跑的技术与直道跑技术有所不同，原因是在弯道跑时，运动员还要受到离心力的作用。因此，为了克服离心力对身体的不利影响，并保持平衡的姿态跑进，身体必须向内倾斜。与此同时，上肢、躯干、下肢以及脚的着地动作都有相应的改变。外侧的腿和臂的摆动幅度比内侧的腿和臂要大，而且，摆动方向也有所变化。跑动速度越快，动作的变化越大。

（七）决定跑速的主要因素

步长和步频相互依存和制约。如果同时提高步长和步频，速度必然提高。但是，在实践中二者的任何一个因素都不能超过一定的限度。步频太快会减少腾空时间，必然影响步长。步长太大，腾空时间长，又必然影响步频。因此，必须根据实际情况，选择二者合理的匹配是保证获得速度的关键。

二、跨栏跑技术原理

跨栏跑比赛的项目有男子 110 米栏，女子 100 米栏和男、女 400 米栏四个项目。由于运动员在跑进中需要连续跨越固定距离和固定高度的栏架，因此，它的完整技术动作既与跑的技术很相似，又与其有明显的不同。

跨栏跑全程技术可分为起跑至第一栏技术，途中跑技术和终点跑冲刺技术。本质上讲，跨栏跑是跑的一种特殊形式，主要表现在跨越栏架时，在动作的外形、结构、时间、空间比例以及身体重心运行轨迹等方面，都出现非对称规律性变化。

跨栏跑周期包括一个跨栏步和栏间三步跑。在全程比赛中共有 10 个跨栏步。除了跨越栏架时技术动作与短跑技术不一样外，其他的技术动作，如起跑、加速跑、栏间跑和终点跑与短跑的原理基本一样。

（一）决定跨栏跑速的因素

在短跑技术原理中，对步频和步长的关系已作了分析。但在跨栏跑中，步频与步长的关系与短跑却有明显的不同。因为，跨栏跑的起跑至第一栏的距离以及栏间距离是固定的。如 110 米跨栏跑起跑至第一栏，通常跑 7 步或 8 步，而栏间是跑 3 步。因此，在跨栏跑全程有 87％ 以上的距离需要用固定的步数跑进。换句话说，每一个运动员在跨完最后一个栏架时，都是用固定的步数完成的。很明显，要想提高全程跑的速度，关键是必须加快步频，以提高跨栏步和栏间跑的速度。要想提高速度，必须重视提高运动员的平跑速度，缩短跨栏步的时间，完善跑跨、跨跑相结合的能力。合理有效的跨栏步在动作外形、速度变化、肌肉用力转换等方面的变化更应该接近跑的技术动作。栏间三步跑的节奏合理，使过栏与栏间跑的技术浑然一体，跨栏周期速度快，节奏性强，看上去更像是跑栏。

（二）跨栏步

跨栏步是指起跨腿的脚接触到起跨点到过栏后摆动腿的脚接触地面时的一大步。为了便于分析，可以把跨栏步再细分成起跨攻栏、腾空过栏和下栏着地三个部分。有效地缩短跨栏步的时间，是跨栏步技术质量的关键。

1. 起跨攻栏

起跨攻栏是跨栏步的开始，是指起跨腿的脚接触起跨点到后蹬结束离地瞬间的整个支撑期。它是合理有效过栏的技术关键。

选择适宜的起跨点。起跨点的确定要充分考虑自身的速度、身高、后蹬的力量和后蹬角度等因素。过近或过远都会影响到跨栏步的完成，甚至破坏栏间跑的节奏。

为了减小过栏时重心的波动差，起跨时要保持较高的身体重心。它有利于身体重心平稳前移。为了使起跨腿的脚在着地前积极向后下方做扒地动作，着地点应比前一步缩短约 15～20 厘米。身体重心前移时，膝关节微弯曲缓冲，腰部正直。

起跨时，摆动腿应用力向前上方摆动，加大两腿之间的夹角。摆动腿用力摆动还可以加大起跨腿支撑反作用力，即加大起跨腿蹬地的力量，加大两腿夹角，使之更接近于直线，有利于身体平稳前移。同时，使两腿的对抗肌被充分拉长，为两腿的快速剪绞动作创造有利条件。

另外，躯干与上肢动作应连贯，配合协调。两臂配合下肢做前后摆动，可以保持身体平衡，避免身体旋转。摆动腿用力前摆的同时，摆动腿异侧臂随躯干的前伸，使躯干与摆动腿之间的夹角逐渐减小。

2. 腾空过栏

当起跨腿蹬离地面后，身体便进入腾空阶段，直至摆动腿过栏后着地为止。

人体腾空后身体中心移动的轨迹成一抛物线，腾空期身体各部位的运动都不会改变重心运行的轨迹。

身体腾空后，躯干继续积极前倾，两腿之间的夹角继续增大。加大躯干前倾，可以改变躯干环节重心与身体重心的关系，使躯干产生向前下方的旋转，这就克服了因起跨时摆动腿大幅度向前上摆动而使身体产生的向后的旋转，同时有利于起跨腿提拉动作的完成，为摆动腿快速下压创造了条件。

腾空过栏时人体重心抛物线是由腾起角决定的。身体重心腾起角小，抛物线趋于平稳，有利于保持较高速度过栏。而身体重心腾起角是由起跨腿后蹬用力的方向决定，因此，适当缩小起跨时的后蹬角度，对于加大水平速度、降低垂直速度和构成最佳的重心腾起角有着决定意义。

过栏时两腿剪绞速度快，下栏动作积极。过栏时两腿剪绞动作是摆动腿和起跨腿在空中完成的以髋关节为中轴的超越换位动作。这个动作是在躯干以及两臂动作配合下完成的一系列肢体相向运动的结果。根据相向运动原理，摆动腿积极主动下压能加快起跨腿的提拉速度，因此，下压速度是快速剪绞的关键。

由于跨栏步是一个非正常的跑步，破坏了跑的节奏，因此必然造成水平速度的下降。为了尽量保持起跨前已达到的水平速度，减小过栏时水平速度的损失，应尽量使身体重心下降的小些。下栏着地时，膝、踝关节角度不要减小，应尽量用直腿着地支撑，以保持比较高的身体重心位置。

3. 下栏着地

下栏着地是从身体重心达到腾空最高点开始，到摆动腿着地支撑这一过程的动作。其任务是尽量减少水平速度的损失，使身体平稳、快速地转入栏间跑。

着地点距离身体重心投影点要近。下栏支撑时，着地腿膝关节伸直（这与短跑的缓冲支撑不同），保持较高的身体姿势，这样可以减少身体重量对支撑腿的冲力，缩短缓冲的时间，以便使缓冲支撑快速转变成后蹬，减少水平速度的损失。完成动作时，摆动腿积极下压，起跨腿迅速提拉，两腿动作迅速、积极、连贯，突出一个"快"字。

摆动腿着地时，躯干适当抬起，躯干前倾角度与起跨结束时的大体相同。两臂配合积极有力地摆动。

（三）栏间跑的原理

栏间跑是下栏着地点到下一栏起跨点之间的距离。由于栏间距固定，步数也是固定的。以110米栏为例，栏间要跑三步，但这三步在步频、步长和技术动作等与短跑途中跑的技术有所不同。

栏间跑的第一步与跨栏步下栏阶段紧密相连。由于两个很不相同的跑步姿势转化，势必影响栏间跑第一步的技术效果，并影响到水平速度。因此，在下栏着地时，要通过支撑腿踝关节及脚掌力量充分后蹬，起跨腿快速带动髋向前提拉，两臂配合前后用力摆动来完成，尽量减小水平速度的损失。

栏间第二步动作结构大体与短跑途中跑相似，在第一步的基础上，第二步速度加快，且步长也加大，它是栏间跑三步中最大的一步。

栏间跑第三步速度达到最快，它与起跨攻栏紧密相连，在保持继续快跑的同时，要为起跨攻栏作准备。在动作上又有所变化，摆动腿抬的不高，下压积极迅速，步长缩短约 15～20 厘米。

一个跨栏周期由跨栏步和栏间三步跑构成，形成了与短跑不同的节奏。由于过栏的需要，客观上造成跨栏周期四步步长不等。在步长上，跨栏步最大，栏间三步跑步长的比例是小、大、中。其差距越小，越接近平跑，越有利于速度的发挥。

第三节 跳跃技术基础原理

一、跳跃技术原理

跳跃技术是对人体跳跃运动规律的总结，它基于跳跃运动实践经验与现代运动生物力学理论的融合，是指导跳跃运动技术教学与训练实践的基础理论。

（一）跳跃运动的概念及其技术动作结构

跳跃运动是人体通过一定的动作形式及通过助跑与跳跃的基本动作组合跳越一定的高度障碍或跳过一定水平距离的运动，分别称为跳高和跳远。田径的高度跳跃类运动有跳高与撑竿跳高竞赛项目。田径的远度跳跃类运动有跳远和三级跳远。跳跃运动按其运动技术的用力特点属于快速力量类的运动项目。

跳跃运动按其动作技术的结构特点属于周期性动作与非周期性动作所组合而形成的混合性动作结构体系．它足由周期性的助跑动作与非周期的起跳动作、腾空动作、落地动作组合而成的运动。

运动员在跳跃运动中经过助跑的过程，使机体在起跳前获得一定的水平速度和形成良好起跳动作初始条件，然后通过快速有力的起跳动作改变运动的方向获得最大的腾起初速度与适宜的腾起角。在腾空阶段通过合理的动作形式保持身体平衡，形成合理的跳高过杆动作或合理的跳远落地姿势。在落地阶段通过缓冲动作达到防止机体受伤，从而完成整个跳跃运动过程并获得运动的好成绩。

（二）跳跃运动的动作技术阶段划分与结构特点

跳跃运动技术原理的描述中，为便于对其动作技术层次的分析，根据其动作结构及技术特点，一般划分为助跑、起跳、腾空与落地四个互相联系的动作技术阶段。四个基本的技术阶段的划分，主要是应用于对完整技术的描述与分析，实际上它们是密不可分的、完整的、有机组合的整体动作系统，各阶段动作技术对整体动作技术的效果都具有很重要的影响与作用。在跳跃运动的技术中，前一阶段的动作是后一阶段动作的基础，例如助跑是起跳动作的基础，通过助跑的动作效果，能为起跳动作之前创造两个基础条件，即在起跳前获得一定的水平速度和形成良好的起跳初始动作，从而为起跳创造最佳的用力条件，前驱动作的目的是为后续动作奠定最好的基础力学条件和生物学条件。

跳跃运动技术阶段的划分，在一定程度上考虑了周期性动作系和非周期性动作系的结构特点，各阶段技术有其各自的特点与规律，并相互联系相互制约。在混合性动作系的结构特点中，有一条重要的基本规律，即周期性动作与非周期性动作的衔接技术是混合性动作系统中极为重要的环节，因此在跳跃运动教学与训练中助跑与起跳的衔接是动作技术教学的难点和关键环节。

（三）跳跃运动力学原理

人体的跳跃运动，本质上就是自然界物体的斜抛运动，人体在跳跃运动过程中，其整体在空间运动状态的变化，腾起初速度、腾起角度与跳跃高度和跳跃远度之间的关系，遵循物体的斜抛运动原理而进行。根据物体斜抛运动的力学原理，当物体以一定的抛射初速度和抛射角度向空巾抛射时，如果抛射点与落地点处在同水平线时，其抛射物所能达到的高度（H）和远度（s）与物体抛射初速度的平方成正比，与重力加速度值成反比，与抛射角度也有重要的关系。抛射高度等于抛射初速度的平方与抛射角正弦平方之积与两倍重力加速度之比，抛射远度等于抛射初速度平方与抛射角正弦值之积与重力加速度之比。

人体的跳跃运动，从起跳动作至腾空动作过程中，始终遵循物体斜抛运动规律进行，由助跑起跳动作过程的运动效应构成人体跳跃的腾起初速度和腾起角度。根据斜抛物体运动的规律，人体重心在运动的竖直方向上做垂直上升与竖直下落的匀变速运动，在运动的水平方向做匀速直线运动。人体重心运动所能达到的高度与腾起初速度的竖直分量有关，也与重力加速度有关。

（四）决定跳跃成绩的运动学因素

在人体跳跃运动过程中，影响跳跃高度和远度的运动学因素主要有人体重心的高度、腾起初速度、腾起角度和空中动作几个方面。

1. 影响跳跃高度的运动学因素

构成跳高运动成绩的主要因素有三个，即身体重心高度、腾起高度和过杆时身体重心与杆位置之间的垂距。在跳跃的高度项目运动中，人体所能越过的高度，取决于身体重心高度和腾起的高度。在跳跃的高度项目运动中，人体所能越过的高度，取决于身体重心高度。

身体重心的高度是指运动员起跳离地动作瞬间人体重心距地面支撑点之间的垂直距离，取决于运动员身体的高度、腿长和蹬离地面瞬间动作的身体姿势。这一高度在不同运动员之间存在一定的差异，主要取决于先天遗传因素与后天的发育程度，从运动选材角度方面考虑意义重大，而通过训练所得到的提高是有限的。

腾起高度是指运动员起跳离地瞬间身体重心位置至最高点重心位置的垂直距离，它取决于运动员蹬离地面瞬间的腾起初速度和腾起角度。这一高度对运动成绩影响是最为活跃和最为重要的因素，在不同的人身上体现出很大的差异，起跳动作的力度和速度是决定其腾起初速度大小的动力学要素，腾起初速度越快，在腾起角一定的条件下，腾起的高度和远度则越大。腾起的角度取决于起跳过程中人体重心所受合力的方向，是由助跑与起跳获得的水平速度与垂直速度所形成的合速度方向决定的，跳高运动员离地瞬间蹬地角度为 75～80 度，腾起角为 55～60 度。

过杆时身体重心距横杆的垂直距离是指人体重心处于最高点时距横杆上沿的垂直距离，在过杆技术的研究中力求通过合理的动作形式缩小这段垂直距离，决定此垂直距离大小的因素主要是合理的动作形式与身体各环节依次过杆的顺序。在过杆技术的研究中，总结出一些具有参考价值的技术观念，即运动员过杆的面积越小则此段距离越小；背越式过杆动作，当身体重心位置处于杆上时，头部、脚部位置处于杆下，形成"桥"的反弓动作，可以使垂直距离减至相应较小的程度。

2. 影响跳跃远度的运动学因素

构成跳远成绩的运动学因素主要有三个，即起跳离地瞬间身体重心垂线距起跳板前沿的水平距离，简称为离地瞬间距离 S_1；腾空后至落地瞬间身体重心沿水平方向运动的水平距离，简称为腾空距离 S_2；落地瞬间身体重心垂线至落地点的水平距离，简称为落地距离 S_3。三个因素中 S_2 是动作技术最重要的因素。

3. 影响跳跃动作效果的动力学因素

（1）构成跳跃运动的动力性冲量和决定腾起角的因素

动力性冲量是指人体蹬地动作与地面相互作用时支撑点对人体的支撑反作用力与其力作用时间的乘积。

跳跃运动技术动作的形成，动作效率的好坏，根本原因在于构成动作的动力冲量大小与阻力作用效应，人体运动状态变化的原因是由运动中受力作用的大小、方向、力的作用部位及力作用的时间所构成的。在跳跃运动中，要想提高动作的效果，必须清楚地理解动力冲量与阻力作用效应对跳跃高度或跳跃远度的影响与作用。在起跳动作过程中，决定腾起初速度大小的因素是人体重心所受冲量的大小和人体本身的质量大小。

构成人体重心所受的冲量，主要来自于在快速助跑的基础上通过人体快速有力的起跳动作对支撑点的合力与其作用的时间的乘积在人体内力与外力的作用过程中，人体在起跳的蹬伸摆动动作过程中对支撑点的合压力所构成的冲量等于地面对人体的反作用力所构成的反冲量，地面对人体的反冲最是改变人体运动状态的动力性因素，作用在人体重心的反冲量大小等于该段时间内人体动量的变量。

在跳跃运动中，尤其是在起跳的蹬伸摆动过程中，应力求加大动作的力度和加大动作的幅度，在完成具体的起跳动作时，通过提高动作的协调性，加大肌肉收缩的力量获得加快动作速度的效果，通过加大动作的幅度尽可能延长支撑反作用力对人体的作用时间，使人体重心在起跳动作过程中获得最大的动力性冲量，从而在离地瞬间获得最大的腾起初速度。

（2）决定腾起角度大小的因素

跳跃运动中人体蹬离地面瞬间，腾起角度的大小与起跳过程中所受动力性冲量的方向一致。由于动力性冲量是一定时间内多力作用于人体重心（水平冲量和垂直冲量）的综合效应，因而在跳跃运动过程中应根据不同项目技术的特点，形成作用于人体重心的水平冲量与垂直冲量的最佳组合。例如，当人的重心所受的垂直冲量与水平冲量为 1：1 时，人体重心瞬间腾起角必然为 45 度，当所受垂直冲量大于水平冲量时其腾起角度必然太于 45 度，反之则相反。

跳跃运动员起跳离地瞬间身体重心运动的方向，取决于其腾空瞬间垂直速度与水平速度之比值，优秀跳高运动员离地瞬间垂直速度与水平速度之比为 1.2～1.3：1。优秀跳远运动起跳离地瞬间的垂直速度与水平速度之比为 1：3～3.6。

（3）跳跃运动中摆动动作的作用

跳跃运动时，运动员在支撑阶段与腾空阶段的动作中，应尽可能根据动作技术形式在起跳腿的蹬伸动作效果基础上，身体的躯干、异侧腿和上肢等相应环节都配合支撑腿进行一定形式的摆动动作，其摆动动作有下述几个方面的作用：

第一，良好的摆动动作技术，在助跑过程中可以使脚在着地瞬间获得较快的运动速度，减少着地的阻力。在跑和起跳的后蹬动作时期可加大对地面的压力，从而获得更大的支撑反作用力，有利于加大推动人体运动的动力性冲量。

第二，起跳过程中通过摆动动作的动作形式，可以改变人体的形状而使质量分布的中心点上移，从而获得提高人体重心的动作效果。

第三，在跳跃的助跑、起跳、腾空及落地动作过程中，通过相应形式的摆动动作，可保持运动中人体的平衡，以及通过补偿动作的机制重新建立运动的平衡状态。

　　在跳跃运动中，"蹬"与"摆"的动作是密切联系的有机组合，也是机体各环节协调运动的整体关系，动作技术中强调人体支撑腿的蹬伸动作与身体其他相应环节的摆动，是提高动作效率并获得最好动作效果的重要技术环节。

第三章　田径运动战术基础理论

第一节　田径运动战术概述

一、"战术"概念辨析

"战术"一词几乎人人皆知，但确切地理解战术的内涵却是相当困难的。战术是人类所面对的最复杂的社会现象之一，它涉及人类生存竞争和发展的方方面面，和社会政治、军事、经济的各个层面交织在一起。可以说，只要有对抗、有竞争，就有战术的存在。战术像一座山峰，从不同的侧面观察，它的形象就不同。从某处看到的是一小部分面貌，当换一个位置观看时，这种面貌就变得模糊起来，但另一部分印象仍然是清晰的。这种状况使人们对战术的理解不尽相同，并出现了种种战术概念的界定。

（一）战术的语源学释义

战术是法定的军事术语，指战斗的原则和方法。《军语》中的这种强制性定义并没有被普遍接受，原因在于此种定义使本来没有常式的战术过于教条化，而失之神韵。战术是发展和变化的，对其本质内涵的认识更有利于战术的创新。理解战术的内涵有必要从词源学上加以认识。

"战"本身有其特定范围，指战斗、战役、战争，而一般意义的"战"指相互间的对抗、竞争等。"术"的意义要广泛得多，凡是能用于达到目的的均可称之为术，"夫圣贤之治世也，得其术则成功，失其术则废事"，可见，方法、手段、策略、方术、计谋、权术都统称为"术"。

在古希腊，"taktike techne"是一个比较常用的名词，是英语中现有名词"战术"（tactics）的根源，指战斗中的布阵。在中国古代，"战术"一词来源于唐代李隐。在其《潇湘录·马举》中写道："零曰：方今正用兵之时也，公何不求兵机战术，而御寇。"同时，我国多数学者认为，"武经七书"中的"兵法"等同于现代的"战术"。可见战术与兵力的分配、组织、运用以及战机等密不可分。

对"战术"词源学的认识至少说明战术是与战斗（或者更广意义上的竞争）共生的，它既含有兵力的组织、运用，也包含具体的作战方法和手段。

（二）战术的军事学释义

战术是随战争历史而逐步形成的产物。战争起源虽无从考据，但一般认为史前时代就已存在。最初的战争只是单纯的斗力，但不久之后又加上了斗智。等到斗智的思考和行为逐渐形成时，最早的战术观念也就随之而产生。简言之，最原始的战术观念，即为斗智。

西方国家军事界对战术的认识大多来源于希腊的"布阵艺术"。如有的将战术等同于"布阵艺术"、"战斗指挥艺术"；有的则把战术概括为"战斗的科学"；折中主义者将其合二为一，认为战术既包括"战斗科学"又包括"指挥艺术"。不同国家对战术的认识也不尽相同，如苏联认为，战术是研究和制定战斗准备与实施的方法；美国将战术定义为"在战斗中运用部队、武器和军事装备"；日本认为，战术是军队与敌人进行近战的技术；英国认为，战术是关于战争的艺术和科学。而比较完整系统地认识战术的，是现代军事理论的鼻祖克劳塞维茨。他在《战争论》中指出：战争指导包括战斗的计划和指导。于是就产生两种不同的活动：一种是个别战斗本身的计划和执行；另一种是协调个别战斗之间的关系，以求达到战争的目的。根据上述分类，克劳塞维茨的定义可以译为：战术为在战斗中使用军事力量的理论。战略为使用战斗以达成战争目的的理论。

我国军事学博士平志伟在其博士论文《中西方战术比较研究》也提出了自己的观点。他认为，战术作为进行战斗的方法，在时间和逻辑上应包括两个环节的内容：一是如何生成战斗力，即组织、部署部队，以凝聚、生成巨大的潜在战斗力的方法；二是如何使用战斗力，即最大限度地发挥和艺术性地使用战场潜在的战斗力的方法。并提出战术的科学性和艺术性，分别体现在战斗力生成"术"和战斗力使用"术"的关系中。战术既有科学成分的要素，如组织形式；也有艺术成分的要素，如谋略的运用；同时，部分要素成分还兼有科学与艺术的共同特征。

分析认为，军事学中有关战术的概念分为两大类：一类是将战术概念哲学化，它最大的特征是采用研究范畴来定义战术，德国和英国对战术的定义就属于此类，其代表人物是克劳塞维茨；另一类是将战术概念技术化，并以实用为目的，美国和日本有关于战术的定义显示了这一特征。这两类概念，都不同程度地造成思维与实践的割裂，进而影响对战术概念认识的发展。

通过对军事学有关"战术"定义的辨析，可以看出：战术作为一种现象，既有其组织的实体部分，也有其神妙不可测的谋略运用之所在。因此，战术本身是关于战斗中军事力量组织和使用的一个完整的体系，客观性和主观能动性在这一完整的体系中得到体现。

（三）战术在社会经济等领域的释义

在经历漫长历史长河发展到今天的人类社会文化中，许多本来属于特定范畴

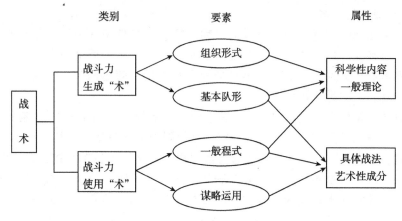

图 3-1　战术要素和属性关系示意图

的术语，已不再为这一领域所独有，而逐渐被具有相似特征的领域所借用。这些术语在被借用的同时，既保留了其原有领域中所独有的核心内涵，也在新领域中被赋予新的涵义。

　　战争本属于你死我活的军事冲突。但随着社会的变革，"战争"这一术语被广泛移植，如"商战"、"广告大战"、"营销大战"和"贸易大战"等用语的出现。"战术"一词也就是在此种背景下，被不断地借用，甚至被不断地定义。在所查阅的文献中，经济学对"战术"的定义最多（除体育之外），比较有代表性的定义是"战术是战略所包含的很多因素之一，是一种单一的主意或谋略，具有某种竞争优势，研究的是如何赢得市场"。这一定义给人的感觉似乎比较清晰，好像单一的主意或者谋略就是战术了。

　　很明显，这只是静态地观察事物，造成概念的以偏概全。但我们至少可以看出，无论"战术"概念如何被移植或重新界定，都脱离不了竞争（或对抗）以及主观意识的本质，正如《战术学》指出的那样："从本质上讲，战术源于战斗的主观意识，而战斗只是战争进程中必然存在的客观事物，战术是不能离开战斗而独立存在的。"

　　（四）战术在体育中的释义

　　当今体育比赛，尤其以奥运会比赛为代表，已成为一个国家和民族的政治、经济、文化及科技等综合实力的"橱窗"。比赛的胜负，已不仅涉及个人的荣誉，更关系到国家和社会的荣誉。竞技体育被赋予的这种功能使得比赛也被人们形容成"现代文明战争"。思考体育比赛与战争的渊源，我们更容易理解为什么一些军事家用战争的眼光来审视体育比赛，并从体育比赛中获取对战争的理解。

　　1. 一般训练学中的战术概念特征

体育运动的多样性、动态发展性，决定了体育战术概念具有鲜明的时代性。不同时期、不同学者对"体育战术"的理解，浓缩了特定阶段人们对体育竞赛规律认识。

一般意义的体育战术概念具有明显的时代特征。它们基本上都具有以下四个基本特点：（1）对体育战术的理解是围绕体育竞赛这一核心展开的，即它要遵循体育竞赛的规律；（2）体育战术有明确的目标指向性，体育战术运用的目的是成功参赛；（3）体育战术有动态性和静态性内涵，静态性体现在对参赛的谋划，动态性体现在战术的运用上；（4）体育战术既是原则又是方法，如"知己知彼，百战不殆"可以认为是原则性体现，而比赛的阵型可以认为是一种具体的方法。随着时间的推移和认识的不断深化，人们可能继续提出新的体育战术概念，但这四个特点仍然是体育战术研究的基点和出发点。

2. 专项训练学中战术概念特征

体育项目的发展具有时间的广延性和空间的拓展性。它会随着社会的发展，而被无限地发明和创造出来。每产生一项体育运动，也将随之产生出相关的战术概念定义。乒乓球、排球和篮球同属技能主导类对抗项群，运动的形式、对抗的方式、参与的人数的多变，使这类项目呈现出更丰富、更多变的比赛场面，也使这些项目的战术概念研究更富有特色。

上述项目除了具有一般体育战术概念的共性特点外，还具有非常明显项群特征和鲜明的项目特征。技能主导类项群战术特征表现为技术与战术的紧密关联；换而言之，技术是战术的基础，战术的基本运用是各种技术及人员的搭配组合。这也为我们思考田径运动战术提供思路。另外，从项群或项目认识和理解战术概念，可以得到如下启示：（1）战术概念的界定是动态发展的，它随着对影响获胜要素的认识深化而不断更迭；（2）战术界定的项目具体化，决定了它的个性化；换而言之，项目特征决定了项目战术风格特点。

（五）战术概念的启示

通过对不同领域中战术概念的辨析，我们可以看出"战术"的定义应具备下面三点：在不同的领域中，战术不仅有其历史性特征，还具有领域性特征；不论战术的定义在各领域中如何表述，战术必须要体现出组织和使用该领域要素的特征；战术是对于竞争而言的，因此它要体现出对抗体的特征，而不是单一体的特征，这也是战术同时兼有科学性与艺术性的本源。

对战术概念的这种认知，对田径运动战术具有重要指导意义，要紧紧围绕田径运动参赛和制胜认识田径运动战术。

二、田径运动战术概念的定义

由于受历史时序和认知阶段的限制，人们对事物发展变化规律的揭示也只能是阶段性逐步深入的过程。定义只是以概括形式揭示一个概念的内涵，它不能揭示事物全部的、丰富的内容，因而总是相对不完全的。但是，我们也必须认识到，不通过总结各种形式的概念和概括已有的零散经验和知识，就很难把握和认识事物的规律。田径运动战术概念的外延和内涵都是田径运动和战术所固有的交集，而不是简单的概念相加。这个交集一旦成为一个独立体，并从其母体中脱离出来，就意味着它成了一个全新的领域，它必然包含了新的内涵和外延。需要强调的是，它还具有原母体的遗传特性。因此，前一部分研究构成了对田径运动战术认识的起点，也为确立逻辑起点进行了理论铺垫。

科学地揭示"田径运动战术"概念的内涵，首先要遵循概念定义的逻辑方法。逻辑学认为，田径运动战术的定义涉及三方面的问题。第一，田径运动战术的定义项与被定义项的外延应该相等。也就是说，田径运动战术概念的外延与被定义概念的外延要完全相等，否则就会出现"定义过宽"或"定义过窄"的逻辑错误。第二，田径运动战术的定义项与被定义项不得互相定义。即不得直接或间接用定义概念来说明被定义概念，如果出现此类现象，就会发生循环定义的错误。第三，尽可能使用简洁明确的语言定义田径运动战术。

为得到有价值的结果，对田径运动战术的定义应采用下列准则：第一，普遍性。田径运动项目属于体能主导类项群，其子项又分别属于快速力量性、速度性及耐力性三个亚类。因此，研究应尽可能在各亚类战术的共同特征上进行归纳，使结论具有尽可能的广泛性。第二，重点性。由于田径运动包括的项目广泛，既有个人与团体项目之别，也有单项与组合项目的差异，因而在普遍性的基础之上，研究重心适当偏向于个人项目。第三，层次性。田径运动战术的内涵并非平摊在一个平面上，它既有多变的艺术性一面，又有相对稳定的科学性一面，应透过表面的内涵逐层深入，尽可能探求其内核部分。第四，资料的权威性。尽可能获取较有权威的、专业技术经历丰富的、专业理论素养较高深的专家学者的意见，博采众家之长，抽象出有意义的理论成果。

第二节　田径运动战术核心内涵分析

一、田径运动战术风格的个性化

任何事物都具备这样一种特征："个别一定与一般相连而存在。一般只能在个别中存在。任何一般知识大致地包括个别事物。任何个别都不能完全地包括在一般之中。"田径运动战术，同样具有一般特征与个别特征。在田径运动众多项目的比赛中，基本上以个体参赛为主。个体化的竞争，使战术的外在表现层出不穷。根据马克思哲学的普遍原理，我们认为，运动员的战术可以千差万别，但其所采用的战术必然会反映战术的内在特征，这种特征在与运动员个体的结合过程中就具备了相对稳定的个性化特点。因此，只要我们能认识田径运动员的个体战术风格，就具备了从特殊到一般进行归纳的前提条件，继而通过归纳，全面认识田径运动战术。

（一）战术风格个性化形成的基础

战术是以技术为基础的，运动员的技术特点决定了他在比赛中的战术；同时，技术特点也反映出参赛个体战术风格的主要外在特征。

背越式跳高是当今普遍采用的技术，在助跑、起跳、过杆和落地诸技术环节中，助跑是最重要的部分。目前国内外优秀的跳高运动员的助跑大致分为两种类型：第一种被称为"速度型"；第二种被称为"幅度型"。除上述两种类型之外，还有运动员采用两者的综合特点。上述分类是基于优秀运动员技术的共性特点认识的，而技术的个性特征的塑造，是形成运动员战术风格个性化的关键。如一年内三破世界纪录的朱建华，其快速助跑和快速起跳的独特技术形成了他"助跑快、起跳快、过杆快"的战术风格。苏联田径研究人员茹科夫和尤夫里科夫撰写的文章，认为朱建华的技术具有如下个人特点：

第一，助跑步幅小、速度快。最后六步的助跑速度达到 8.73 米/秒。

第二，起跳支撑时间短、垂直速度快。

第三，过杆水平速度快，达到 2.40 米/秒。

体现朱建华"快速"的技术指标都大大超过当时世界一些优秀跳高运动员。正是这些优于其他世界优秀运动员的技术特点，使朱建华形成"三快"的个人战术风格。

（二）战术风格个性化区别的关键

带有鲜明个体竞技能力补偿特点的战术，是不同运动员战术风格区别的关键。运动员的竞技能力形成效应分为遗传效应、生活效应和训练效应。不同遗传差异、不同生活背景和不同训练经历造就运动员的竞技能力表现出迥异的个性化的非衡特征，这种互异性可以表现在方方面面。刘大庆、田麦久在竞技能力结构非衡特征的研究中就指出，"这种非衡状态是普遍存在的"。运动员的竞技能力，可以存在非衡特征，通过竞技能力构成要素中素质和能力的相互弥补和代偿，实现总体竞技能力达到高水平。运动员竞技能力的非衡特征和补偿效应的综合结果，在比赛中表现为，运动员采取不同的行动来展示自己的竞技实力。这种带有竞技能力相互补偿的行动，也就集中表现在战术运用的过程中。

1. 要素性补偿

田径运动项目的成绩决定因素，因技术结构的不同而不同。如，周期类的走、跑项目由步频和步幅决定成绩；非周期类的铁饼、铅球成绩决定于出手速度和出手角度；而混合类的跳远成绩则决定于腾起初速度和腾起角度。这些要素之间，都不同程度地存在着相互补偿现象。

100 米跑，历来是人们最关注的田径项目。对该项目而言，速度是制胜的关键。根据运动学公式 v＝步幅×步频可知，步频和步幅是成绩的决定因素。虽然仅步幅和步频两个因素，但它们之间的组合变化及产生的相互关系却极为复杂。在运动过程中，过大的步幅将影响步频的发挥，过快的步频也将制约步幅的发挥。运动员为了获得高速度和保持高速度，就不得不对步幅和步频进行符合自身条件的合理调配，使两者组合达到最大效益的相互补偿。在 100 米跑赛中，这种经过长期训练所形成的、较为稳定的步幅和步频相互补偿特性，就表现出不同运动员的战术风格。

如表 3-1 中的环比数据分析表明，约翰逊全程的步幅和步频的相互补偿具有复杂的再造功能。在全程的变化过程中，约翰逊的战术风格表现为：在不同的分段，步幅和步频分别起主导作用。图 3-2 则更清晰地显示出不同分段中为获得高速度和保持高速度时的步幅与和步频相互补偿。

表 3-1　约翰逊创百米 9.83 秒世界纪录的步幅、步频、速度的互补效应环比分析

分段	Ⅱ	Ⅲ	Ⅳ	Ⅴ	Ⅵ	Ⅶ	Ⅷ	Ⅸ	Ⅹ
米	10～20	20～30	30～40	40～50	50～60	60～70	70～80	80～90	90～100
步幅	32%	21%	-6.9%	5%	4%	4.8%	-6%	0	2.5%
步频	12%	-4.7%	8.7%	-8.3%	2.4%	-6.2%	-2%	2.3%	0
速度	48%	8.5%	8.2%	-3.6%	2.4%	0	-8.3%	3.3%	2.3%

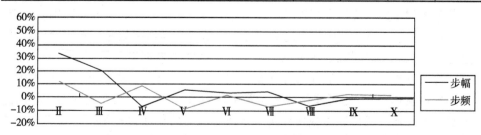

图 3-2　约翰逊 100 米跑步幅、步频环比互补结构

战术风格本身是一种独立化、个性化的结果，不同的运动员具有不同的战术风格也就成为一种规律。就步幅与步频的相互补偿而言，同样具有个性化的特点。

2. 结构性补偿

一切训练活动都围绕提高运动员的竞技能力而组织进行，所有运动员参加比赛都力求创造理想的运动成绩。运动成绩也同竞技能力一样，有自己相对独立的结构，如田径运动中全能项目的得分由各单项得分组成。在田径运动中，成绩评定客观而准确，但成绩结构中各因素间的关系却多变而复杂。

三级跳远是其中的典型代表。三级跳远的成绩由三跳的最终远度确定，但单足跳、跨步跳、跳跃三跳过程的连续性使三跳的关系变得极为复杂。在三级跳远成绩结构中，单足跳、跨步跳、跳跃的关系不仅相辅相成，而且相互影响、相互制约。战术要考虑的问题是，尽可能降低成绩结构中的相互影响与相互制约的负面作用，最大限度地实现最佳结构性补偿效应。

对三级跳远三跳之间相互补偿关系认识，是围绕三跳的比例展开的。1990年美国著名的运动生物力学专家 James G. Hay 在单足跳和跳跃所占的比例的基础上，定义了三种三级跳远技术类型。第一种是单足跳优势技术，第二种是跳跃优势型技术，第三种是平衡型技术。表 3-2 分别列出两名世界优秀三级跳远运动员的三跳的比例。按 James G. Hay 的分类定义，马尔科夫属于单足跳优势技术，而班克斯则属于跳跃优势型技术。依据运动生物力学分析，单足跳占优势的运动员可获得较大的第一跳远度，但要具备承受较大冲击性力量的能力；而跳跃占优势的运动员能较充分利用助跑速度，但必须以相对较近的第一跳和第二跳为前提。

表 3-2　两名世界级跳远运动员成绩结构特征

运动员	三跳远度及比例						成绩（米）
	一跳	白分比	二跳	百分比	三跳	百分比	
马尔科夫	6.54	36.4	5.30	29.5	6.12	34.1	17.96
班克斯	6.28	34.9	5.00	27.9	6.69	37.2	17.96

三级跳远运动员正是依据个人的速度素质、力量素质组织并实施战术，以实现三跳结构之间相互补偿的实现的。通过图 3-3，我们能更清楚地看到两种战术所导致的不同结果。这说明运动成绩的结构性补偿，不仅可以反映运动员技术上的差异，也深刻地投射出个人战术风格的巨大差异。

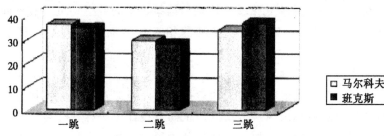

图 3-3　三级跳远成绩的结构性补偿特征

（三）战术风格个性化的深层因素

田径运动战术风格个性化还蕴涵有更深的文化、民族、思维、心理等深层的东西。田径运动战术风格个性化，意味着与众不同。无论是耐力类项目还是速度或快速力量类项目，战术都是个体完成的。不同的个体对战术的设计和运用，其手段、方法、途径及思维过程，会表现出浓厚的个人风格和特色。运动员采取的战术，是主观意识的产物，与运动员的气质直接相关。气质是人的典型的稳定的心理特征。气质本身并不决定运动员战术意识的强弱，但气质却给战术行动染上某种独特的特色。正如心理学研究所证实的，高级神经类型在行为中的具体表现是多种多样的，它们不仅影响行为的外部表现，而且渗透到心理活动的一切方面。

田径运动战术风格的个性化，还表现在独立性强、甘愿冒险、坚毅与勇敢等诸多方面。这里我们可借用马克思的至理名言："在科学的入口，正像地狱的入口处一样，必须提出这样的要求：'这里必须根绝一切犹豫；这里任何怯懦都无济于事'。"怯懦者不可能使天才的战术安排变成比赛结果的现实。任何战术离开了坚毅与勇敢，就不能有杰出战术造诣。

田径运动战术风格的个性化还具有"无意识"的特点，正如著名学者鲁齐安·布拉加所说的，"我们所研究的分割，具有'范畴'的效力，风格范畴发自无意识领域深处"，其作用是指导深入奥妙的能力，也就是说，它们要引导我们深入存在未知的深化风格的个性化具有塑造力和引导力的作用。这种无意识，是战术素养长期积淀的结果，其形成不乏社会的、民族的、历史的以及地理的等多种因素。

需要说明的是，对田径运动战术风格个性化进行系统的探讨是一个十分高深的课题，它不仅涉及体育战术学，同时与文化哲学、心理学和创造学等有着深刻广泛的联系。但是，正如布拉加所说："这个迄今为止完全被人忽视的现象具有重大意义，因此才应从理论上对它进行深入的探讨。"

二、田径运动战术的体力分配性

分配就是根据目标的需要，对所拥有的资源进行合理的配置，使资源围绕目标的要求发挥最大的功能效益。借用最后一位"古典战略家"李德哈特对战略的定义"战略为分配和使用军事工具达到政策目标的艺术"，我们可以从战略的高度来俯视和理解田径运动比赛中体力分配的重要性。体力是运动员竞技水平在比赛中得以表现的保障，且任何运动员的体力都是有限的和波动的。所以，如何分配体力也就自然成为一项优先的考虑。田径运动中，体力分配包括：宏观（比赛系列）、中观（某一场特定比赛）和微观（技术环节）三个层面；核心的问题是，采用什么样的强度、变化幅度和配比去参加比赛。

田径运动比赛中的体力分配受内外两类规律的制约：其一，项目自身的规律，如项目所要求的生理特点、竞技能力因素间的协同特性等；其二，项目的比赛规律，如比赛序列特点、比赛的性质、比赛方法、成绩的评定等。要理解体力分配的确切含义，首先要对体力分配的功能有所认识。为此，我们走访了田径运动方面经验丰富的教练员和专业造诣精深的学者，总结他们对体力分配的认识，初步认为体力分配具有如下功能：最大限度地节省体力，减少不必要的体力消耗；调整状态使运动员的竞技状态在比赛的进程中渐入佳境，实现参赛目标；遵循田径运动不同项目的技术环节相关因素的有序协同规律，防止体力分配不当，造成竞技能力因素协同效应受到破坏，实现运动成绩效益最佳化；保证自己的体力结构不被破坏或破坏对手的体力结构。需要强调的是，如何安排体力，主要根据参赛的目的和意图、项目比赛规律、自身实力、对手实力、自己的体力状况决定。

（一）体力分配的基础

田径运动项目属于体能主导类项群，能量供应、疲劳和恢复特点是训练和比赛的关注焦点，也是考虑体力分配问题的基点。因此，三个能量供应系统变化和相互间的关系对研究体力分配显得尤为重要。

1. 能量供应系统对体力分配的要求

人体运动所需能量，来源于磷酸原（ATP-CP）系统、酵解能系统和氧化系统三个能量系统，它们能够维持的运动时间分别为：小于 10 秒钟、小于 2～3 分钟、大于 3～5 分钟。

在静态性方面，三个系统的独立性非常明显，但要从动态视角去审视，三个能量系统的关系就变得极为复杂。它们的复杂性表现在：各系统的启动是非同步的。ATP-CP 系统从运动的即刻就已启动，而酵解能系统和氧化系统的启动与前者有时间间隔；三个能量系统供能的效率存在很大的差异性。（ATP-CP）系统和酵解能系统供能的功率大、持续时间短，而氧化系统供能的时间长、功率小；倒"v"型的三个能量系统的功能互补性差。能量的复杂性使得我们很难寻找出最佳的能量供应模式，但这种客观的复杂性也为研究体力分配方案提供了广阔的空间。在经验的基础上和较长时间相关数据的积累上，完全有可能寻找出个人的最佳能量供应模式，这对于以走、跑为主的周期性项目尤为重要。

表3-3　田径运动项目的主要能量供应系统

	各系统所占比例（2%）		
	ATP-CP 和酵解能系统	酵解能系统和氧化系统	氧化系统
100 米、200 米	98	2	——
田赛项目	90	10	——
400 米	80	15	5
800 米	30	65	5
1500 米	20	55	25
5000 米	10	20	70
10000 米	5	15	80
马拉松	——	5	95

注：依运动生理能量供应系统表改制

　　田径运动项目的能量供应具有各自的特征，但运动中不存在绝对的某一个单一能源系统的供能（见表 3-3）。例如，100 米跑是典型的速度性项目，要求快速高输出功率的供能。这样磷酸原系统为首选能源，但酵解能系统在运动中仍占有一定比例。典型的耐力性项目马拉松跑得持续时间长，运动中机体的供能以氧化系统为主，但酵解能系统功能也占有一定比例，且运动水平越高酵解能占的比例也将越大。快速力量类项目的供能也是复合系统的供能，并且随着比赛时间的延长，供能结构变得更为复杂。很显然，根据田径运动的能量供应特征，进行体力分配是十分必要的。但需要指出的是，建立在能量基础上的体力分配，主要目的是实现机体能源利用的最大化效益，并不一定能够实现战胜对手的目的。

　　2. 疲劳特征对体力分配的要求

　　现在的田径运动，尤其是奥运会、世界田径锦标赛和田径赛界杯赛中的竞技，都要求运动员投入极限或接近极限的体力参赛。在这种背景下，体力分配不得不考虑项目的运动性疲劳特征。运动生理学疲劳定义为：机体生理机能过程不能维持其机能在一特定水平上和不能维持预定的运动强度。运动性疲劳是一种自然的生理特征，认识这种特征对指导比赛中体力分配、把控比赛强度具有重要意义。生理学研究认为，当进行强度大、持续时间长的运动时，机体将以无氧供能为主，此时乳酸的产生率大于清除率，使血乳酸上升，pH 值下降，运动不能持久。在田径运动比赛中（特别是高水平比赛），由于运动强度接近或达到极限强度，与之相应的生理功能也基本达到极限。相关研究同样也表明，在长距离跑过程中，运动性疲劳的出现存在一个临界带内，该临界带的宽度和值域的大小与运动员的训练水平、心理状态存在很大的相关程度；运动强度一旦超过临界带的上限，将导致机体工作能力产生劣变；表现为速度结构的破坏，运动员随即发挥不出应有的运动水平。

进行体力的分配最重要的一个目的，就是要求运动负荷与机体的生理功能相适应，以保证运动员尽可能地维持较长时间的大强度；或者通过适当的调节，使机体更快地恢复到大强度运动。如何运用运动性疲劳的规律进行体力分配，对实现参赛计划至关重要。比赛的主要目的是为了获得胜利。在这种竞争目标导向下，人们往往忽视体力分配的客观要求，许多运动员，甚至是世界级运动员在比赛中会因体力分配不当而表现不出应有的运动水平。

3. 恢复特征对体力分配的要求

恢复是伴随疲劳的产生而同步进行的。恢复过程（recovery）是指人体在运动过程中和运动结束后，各种生理机能和能源物资逐渐恢复到运动前水平的变化过程。

在田径运动比赛中，如果说防止运动性疲劳的过早出现，是制订体力分配方案的前提；那么，积极促进恢复则是达到体力分配目标实现的保障。以高度项目比赛为例，运动员要在长达 2～4 个小时的时间内进行角逐，优秀运动员一般要进行将近 10 次左右的成功试跳才有可能问鼎冠军。如果不注重比赛过程中机体能力的恢复，是不可能完全展现自身运动实力的，其至会在关键时刻功败垂成。

在一次东京田径锦标赛中，西班牙撑竿跳高运动员巴奎拉，就因没有注意比赛中的恢复，而在精疲力竭中惜败于布勃卡。如这场比赛中，巴奎拉试跳达 13 次，而布勃卡仅试跳 7 次，在实力方面巴奎拉与布勃卡存在一定差距。因此，有理由认为，当时左脚跟受伤的布勃卡的获胜，既有其实力原因，也存在巴奎拉没处理好疲劳与恢复的关系的原因。

分析认为（见表 3-4），巴奎拉体力分配安排失误有二：（1）起跳的高度较低，且每升高一个高度都有一次试跳，不注意体力的消耗与恢复，致使比赛全程体力消耗过大；（2）在 5.95 米的高度上，仅剩下巴奎拉和布勃卡两个人，巴奎拉没有采取一定的策略积极调整体力促进恢复，而是以疲劳的机体与体力较为充沛的布勃卡硬拼。如在 5.95 米第一次试跳都失败的情况下，可以采取放弃一次试跳或免跳促进恢复。

表 3-4　东京世界田径锦标赛中巴奎拉与布勃卡不同轮次试跳对照

	5.40~5.70（米）	5.75	5.80	5.85	5.90	5.95	共计
巴奎拉	5.40 米起跳，第六次试跳过	√	√	√	√	×××	13
	5.70 米（均一次试跳成功）						
布勃卡	5.70 起跳，仅一次试跳过杆	——	——	——	×	×√	7

　　对历史的假设都不可能是完全正确的，但对历史的假设可以使我们更好地理解在比赛关键时刻如何避免的体力消耗或者如何促进体力的恢复。

　　（二）体力分配的层次

　　体力分配是有层次的。根据体力分配的宏观、中观和微观特点，我们将其界定为：结构性体力分配、赛程性体力分配和赛序性体力分配三个层次。

　　1. 结构性体力分配

　　结构性体力分配是指在一个完整的技术过程中，所进行的体力分配。具有演化功能的系统，其系统结构在实现低级向高级演化过程中，内部自组织现象的出现、协同效应的形成。一位世界级田径运动员，在 8~10 年的系统训练过程中，其竞技能力结构系统逐渐完成了低级向高级的转化。按协同论的观点理解，竞技能力系统在完成低级向高级的转化过程中，经过非线性的复杂组合，体能、技能等子系统就具有了自组织的特性。这种自组织特性，使竞技能力系统内部各要素之间的关联运动得到强化，实现协同运动。经过长期训练建立起的这种相对稳定的内部关联运动，已经达到高度的协同性。试图通过改变某单一要素而获得更好的成绩，是不客观的，甚至适得其反。这一推论，在田径运动比赛中一次又一次被证实，在快速力量性项目技术结构内，即使是关键技术环节，也必须与相关因素有序协同才能发挥出它的最佳效应。

　　随着对理论和实践研究的深化，人们已经认识到速度是田径运动的"灵魂"。基于这种认识，人们把发展体能和提高专项速度作为训练的首要问题来抓，这无疑是正确的。但在对田径运动"速度—成绩"结构存在最佳效益适宜区段的研究，却揭示出了一些关于"速度—成绩"结构的更深层次的协同现象和规律。随着对这些现象和规律的认识，引发了我们更深刻的思考。如何利用这些现象和规律去指导训练？如何在战术的安排中去体现这些规律？运动员如何在比赛中利用这些规律发挥（或超常发挥）自己的水平？

看似简单的田径运动，其"速度—成绩"结构内部的协同关系却极为复杂。为了深入讨论"速度—成绩"结构中的协同效应及其对田径运动成绩最佳效益的影响，有必要了解相关研究。德国学者 A·尼克尔（AxelKnicker）对 1993 年斯图加特世界田径锦标赛男女铁饼出手速度与投掷距离数据的线性回归分析表明，一些器械项目出手速度、投掷距离间，存在非线性相关关系。并且，在一定投掷距离区间内，器械出手速度有一定的适宜范围。一些专家对铅球技术参数的研究，进一步证明了滑步速度与运动成绩之间存在非直线变化现象。通过对跳远起跳垂直速度生成机制的研究也发现，过于强调助跑速度利用率不利于合理的垂直速度生成，将会影响运动成绩最佳化。

综合研究成果，可以看出"速度—成绩"结构的内协同效应不是孤立、特殊的存在；而是普遍存在的，并发生在不同的联系环节上。"速度—成绩"协同效应存在于不同环节联系上的事实表明：因自组织而产生"速度—成绩"结构的内协同效应具有多层次、全方位等特性。这种协同可分为直连接协同、间连接协同、转换点要素协同（见表 3-5）。"速度—成绩"结构中因素间的协同效应的作用广泛而深刻，这一规律的突出表现是成绩最佳效益具有速度适宜区段。换言之，当运动员达到较为稳定的运动水平，靠单一环节速度改变来提高成绩是不大可能的，甚至会导致整体效益的下降。单一技术环节速度的提高，必须服从与其他环节速度的有序协同才能够表现出更好的成绩。

表 3-5 田径运动微观结构中的协同方式

协同类型	直连接协同	间连接协同	转换点要素协同
表现形式	出手速度—成绩	滑步速度—成绩	水平速度—垂直速度
协同效应关系	复杂线性关系	复杂线性关系	相互制约关系

"速度—成绩"结构内部的协同效应为研究微观层面的体力分配提供了理论上的基础。众所周知，力量是速度的基础，力量聚集越集中，速度表现越明显。在田径运动比赛中，运动员往往要将力量集中起来完成技术，以期获得更快的速度，尤其是投掷类项目。前面已经论述过，由于技术环节存在有序协同的效应，用力越大所取得的结果并不一定因之而更好。关键在于对力量的分配要符合技术链的有序协同，如果力量的分配与技术链的有序协同不相匹配则会造成某一环节力量分配较大（或较小），而其他环节的力量分配相对较小（或较大），致使出现力量增加而取得不到更好的效益的现象。

2. 赛程性体力分配

赛程性体力分配是在比赛的全过程中，根据不同的胜出方式，而对体力所进行的一种分配。根据比赛中优胜者产生的方法，我们又将赛程性体力分配分为资格性体力分配和优胜性体力分配。

（1）资格性体力分配

资格性体力分配指为获得参加最后决赛机会，在比赛进程中所进行的体力分配。在现代田径运动比赛中，由于参赛人数的增加，运动员需要通过层层筛选，最后进入决赛。如径赛需要通过多个赛次才能进入决赛，而田赛也需要通过资格赛才能入围决赛。为了保证既能进入决赛，而且最大限度地保存决赛所需要的体力，运动员就需要对体力进行合理的分配。

径赛和田赛的筛选方式虽然不同，但其选拔的性质是完全相同的。在径赛中，运动员一般需要通过 1~3 次的选拔才能进入决赛。田赛也不例外，运动员需要首先通过资格赛，才有机会进入决赛。

（2）优胜性体力分配

优胜性体力分配指运动员在决赛中，依项目胜出的特点对体力进行的分配。根据项目决定胜出的方式不同，径赛的优胜性体力分配表现为不同分段的跑速变化（或时间变化）；田赛的分配则表现为各轮次之间的体力配比。

前期关于体力分配的研究大多属于优胜性体力分配，且主要集中在径赛的分段体力配比上。如马西米利亚·迪特罗依洛等关于《2000 年奥运会男子 400 米栏比赛的分段分析》的研究，夏崇德采用关联分析法对影响 400 米跑成绩的各分段进行关联分析等。

长期以来，人们认为田赛项目战术的关键，是处理好第一次试投（试跳），如《项群训练理论群》中提出"力争首演成功"。现在看来，这一观点的普遍性还需要进一步验证。通过统计得知，长投、短投和准确性项目的优胜性体力分配特征有较大的区别。如投掷项目比较重视前三次试投；而跳远则更注重后三次试跳的发挥。值得注意的是，在统计的三个项目中，也有"免跳（投）"发生。这也更进一步说明体力分配在田赛中的重要性。由于体力分配集中体现在强度变化上，故不同轮次的比赛强度变化特征更加突出。

优胜性体力分配在田径运动战术中占有重要地位。其对径赛项目不但具有重要作用，对田赛项目也具有同样作用。因此，有必要加强田赛项目的优胜性体力分配研究。

3. 比赛序列性体力分配

随着田径运动自身的发展和商业化的需求，田径运动的深刻变革都不同程度地从比赛次数的变化中体现出来。比赛次数的增加与人体生理、心理承受力的有限性，形成了尖锐的矛盾冲突。田麦久在《论运动训练计划》中就已指出："比赛次数绝不是越多越好，而应根据每个运动员的具体情况，确定适宜的数量。"可见，在一个较为完整的比赛序列中，如何将体力分配序列化，对训练和比赛具有战略意义。

（1）比赛序列对体力分配的要求

20 世纪 80 年代后，国际田联为了推动田径运动的普及和回应运动员日益增加的比赛需求，逐步增设了世界杯田径赛、世界田径锦标赛、田径系列大奖赛，并根据田径运动自身的特点，将各种比赛阶段化、序列化。随着赛事的增加和比赛集中的阶段化，引发对田径运动训练和参赛等方面一系列的思考。比如，优秀运动员在一个年度中参加多少次比赛较为合理？这些比赛又该如何安排？如何使训练与序列比赛接轨？如何有选择地参赛促进竞技能力的提高？

对田径运动项目不同年代的成绩增长率研究发现（见表 3-6），比赛序列化的改革，在极大地推动了田径运动成绩的同时，也表现出如下时代特征：20 世纪 70 年代中后期田径运动各项目成绩增长迅速，整体成绩增长大于最好成绩的增长，如 100 米的 II/I 为 2.8＞1，110 米栏的 II/I 为 2.13＞1；80 年代田径运动的成绩增长表现为最好成绩的增长大于整体成绩的增长，如 110 米栏的 II/I 为 0.62＜1，跳远的 II/I 为 0.55＜1；随着国际田联赛制改革趋于稳定，90 年代后田径运动成绩的增长趋势表现为整体和最好成绩的变化趋于一致（即 II/I 接近 1）。

表 3-6　田径部分项目不同时代年最好成绩和前 10 名成绩年增长率

年代	100 米			110 米栏			跳远		
	I ％	II ％	II/I	I ％	II ％	II/I	I ％	II ％	II/I
70 年代	0.099	0.277	2.8	0.171	0.364	2.13	0.574	0.336	0.59
80 年代	0.100	0.110	1.19	0.219	0.135	0.62	0.375	0.205	0.55
90 年代后	0.202	0.175	0.87	0.019	0.015	0.8	0.254	0.325	1.28

注：1. I 表示最好成绩年增长率；II 表示前 10 名成绩年增长率；II/I 表示二者变化关系

2. I（II）＝（基期水平－末期水平）/基期水平

研究表明：参赛次数增加能在一定程度上推动运动成绩的增长。但近年来世界级优秀运动员的年参赛次数逐渐趋于稳定特点和整体运动成绩、最好成绩变化趋于一致的变化特点，说明现阶段优秀运动员的年参赛次数已基本接近最佳化。这也说明，参赛次数的增加对成绩的增长作用并非是无限的；不能够片面地追求"以赛代练"或"以赛带练"训练思想。针对比赛阶段化和序列化后的这种变化特点,我们需要对参赛序列进行科学的规划,使训练和比赛实现有机的衔接。

(2) 比赛序列性体力分配方案

在对优秀运动员的年度参赛序列研究后,我们认为主要有四种比赛序列性体力分配方案:第一种,小幅波动型;第二种,大幅振荡型;第三种,低凹复苏型;第四种,平稳递进型。

小幅波动型的特点是:比赛相对集中,比赛序列成绩趋势线(比赛序列中初始比赛成绩与扫尾比赛或重大比赛成绩的连线)呈平直或略微上升(下降),比赛成绩沿趋势线较为均匀分配,最大波幅差不超过2%。该种类型比较适合于准备期长的中、长跑项目;采用这种类型有利于保持竞技状态,但对破纪录不利。

大幅振荡型的特点是:比赛次数多,比赛间隔时间长,比赛序列的趋势线呈上扬,比赛成绩沿趋势线大幅波动(其中下浮的波幅更大),最大波幅差的上限接近7%。该种类型的比赛序列比较适合于比赛期长的高度和远度类田径项目,采用这种类型,有利于竞技状态的不断调整,如调整时间间隔合适极有可能创造好成绩。

低凹复苏型的特点是:比赛次数适中,比赛间隔时间较长,比赛序列的趋势线呈基本平直,比赛序列中的起始比赛成绩基本接近最好成绩,随后比赛成绩沿趋势线缓慢下滑,后再逐渐提升至最高,最大波幅差不超过3%。该种类型的比赛序列比较适合比赛期较长的短距离项目,采用这种类型就是在赛序开始就表现出最好成绩,然后在逐渐调整直至再次表现出或超过最好成绩。

平稳递进型的特点是:比赛序列中比赛间隔有序,比赛序列成绩趋势线较大幅度上升,比赛成绩基本在趋势线上方波动(这一点恰好和大幅波动型比赛序列形成对比),最大波幅差接近6%。这种类型的训练基础是平台逐步提升,直至现有竞技状态提升到最高。这种类型的优势就是将比赛序列中的各次比赛有机地融合成一个渐进的过程。

三、田径运动战术策划与实施的谋略性

(一) 战术谋略的基础

《军事谋略学》中这样评价体育比赛:"体育场上的竞技也是一种活力对抗,因而也会迸发出谋略的火花。"田径运动战术,作为运动员参加比赛的重要因素,它既是谋略在运动实力上的沉淀,也是运动实力在谋略中的升华。田径运动战术谋略的精髓不仅在于巧妙地设计,更在于灵活地运用。

战术谋略运用的根本目的是提高参赛效益，既在比赛的对抗中运用谋略，最大限度地发挥自己的运动实力，或以较小的代价获得较大的利益。田径运动的同向对抗性，更多体现的不是直接的以智取敌，而是运动实力的优劣。事实上，不论何种形式的对抗，其结果都是优胜劣败，其关键在于如何认识优胜劣败。比赛中优胜劣败，体现为参赛效能的强胜弱败。应该认识到从静态实力到参赛效能存在一个转化的过程。能形成多大的参赛效能，取决于静态实力的大、小和转化效率的高、低，同时，取决于对手的实力和参赛环境的影响。这一点，对于认识谋略的造势和运筹功能非常重要。

　　作为主观意识的谋略，是不受空间和时间限制的。既可在比赛中运用，也可用于比赛之前，甚至贯穿训练全程。因此，审视田径运动战术策划和实施的谋略性，既要完整系统地看田径运动中的谋略运作过程，也要局部细节上深入分析谋略，这样才能较全面地理解田径运动战术策划和实施的谋略性。

　　（二）战术的策划性谋略

　　谋略是客观现实的主观映像和思维的成果。谋略反映客观事物的真理性如何，首先取决于客观事物是什么情况，其次取决于反映客观事物的人脑活动。在谋略过程中，从问题出现、情报分析到谋略行动都充斥着心理过程，更确切地说是思维过程。按照信息论的观点，可以把它理解为对信息的摄取、传入、加工、输出。故而，谋略的运筹过程，大致可分为三个阶段：（1）认识阶段，即对信息进行摄取和输入；（2）创造性思维阶段；（3）谋略的实施阶段。谋略的整个过程，不仅要依靠文化和经验认识，同时需要创造性的思维，并要求形成必要的策略和手段。

　　谋略运作的三个阶段，不仅是一个完整、有序化的过程，还是既相互区别、又相互联系的三个层次；即"知彼知己"的认识论、"筹算预测"的决策论、"相机制敌"的实践论。认识——决策——实践，这是任何对抗中谋略运作的三个相互连接、不容分割的环节。三者统一于整个对抗用谋之中，因此要不断地增加认识、修正决策，再付诸实施。通过对谋略思维过程的分析，可以勾勒出谋略运作过程图（见图3-4），进而将这一过程系统化和有序化。

　　分析谋略运作过程可知：人们在寻求对付他人的策略和解决问题的办法时，总是以人类文化结晶为基础，联系自己的活动经验，接受外部信息刺激，通过各种思维，特别是创造性思维，把信息内化为意识，找出问题突破点，采取行动，这一过程中分别涉及"知彼知己"的认识、"筹算预测"的决策、"相机制敌"的行动三个相互联系的层次。

　　（三）战术的实施性谋略

　　1. 实施性谋略的运作分析

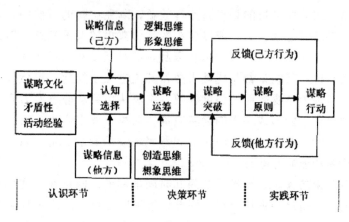

图 3-4　谋略运作过程

谋略运筹与较量的成功，取决于对谋略手段的选择和驾驭。也就是在谋略手段的选择和运用中，能否做到适时、适地、适情，灵活运用，可谓"运用之妙，存乎一心"。同样一种谋略手段，不顾客观情况的死搬硬套，会得到截然相反的心理效果。

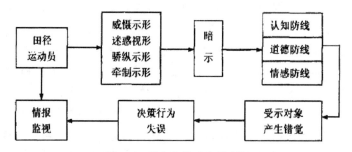

图 3-5　谋略实施过程示意图

在战术谋略的运筹与较量中，一般通过示形所产生的特定信息暗示对手，使对手产生错觉，从而导致对手决策失误。暗示对战术谋略较量至关重要。有效的暗示以突破对手的认知防线、道德防线或情感防线为标志，只有暗示产生效应，谋略实施才可能形成一个完整的过程。在实践中，既可以通过心理诱导、情感沟通使对手产生共鸣效应，也可以愚弄对方或恐吓对手等激怒对方。

2. 实施性谋略的方式

示形是实施性谋略的重要方式，对示形的理解，可以认为是暴露事物的外部特征。凡是将我方的意图通过某种媒介，送至特定人的感知系统的方式，均为示形。诱惑对手是战术实施性谋略的基本目的，它包括明示、暗示等。正如孙子所说："能而示之不能，用而示之不用，近而示之远，远而示之近。"示形就是使对方产生错觉，一旦错觉产生，对方心理防线、认知防线就有可能被突破，而产生错误的判断，最终采取不恰当的行为。

（1）实施性谋略的核心——"心理战"

心理战的本质，即利用对手由常规思维定势所造成的思维"盲点"，一反常规心理灵活运用"奇和变"来与对方斗智，使对方难以料定我方的本意，造成误判，导致行动上的失误。

在心理战中，示形是先导，暗示是手段，错觉是目的。在实施心理战中，首先要利用对方对己方的观察来提供假象，隐藏真实；再采用特定的信息、间接的行为方式，对对手施加心理影响或使对手产生共鸣；最后达到使对手产生错觉的目的。

在激烈的国际比赛中，对抗双方心理都处于高度紧张的、一触即发的胶着状态，心理状态较差的一方很容易成为"心理战"的牺牲品。这也是为什么运动员在比赛中具有"唯我独尊"竞争心态的重要原因。

（2）实施性谋略的关键——"出奇和不意"

"凡战者，以正合，以奇胜。""出奇"就是不循旧规，超常思维，反常用兵，使对方惊骇，造成一种先声夺人的心理态势；"不意"就是采取出乎对方的意料的办法对其进行进攻。出奇和不意密切联系、相辅相成，出奇可达成不意，要不意则多半要出奇。孙武指出："兵无常势，水无常形。故善出奇者无穷如天地，不竭如江河。"

四、田径运动战术行动的竞赛环境制约性

（一）竞赛环境制约战术行动的基础

竞赛环境是相对于竞赛参与者而言的，是参与者以外的背景或事物。它是进行比赛的依托和舞台，也是战术行动的客观依据。克劳塞维茨曾说过："地理环境同军事行动有着十分密切的而永远存在的关系，它不论对战斗过程的本身，还是对战斗的准备和运用都有决定性影响。"孙武也强调："知天之地，胜乃不穷。"环境对运动竞赛的影响虽不及其对军事行动的影响那么巨大，但借用军事家的论断，可以从一个侧面理解竞赛环境对战术的制约。

田径运动战术行动本身，就是参赛决策的具体表现。如果战术行动受到环境制约，那不是环境造成的，而是忽视了环境这一重要因素。环境有其自身特点，它并非一种概率，仅仅因为我们对环境的表征认识是不完美的，才造成环境的概率性。因此，不确定性是由自己造成的，而不在于环境。田径运动战术行动必须面对各种不同的地理条件、不同的气候和天气状况、不同的社会人文条件，才可

能发挥战术的真正作用。因此，认识战术行动的竞赛环境制约性对指导训练和参赛具有重要作用。

（二）竞赛环境制约战术行动的方式

竞赛环境系统包括多个子环境系统。在特定的时间点上，自然环境、社会及人文环境、赛场环境都成为竞赛环境系统的子系统。竞赛环境组成要素的多样性，使得它对田径运动战术的制约是多方位的。在分析竞赛环境的特点后发现，竞赛环境对田径运动战术行动制约主要通过两类方式：一类是直接影响战术行动；一类是通过影响战术主体而作用于战术行动。竞赛环境对田径运动战术行动的制约关系见图 3-6。

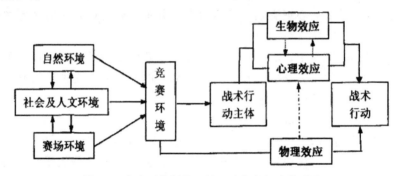

图 3-6　竞赛环境制约田径运动战术行动关系图

竞赛环境对战术行动的直接制约方式，主要是通过物理效应发生的，如重力、气流等的影响。另外，竞赛环境（如时差、比赛气氛等）还通过影响战术主体的生理和心理，进而影响战术行动的质量和效果。在竞赛环境对战术主体的这三种影响效应中，心理效应的影响作用最为突出。需要强调的是，竞赛环境制约田径运动战术的三种影响效应，并不是孤立的，而是相互作用的，其中心理效应和生理效应的互为关系更紧密。

（三）竞赛环境制约战术行动的效应分析

1. 制约战术行动的物理效应

物理效应指环境引起力学性质的变化对战术的影响。竞赛环境对战术行动制约的单纯物理效应因素相对较少，气流和降水是其中的主要因素。另外还包括场地的铺垫物性质、地形、重力、空气密度，以及大雾等。

大量的研究证实气流和降水气流对战术、技术、体能的影响极大。在几十年前就已经证实，顺风速超过 1 米/秒，100 米可以提高 0.1 秒。为此，田径规则对超风速进行了专门的规定。如田径规则规定 100 米和 200 米以内的径赛和跳远、三级跳远等项目，在顺风时所创造的纪录，平均风速不得超过 2 米/秒，否则纪录不予承认。在赛场上，许多运动员因此留下难以弥补的遗憾。例如在赛斯特里尔，跑道虽然帮助佩德罗索跳出 8.96 米的好成绩，但由于超风速 0.52 米/秒，纪录没被批准。

气流和降水不仅影响破纪录的问题，同样影响着运动员之间的对抗效果。《跟随跑战术的原理及应用》一文指出："紧随领跑者不仅可以利用领跑人身后的低压、低密度区，减少空气阻力，又可充分利用涡流气阱的转动能，顶风时运用跟随跑更有意义。"气流和降水在影响战术主体的同时，也会对器械产生较大影响，尤其是铁饼和标枪项目。通过风洞实验证实："当逆风速度加大（超过 6 米/秒）时，标枪的飞行距离呈现出减少的趋势；在顺风，但当风速超过 6 米/秒时，飞行距离均会快速减少，下降幅度比逆风时要大得多。"可见，应对竞赛环境中气流和降水等因素，对运动员成功参赛有重要作用。

重力引起体育界关注，与墨西哥奥运会上多项短跳记录的创造密切相关，如海因斯 100 米跑 9.9 秒和比蒙跳远 8.90 米。短跑明星卡尔·刘易斯曾说："体重下降（约 1.5 千克）就意味着领先。"在引起重力变化的因素中，主要包括纬度和海拔等，同时要考虑运动员的自身体重。

竞赛环境的物理效应，对每个运动员的影响似乎是同样的，但参赛的顺序（或道次）的变化，都会使物理效应产生不同的影响作用。对于激烈角逐的田径运动竞赛，0.1 秒或 1 厘米的差距就已经决定了胜负。因而，在与对手进行对抗时，为了取得任何可能的优势，都有必要慎重思考如何消除或利用竞赛环境的物理效应制约性等问题。

2. 制约战术行动的生物效应

与训练不同，比赛需要面对特定的时间、特定的地点等，这一系列的特定条件，可能导致运动员机体出现异于正常条件下的变化。竞赛环境的生物效应对战术行动的制约是不容忽视的。生物效应对战术行动的影响不是直接的，而是通过机体机能的变化引发战术行动发生质的变化。

竞赛环境的生物效应，对田径运动不同专项的战术行动制约方式，存在较大的差异。如时差都是影响生物节律耦合的，但不同专项，受到影响的机能却有很大的差别。对时差的适应，耐力为主的运动员表现为植物机能的反应敏感性不高（前两天运动能力变化较小，随后的 6 天左右时间内出现运动能力下降——上升——下降——持续良好）；而以速度或速度力量为主的运动员则表现为个体性和植物机能的高灵敏性（前 2~4 天动作协调性受到破坏，随后的重行调整进展很快，8~10 天后新的昼夜节律重建完成）。总体上讲，引起机体机能发生变化的生物效应竞赛环境因素多种多样。在这些因素中，最为人们所关注的包括时差、温度、湿度、气压和氧含量等因素。

（1）时差的生物效应

航空医学研究表明，人只要飞越一个时区以上，机体的各种生物节律就会发生紊乱，进而影响运动能力。运动员属于较为特殊的群体，对于他们来说，时差的生物效应除了包括自然时差生物效应外，还应训练时差生物效应。

专家认为时差反应是由于突然提前或滞后的环境周期，打破了内源钟与环境钟的平衡。环境钟和内源钟的性质不同，适应方式也大为不同。对环境钟依赖较强的节律（如体温），能较快地与新环境整合；而与内源钟紧密联系的节律（如睡眠——觉醒周期），则调整得较慢。时差反应的出现，即各种内部节律正常关系被打乱、相位失调的结果。时差反应会导致睡眠障碍、肾上腺皮质醇分泌异常、疲劳、定向力下降等症状。国内外学者对影响时差效应的研究认为：跨越时区越多，时差反应越大；穿越时区所用时间越短，影响越大；在穿越时区时，生理系统对向西旅行的适应速度要比向东旅行快 30%～50%。

时差反应所引起的生理变化能直接导致运动素质变化，研究显示：在时差适应调整阶段，力量、速度、耐力、反应等多项测试指标下降，且各素质正常化的时间具有差异（见表3-7）。

另外，在比赛中，不仅存在自然时差效应，也包括训练时差问题。对不同时段的单项运动指标研究表明，握力、关节活动度、耐力、反应时等指标下午到晚上状态最佳，而3—6时最差。苏联学者斯·加·哈拉布对不同时段训练的对比研究中发现："80%运动员的最好成绩出现在与平时训练时间相吻合的比赛时间内，而在不习惯的时间里比赛，运动员则表现不出最好成绩，特别是那些动作复杂、协调性较高的运动项目。"另外，对跳高、跳远和100米运动员竞技状态日节律的研究也表明，12—21时状态最佳。以上研究表明，训练时差效应对运动员的影响涉及到单项素质、竞技状态和运动成绩等方面。

表3-7　运动员不同身体素质指标正常化时间

	运动素质指标	正常化时间（天）
耐力	一般耐力	5～7
	非乳酸耐力	3～4
	乳酸耐力	4～6

续表

	运动素质指标	正常化时间（天）
速度	反应速度	2～3
	动作速度	2～3
	速度能力	3～4
	运动速度（频率）	3～4
力量	快速力量	3～4（5）
	慢速力量	2～4
	速度力量	4～5
协调性	简单运动	2～3
	复杂运动	3（4）
	柔韧性	无表现

　　对时差自然效应和训练效应的论述，不是要简单地认识时差，而是提醒人们如何从参赛的角度、从战术的角度去防治和消除时差的消极影响，以及辩证地运用时差效应的存在与对手周旋。

　　（2）其他竞赛环境因素的生物效应

　　生物效应除了包括时差效应以外，还包括气温、湿度、气压等效应。这些效应都能以不同的方式影响人体机能。下面，我们将分析不同因子对田径运动各项目的影响。

　　气温效应：在高温或过低气温情况下，人体的生理工作很容易受到限制。研究证实：气温在17℃～19℃时，更有利于运动员的肌肉收缩能力得到发挥，有利于径赛项目的比赛；但对田赛来讲，稍高的气温更有利于运动员充分发挥运动能力。另有研究也证实：在炎热天气情况下，比赛时间较短的速度力量性（或复杂协调性）项目，运动成绩可能高于习惯条件下的成绩；而露天举行的耐力性项目会出现能力下降状况，周围环境的湿度和温度愈高，则下降得愈厉害。

　　湿度效应：研究表明，气温40℃、相对湿度30％或气温30℃～32℃、相对湿度80％以上时，人体调节机能就无法充分发挥作用。一般情况下，田径比赛湿度50％～65％最为适宜。湿度较低，有利于跳跃运动员充分发挥水平；而湿度稍高，对投掷、短跑运动员发挥最佳竞技能力有利，但是对于长跑和超长跑项目，湿度太大，不利于人体排汗，影响运动员耐力的发挥。

气压（氧分压）效应：气压下降不超过 20％ 对田径运动员不会产生很大的影响，如果超过 20％ 就会使人体产生一系列生理变化。海拔是引起气压变化的重要因素，也直接影响着氧含量和氧分压。平原地区的运动员到中等海拔高原地区进行比赛时，首先面临的是低气压、低氧含及低氧分压。如果低估或忽视此生物效应的影响，并且不采取相应的预防措施，那么运动员不仅无法在比赛中取得预期的成绩，而且会使健康状况受到损害。墨西哥奥运会后，逐渐盛行起来的高原训练，从一个侧面说明了人们对这种生物效应的重视。对气温、湿度、气压等效应的分析，说明战术安排和战术行动面临着复杂的生物效应环境，这也就是军事中讲到的"知天、知地，方可远军"。

3. 制约战术行动的心理效应

按照情境论的观点，竞赛环境也构成了战术行动的情境。王亚南认为："行动主体与他们所面对的情境之间是多方位互动的，在这个互动过程中认知因素是决策行为的根本因素，但情境的心理意义对人更具有决定作用。"由此可见竞赛环境的心理效应对战术行动的重要意义。

严格地讲，竞赛环境的任何组成因素，都能对战术行动主体形成刺激，这些刺激又引起不同的应激反应，从而导致战术行动主体产生不同的心理效应，最终制约战术行动。有关田径运动竞赛环境心理效应方面的研究，多集中于赛场的观众行为、噪声等方面。研究认为，观众的支持、喧闹、评价、位置、人数和性别等都会形成良性和劣性心理效应。部分研究证明，观众的影响与技能掌握有关。处于掌握阶段的运动员，即使观众静静地观看，也会犯许多错误；而一旦掌握，在有观众的情境中会表演得更好。实验发现，观众的消极性的语言能使运动员产生烦恼，而且观众的消极评价使复杂任务的成绩下降，但使简单任务的成绩提高。噪声在竞赛环境中是经常出现的，对人会产生消极影响，降低工作效率，而且即使噪声消失了，这种影响仍会持续一段时间。可见，竞赛环境所引起的心理效应，远比现有的研究更为复杂。就影响战术行为的心理效应来讲，还包括躯体性效应、文化性效应、社会性效应和心理性效应。制约田径运动战术行动的心理效应，通常是刺激量越大，所引起的反应越大。心理效应与参赛环境的强度、新奇与复杂程度有关。根据环境行为学的研究，环境从三方面影响环境负荷，即强度、新奇性和复杂性。如环境中人多，环境负载就越高，而且不认识的人越多，负载就越高。运动员的竞技状态所受的影响也就越大。反之，参赛环境因素越熟悉、越简化、越稳定，其对运动员的刺激量就越小，所引起运动员的应激反应强度也会相对减弱。

通过上面的分析可知，有效的战术行动必须能够消除、避免或利用竞赛环境的心理效应。关键在于，战术主体如何适应和创造性利用竞赛环境。适应竞赛环境是消除其所引起心理负面效应的主要途径，也是成功实现战术行动的重要保证。而创造性地引导竞赛环境，能使战术行动的主动性得以实现。欧美运动员在这方面的表现要强于中国运动员，如欧洲跳高运动员多善于运用自己独特的方式，调动观众的积极情绪，引导观众按自己的比赛节奏击掌。无论适应还是创造竞赛环境心理效应，最重要的还是改变自己对竞赛环境的认知评价，这是消除竞赛心理效应影响的关键。

五、田径运动战术的竞赛规则受限性

（一）竞赛规则限制战术的基础

加拿大哲学家 F·拉普著认为："规则是对行动方式的规定，它说明要实现目标应当如何去做。更明确地说，规则就是一种要求按一定顺序采取一系列行动到达既定目标的说明。它只对人类有效，只有人才违反规则、制定和修改规则。"宪政经济学对规则的作用也有精辟的论述，其认为规则有如下作用：（1）为有着既定能力和目标的社会共同体，萃取出一种均衡结果或结局；（2）博弈者的利益中发生冲突的天然倾向，会在规则的选择中得到大大缓解；（3）规则的遵守不在于其有独立价值，而在于它提供了有关结果之规范状态的信息。从上述有关规则本质和作用的观点看，规则自身所要体现和维护的就是整体行动的有序性；同时，它也告知那些参与互动关系的主体，所能采取的行动以及行动的边界，使每个人对别人的行为具有可预测性。

一切游戏都需要规则，它规定着使游戏发生的参数——得到游戏者承认的行为，所使用的器材，解决分歧的办法，确定胜出的方式等等。规则提供了游戏活动的框架，使许多不同的游戏形式，可以在给定的规则之下展开。由于规则将在长期的连续博弈中有效，而其中的每个玩家的运气都不太确定，因而他们也将在规则之下，对其行动进行更为有效的选择。如果任何行动的选择都无益于改变结局，则改变结局的唯一途径就是改变规则。

田径运动战术从本质上讲，就是一种目标定向下的能力结构调整（重建）和利用的行动选择。无论采取何种战术，这一战术的总体目标必须符合规则的要求，否则将破坏规则的均衡性，而得不到参与共同体的承认。从这个意义上分析，田径运动战术并非是无所不用其极的，而是必须在规则所规定的边界内设计和采用。我们研究规则对田径运动战术的限制性，目的是要在规则所允许的最大范围（甚至是真空领域）内，取得或防止对手取得最大比赛利益。

（二）竞赛规则限制战术的方式

田径运动竞赛规则具有一般规则的所有特性，它不仅对训练和比赛起着指导作用，也对田径运动战术起着限制作用。竞赛规则不仅对已有的战术有限制作用，同时对可能带有潜在危险的战术限制性更强。那么，竞赛规则都有哪些限制方式呢？

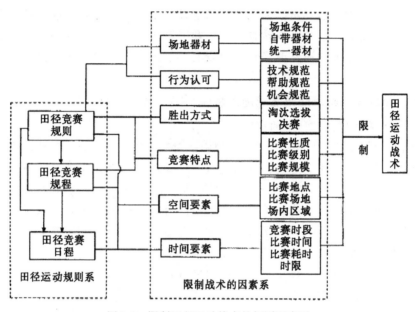

图 3-7　限制田径运动战术的规则因素系

要理解竞赛规则限制的方式，首先必须明白，这里所研究的规则并非单指国际田联制定的《田径竞赛规则》。在对规则的研究基础上，广义的竞赛规则是一个规则系。它包括：田径竞赛规则（即国际田联所制定的规则）、田径竞赛规程、田径竞赛日程等。这三者具有不同法定效力（法定效力的高低决定其对田径运动战术制约效力的高低），其中，国际田联竞赛规则具有最高的法定效力；田径竞赛规程要符合国际田联竞赛规则的精神；相比而言，竞赛日程的法定效力最低，它的制订必须遵从于国际田联竞赛规则和竞赛规程。三者法定效力的高低，不仅决定了它们之间的关系，也决定了战术的选择和运用（见图 3-7）。

对竞赛规则、竞赛规程和竞赛日程中有关限制战术因素进行解析可以发现，它们各自（或共同）在某一方面限制着田径运动战术。如田径竞赛规则对场地、器材和行为认可方面规定的更为明显；而竞赛规程和竞赛日程，在时间要素方面规定的更为清晰等等。这些由田径运动规则系衍生出来的不同方面，以不同方式限制着田径运动战术。通过梳理，我们将竞赛规则对田径运动战术的限制归纳为 6 个方面 18 个因素。在限制战术的因素系中，这 6 个方面包括：场地器材、行为认可、胜出方式、竞赛特点、空间要素以及时间要素。

（二）竞赛规则限制战术的要素分析

1. 限制战术的场地器材方面

场地器材的改进的原有目的，是为运动员参赛提供更好的展示平台和条件，但随着田径运动竞赛对抗激烈程度的升级，场地器材已成为竞赛对抗中不公平的因素之一。虽然，国际田联已清楚认识到这一点，并从规则上加以限制和消除。可各参赛主体（国）为了维持微弱竞争优势的占有，还是在如何改进器材提高成绩、如何改进技术最大限度地利用场地器材、如何选场地用器材应对特定的比赛等方面，进行不遗余力的研究。

研究认为，场地器材限制战术的根本原因有以下几点：（1）在专项对抗过程中，场地器材并非独立于参赛主体之外而存在的，它是与参赛主体构成"人——场地器材"系。如《高级运动员的专项特殊能力系统研究》一文指出："挖掘高级运动员——器械系统运动中的专项特殊能力，是保证运动员在高水平运动中形成与发挥最佳竞技能力的关键。"（2）场地器材对运动员和技术特点有特定的选择性。如，对新旧标枪世界纪录创造者的形体和技术特征的研究表明，新型标枪更适应于那些身材高大、具备力量优势的运动员，而对于那些身材矮小的速度型运动员则不利。（3）田径运动的特征决定、规则无法从根本上消除场地器材所带来的不公平。

分析认为，规则对场地器材性质的规定只是一个下限，甚至有些器材是允许自备的。作为参赛主体，是不会放弃这一规则真空，而忽视它的战术价值的。恰恰相反，参赛主体会最大限度地利用这一规则，并设置技术屏障，从而形成、保持对抗优势。

2. 限制战术的行为认可方面

行为认可，直接牵涉到战术是否可以进行有效调整和实施。决定行为认可的依据，主要是田径竞赛规则中的技术规范、帮助规范和机会规范。因而，它们都不同程度地限制着田径运动战术。

技术规范是行为认可的首要条件，也是限制战术的最主要原因。如1932年以前，有关跨栏跑的规则中规定：运动员碰倒一个栏架，不承认纪录；撞翻两个栏架，取消比赛资格。这一规则迫使运动员不得不采取较高的跨栏动作。当修改这一规则后，跨栏跑则逐渐完成了"跨栏"向"跑栏"战术的转变。

机会规范。这里主要指犯规的限制和允许失败的次数，如何利用犯规机会对运动员获得胜利有重要的作用。起跑对短跑项目的成绩或获得胜利有着至关重要的作用，故短距离项目都对起跑犯规有明确的规定。起跑犯规战术不是一个简单的问题，这里面包括三方博弈，即运动员与运动员、运动员与发令裁判三者之间博弈，最好的办法是练就坚实的起跑战术。另外，高度项目的试跳有关规则规定：运动员连续三次失败即失去比赛资格，允许运动员在某一高度上第一次或第二次试跳失败后，在其第二次或第三次试跳时请求免跳，并在后继的高度上继续试跳。

"从实战出发"必须善于最大限度地把握行为认可，并在比赛中实现参赛目标。虽然技术规范、帮助规范和机会规范对田径运动战术有限制作用，但只要加以利用又有可能成为新战术形成的突破点。如远度类项目，虽然只取一次有效成绩，但仍然规定了至少三次试跳（投）机会。为什么不根据运动员的特点，合理利用每一次试跳和每一次试跳间的关系，而只是强调首战成功呢？这的确有违"从实战出发"的精神。

2. 限制战术的胜出方式方面

胜出方式与竞赛方法有着直接的联系，但它们之间存在着一些差异。如胜出方式强调的是获胜的主体的确定，而竞赛方法则倾向于管理组织。有关专家在关于运动竞赛项目的竞赛方法学分类研究中，依据时空参照系将田径运动分别划归为"最小时间"竞争项目和"最大距离"竞争项目。胜负方式所关注的不是时间或距离，它更注重运动员参赛结果的比较，如"谁最先冲过终点，谁在冲击高度时最后失败，谁掷（跳）的更远"。两者的区别在于，最小时间或最大高度只是衡量的尺度，而获胜方式需要在相互对抗中进行比较。

田径运动竞赛有独特的获胜方式和程序。国际田联规则对胜负方式的规定可以包含两个层次：第一个层次，获胜者资格的筛选，如田赛中的资格赛或径赛中的预、次、复赛；第二个层次，选拔出最后的优胜者。比赛是否需要经过第一层次的淘汰，再完成第二层次的选优，完全由竞赛规程对参赛人数限制决定。获胜方式所包含的这两个层次中，核心是第二个层次，换言之，只要有胜负的田径比赛，就必然包括第二层次的筛选。

田径运动胜出方式的淘汰和选拔特性，赋予田径运动战术多重目标。第一，如何不遭淘汰，又不必浪费体力，实现顺利晋级；第二，如何充分利用淘汰过程，进行合理的竞技状态调整；第三，如何在最后选优过程中脱颖而出，实现参赛目标。要完成上述战术任务，参赛主体必须具备选优的能力、精确的能力调控和对淘汰标准的准确预测。

3. 限制战术的竞赛特点方面

田径运动战术的变化与竞赛的特点息息相关，如在世界锦标赛上，战术更多地将目标瞄向破纪录；而在奥运会上，夺冠则是更大的目标。在限制战术的竞赛特点方面，主要包括三种因素：（1）比赛的性质；（2）比赛的级别；（3）比赛的规模。

比赛的性质制约和影响着战术主体的参赛动机和行为，这是导致战术变化的重要诱因。运动训练学对比赛性质的划分大体上分为两类：第一类，按参赛目的的重要程度标准；第二类，按比赛的功能标准。需要指出的是，比赛本身的性质没有太大价值，而战术主体对比赛性质的定位却极其重要。认清这一点，对正确地利用比赛和正确地分析对手有重要的作用。

比赛级别是由国际田联制定的，其目的在于推动田径运动的发展和便于管理田径运动赛事。按照国际田联的划分，比赛级别包括：a 类、b 类等 8 类。其中 a 类比赛是田径运动的三项最高级别比赛（尤其是奥运会比赛），自然也就构成了战术的核心目标。必须清楚地知道级别的划分显示的是比赛的水平和激烈程度，它所限制的是对手的强弱。

比赛规模主要是由竞赛规程决定的。战术方面的价值，是提供参赛主体在比赛夺冠过程中所要付出"什么样的努力"和"安排什么样的比赛节奏"等等。

6. 限制战术的时间方面

时间是比赛的重要参数，比赛的结果不仅取决于竞技能力，还与比赛的战机、时效、时序和时限有关。限制战术时间方面的因素包括：竞赛时段、比赛时间、比赛耗时、时限。竞赛时段和比赛时间是比赛时期的重要时间性参照点，它不仅对训练周期性安排具有重要参照价值，也是比赛序列体力安排的重要依据。是否能够按照比赛时段和比赛时间培养参赛能力与这一时期的比赛序列安排有极其密切的关系。比赛序列安排合理，有利于培养运动员的竞技状态和参赛能力，其关键是比赛序列的体力分配和节奏。另外，竞赛时段和比赛时间还牵涉到生物时差和训练时差的控制问题。

比赛耗时是指参加一场次比赛的时间总量。比赛用时因田径运动项目性质差异区别很大，如 100 米跑比赛 10 秒左右即可完成比赛，马拉松、50 公里竞走要 2~3 个小时，高度类比赛用时也要 2~4 个小时。对比赛耗时的认识不能仅局限于比赛用时，还要包括准备时间等。因此，比赛耗时不仅是对运动员的耐力考验，同时对合理分配时间有重要意义。

比赛时限。这里的比赛时间主要指比赛规则中时间的相关规定。比赛时限不仅是对运动员专项耐力的考验，对运动员的恢复也具有价值。比赛时间的长短直接限制的是比赛的节奏，如何控制和把握比赛的节奏是运动员战术艺术的体现，也是运动员克敌制胜的关键。

为了缩短比赛时间和加快比赛节奏，国际田联对有关时间的规则进行过多次修改。比赛节奏的加快，无疑给运动员提出更高的参赛要求，如身体训练水平和承受负荷能力。从战术角度审视比赛节奏的加快，既要研究自己在比赛节奏变化中的参赛能力特点，也要加快节奏的比赛对对手的影响。

第三节 田径运动战术形成的内容体系分析

一、形成内容体系构建基础

田径运动战术内容体系是战术形成的最基本单元。在传统训练学理论中，一般是将竞赛活动中活动主体表现出的具有竞赛战术涵义的东西归纳为战术内容，包括了行动者的思想和行动等。这提示：战术内容构建的价值取向，依赖于战术活动的表现和观察的视角。在这一思路启发下，利用元分析的理论，从田径运动战术特征的视角对田径运动战术形成的内容要素体系进行构建。

在此基础上，田径运动战术形成内容被划分为五个方面：专项战术知识、专项战术战法、专项战术心理、专项战术环境和专项战术谋略。研究认为，田径运动战术形成内容的五个要素体系与传统训练学中的战术内容体系并不矛盾，而且在指导训练方面上是可以相互补充和借鉴的，它们的关系见图3-8。

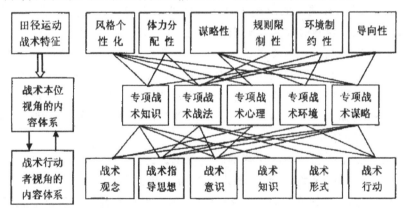

图 3-8 田径运动战术特征与田径运动战术形成内容关系

二、形成内容体系结构

田径运动战术的形成，必然依托于一定的内容基础之上。那么，田径运动战术形成的基础内容是什么？这些内容是孤立的还是联系的，它们的关系是什么？回答这两个问题，实质上就是对田径运动战术形成的内容体系结构的认识。在构建基础分析中，我们已将田径运动战术的基本内容分为五方面，即专项战术知识、专项战术战法、专项战术心理、专项战术环境和专项战术谋略。

虽然我们划分的田径运动战术形成的五方面内容，与运动训练学中的战术内容并不矛盾，但在分类视角的转换过程中，可能会造成战术形成内容的缺失或相互间的过分重叠。因此，我们采用专家判定的方法，弥补认识上的缺陷。专家对田径运动战术形成内容的认同率是达到 90％以上的，说明将田径运动战术形成划为"专项战术知识、专项战术战法、专项战术心理、专项战术环境和专项战术谋略"五方面内容，具有客观性和科学性。

　　确定田径运动战术形成内容的体系性是否严谨，不能只考察构成的内容是什么，同时，要对这些内容之间的相互关系进行分析。正如金观涛所认为的："系统不仅有要素存在，而且要素之间也存在着相互作用的关系。"进一步的分析表明，田径运动战术形成内容之间不仅存在主要与次要的关系，也存在强作用和弱作用之别。

　　专项战术战法处于田径运动战术形成内容的核心（见图 3-9）。专项战术战法无论简单还是复杂，都必然是田径运动战术实施的根本和依托，因而处于战术形成内容的核心地位。专项战术知识的储备和专项战术心理的培养是专项战术战法的基础，可见专项战术知识和专项战术心理对专项战术战法起支撑作用。专项战术谋略的运用不仅使战法更具针对性，也使战法更具灵活性；故它在田径运动战术形成内容中具有活化作用。另外，战术环境在战术形成内容中是联系最广泛的一个要素。它可以直接影响其他内容，但战术环境与战术战法的相互作用较弱。

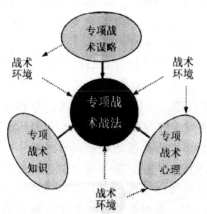

图 3-9　田径运动战术形成内容关系

　　战术形成内容的五方面的存在，使得战术训练、培养拥有更明确的内容；同时，战术形成内容五方面的关系也使得这些内容的培养主次分明，层次清晰。

三、形成内容分析

(一) 专项战术知识

战术知识是关于比赛战术理论及实践运用的知识,有经验性知识和理论性知识两种形态。其作用表现在两方面:首先,在分析战术目标、拟订战术计划、作出战术决策等活动时,理论性知识可以帮助战术主体作出正确的判断;其次,在比赛对抗过程中迅速把握形势、抓住战机并付诸行动时,经验性知识可以为战术主体提供相应参考模式,加快决策过程。纵观我国田径运动理论的研究,战术知识的系统汇总和研究往往被忽视,这与田径运动战术知识的定位有关。通过对体育战术理论相关研究的分析,我们将理论性战术知识和经验性战术知识作为田径运动战术知识的二级内容指标。进一步又将专项比赛规律、专项战术运用原则、规则对战术的制约、专项发展规律列入理论性战术知识;而把自我战术经验和他人战术经验归入经验性战术知识。

90%以上的专家认可规则对战术的制约,接近90%的专家认可自我战术经验和他人战术经验。这一方面说明了经验性战术知识在田径运动战术形成的重要性;另一方面也说明对专项战术知识(特别是理论性战术知识)还需要进一步深化认识。

(二) 专项战术战法

战术战法是战术的具体形式,也是认识战术的基本切入点。以往对田径运动战术战法的研究多集中于体力分配、行动顺序和规则;但近来研究显示,心理战也是一种潜在的田径运动战术战法。这说明对田径运动战术战法应进一步挖掘,以丰富战术训练,提高参赛成功率。

军事理论认为,战法是指军队进行作战的各种方法。它是战略战术在作战中的实际应用,是作战思想的具体化。战法一般应有以下特征:(1)名称。名称必须与所指的实体形式相对应。 (2)操作方式。即具体可实施和操作的形式。(3)针对具体的条件和需要。作为田径运动战术战法,除了上述战法的特点以外,还要具有可训练性。在对田径运动战术特征研究过程中,发现符合以上要求并适合田径运动项目的战术战法有四类:第一类,体力分配性战法;第二类,行动顺序性战法;第三类,规则性战法:第四类,心理战法。这四类战术战法不仅构成了专项战术战法的二级内容,同时包括各自的下一级内容。战术战法的三级内容的设立,使得田径运动战术的形成更具可训性。

在田径运动战术战法中除了战术信息展示这一项专家的认可度低于80%以外,其他战术战法均高于80%。说明我们对田径运动战术战法的确定被认可。另外,在心理战法中,比赛信息屏蔽的认可度达到90%以上,说明运动员排除外界干扰参赛的重要性。

（三）专项战术心理

心理对运动的影响是广泛而直接的。就田径运动战术而言，心理对战术的影响表现在以下几个方面：战术风格的形成与个性心理密不可分，其中最为关键的是意志品质；战术的判断和决策离不开思维，思维的特征不仅影响着战术决策的准确性，也影响着战术的灵活性；抗干扰是田径运动战术的目的之一，这一目的能否实现的关键在于注意力的品质；体力分配可以安排，但要准确地实现体力分配就需要依靠节奏感和速度感等专项知觉。

这里的战术心理是指战术形成、决策、执行过程中所涉及的心理，并没有对个性心理、一般心理和专项心理进行严格的区分。在综合田径运动战术所涉及的心理因素和田径运动战术特征分析的基础上，我们将战术心理的二级内容划分为专项知觉、注意力、战术思维和战术意志。这些内容的下一级内容的确定主要依据相关的研究。

在专项知觉中，专家对速度感和节奏感的认同率都超过95％、注意力对田径运动战术的形成的认同率接近95％、战术思维模式和战术临场思维认同率都超过80％、战术意志六个维度中的果断性和自控力，被认同率也超过了90％。这样的结果反映出专项战术心理各指标在战术形成过程中具有重要意义。

多位专家认为应该将"战术意识"列入专项战术心理的内容中。我们之所以没有将"战术意识"列入，有以下三个理由：（1）对战术意识的认识还存在较大分歧。如，《运动心理学》将其定义为"所谓战术意识，是指运动员在比赛中按照一定的战术目的，正确合理地运用技术和战术的主动、自觉的心理活动"，而《运动训练学》认为"战术意识又称战术素养。指运动员在比赛中为达到特定战术目的而决定自己战术行为的思维活动过程"。（2）相对于专项知觉、注意力等，战术意识缺少基本训练单元。（3）我们认为，专项战术心理的四项二级内容分别包含了战术意识的不同方面，如果将战术意识列入会造成内容之间的相互重叠。

（四）专项战术环境

专项战术环境内容的确定主要依据对"田径运动战术的竞赛环境制约性"分析的结果。因此，将专项战术环境的二级内容定为物理效应环境、生物效应环境和心理效应环境。这样划分，有利于分析和设置情景方面的战术训练。

对田径运动战术形成影响较大的三级内容得到专家的认可度较高，如气流、时差、湿度、温度、赛场气氛、观众行为、比赛性质等的认同率都超过80％。而其他内容的认同率则比较低，如空气密度、人文习俗的认同率低于60％。这进一步说明战术环境与战术战法、战术心理之间的弱相互作用；但要注意的是，比赛的残酷性不是比赛本身所特有的本质，而是由于战术主体忽视可能发生的意外和偶然造成的，这也就是竞技体育常讲的"细节决定成败"。

（五）专项战术谋略

吴子认为："勇怯在谋，强弱在势。谋能势成，则怯者勇；谋夺势失，则勇者怯。"克劳塞维茨也认为："高超的智慧兼普通的勇气比出众的勇气兼普通智慧有更大的作用。"由此可见，谋略在对抗中起着重要作用。田径运动战术形成内容中的专项战术谋略指的是，战术策划、制定、实施和运用中的信息、素养等基础。专项战术谋略的二级内容可确定为谋略信息、谋略素养、谋略应对和谋略造势。这四个内容分别反映的是：知己知彼的信息源，对信息判断的素养要求，信息认识基础上的应对，以及奇兵之道等四个连续的方面。

在四个二级内容中，专家对谋略信息、谋略素养和谋略应对基本认可。在三级内容中，对手信息的认同率高达100％，己方信息的认同率超过90％，再次说明"知彼知己"在田径运动战术中的重要性。谋略素养中的评价自己比赛情况、评价对手比赛情况和识别战术意图三个子内容的认同率都超过80％，也说明赛后总结对田径运动战术形成的重要作用。同样，对谋略应对的认同说明了田径运动战术不是千篇一律的，而需要依据条件的可能采取相应的战术。

值得注意的是，专项战术谋略内容中的谋略造势并没有得到普遍的认同。分析认为，出现这样的结果可能与项目的个体参与性有关。但如果研究战例的话，谋略造势在田径运动比赛中是大量存在的。

第四章　田径运动训练主要理论与方法研究

第一节　田径运动专门训练理论研究

在田径运动训练中，专门训练已经成为当今高水平运动员训练的趋势。尽管整个训练过程包括的内容、类别很多，比如一般身体训练、专项身体训练、技术训练、力量训练等，但所有的训练都要以专项为中心。这也是当今高水平运动员训练的趋势。

专门训练适应田径运动竞赛发展的需要。当前田径运动竞赛变得日趋频繁，优秀运动员都能在全年保持相对稳定的竞技状态，并取得优异的成绩。比赛比的就是专门能力。优秀选手众多，实力水平接近，谁能夺冠要到最后才能明确，这对训练安排的专门化提出了更高要求。神经肌肉和供能系统按专项要求来建立稳定的竞技状态结构，训练内容、方法手段、训练强度等越接近比赛要求越有用，有了符合比赛要求的高水平的神经肌肉和供能系统的稳定结构，运动员就可以在任何时候都能在比赛中取得良好而稳定的成绩。

专门训练符合田径运动训练发展的规律。突出专项，遵循项目特点的训练才有可能突破。运动训练的出发点和最终目的只有一个，即"练为战"，训赛一致是运动训练的永恒法则。

专门训练符合田径运动训练发展的现实需要。田径运动要想取得突破发展，需要对各专项的特点、规律都有深刻的认识。田径运动各个单项都有其自身的特性，其训练指导思想、训练负荷结构、训练方法手段都有自身的特点。

由此可见专门训练对田径运动成绩提高的重要作用。现代运动训练规律表明，提高运动成绩的有效训练必须突出在专门训练上，只有对其进行深入分析，确认项目的特征，设计出与专项特征相符的专门训练内容、手段和方法，才能更进一步的促进专项成绩的提高。

一、理论的依据

（一）专门训练理论的概念

专门训练理论的含义是指在运动训练中，所有的训练目标、任务、方法、手段和负荷等，均要求围绕专项竞赛来考虑和安排，即专门化的竞赛是计划实施运动训练的出发点和归宿。专门训练是现代田径运动发展的必然趋势。现代高水平的田径竞赛，结果往往以微小的优势取胜，体现出紧张激烈的专项竞争对抗性特点。

专门训练是提高运动成绩的唯一途径，这不仅已体现在国际体坛近 50 多年以来的训练指导理论中，也已完全被各项目几十年的训练实践所证实。目前虽然重视专门训练成为许多教练员、学者的共识，但在对专项特征的认识上还存在一些不足。各种运动训练教材与指导书中，把训练内容基本上都分为专项训练、专项辅助训练、专项基础训练和一般训练。这种分类本质上是正确的，实践中也是行得通的，问题是对分类标准的理解有误。通常是以"专项动作"作为区分的标准，把与此有重大差别的训练内容作为非专项内容。不同项目中的动作，其运动学特征相似，但由于工作强度不一，完成动作的动力学特征却存在着极大的差别。如同样是跑，短跑和长跑的专项特征就不同。把存在极大差别的动作均算作"专项动作"，显然是不合适的。

正如延峰、郑晓鸿教授所说，现代运动训练规律表明，提高运动成绩的有效训练必须突出在"专项训练"上，但不知什么是专项，就无法知道什么是专项化、专项训练、专项化原则，就更不能有的放矢地进行训练。因此，必须对"专项"的含义予以诠释。根据训练实践经验的概括与总结，"专项"应该是指与运动员训练水平相称的比赛本身。由此引申，"专门训练"即是指这一比赛本身的所有内容及其与之极其近似的一切。与这一比赛本身内容相近的，则可视为"专项辅助训练"的内容，其他的训练内容，就是"专项基础训练"和"一般训练"的内容。

魏安奎从运动生理学角度认为，专项训练就是训练的安排一切听从比赛的要求，其中，训练中强度、供能方式、神经肌肉类型等要与比赛中保持一致，即比赛中比什么，训练中就练什么。

通过这些学者关于专项认识上的解释，我们对专项的理解已经有了很大的提高，但在具体的训练实践中专门训练，如专项练习动作的设计、练习方法等都还是个难题，这需要教练员对本项目的特殊规律有深刻的认识，要在实践中摸索，发挥自己的聪明才智，别人很难在这个方面替代教练员。刘翔的教练曾经介绍过，早些年他根据高栏的技术特点，设计出 30 多种练习，随着对高栏专项素质的深入认识，慢慢筛选最有针对性的练习手段，后来选了八九个，现在常用的专门练习只有4～6个。这是他独到的一招，其实也是刘翔训练中的制胜之招，而这些对许多教练员来说是欠缺的。

（二）专门训练理论的依据

1. 生物适应性规律

人体生物适应性规律是专门训练的理论基础，决定了我们在训练过程中的基本要求。按适应性规律在训练中尽可能采用专门训练手段组织训练，运动员会不断适应这种身体运动形式，并逐渐产生适应性变化，形成稳定的与专项要求相符合的神经肌肉适应性结构。

如果平时训练时没有给运动员这样的专门训练内容的刺激，或者训练时间不够，这种状态没有形成稳定的结构，比赛中想拿出相应的成绩是不可能的。因此，我们应该高度重视在平时的训练中按比赛的需要去训练并建立这种适应性结构。

2. 运动生理学依据

供能系统的专门化训练。从运动生理学角度来说，训练目的之一是提高机体专项运动时供能系统的能力，而运动中供能的速率和总量完全取决于专项的项目特点，其中最重要的是专项活动的强度和时间。对周期性项目运动员来说，如果在训练中保持专项技术、速度、强度不变，能量消耗就保持稳定，其生理生化机制也不会改变。因此，在训练中只要训练的强度、时间和肌肉活动方式不变，与专项相应的能量供应系统就会受到锻炼。从生理角度来说，骨骼肌的收缩完全受支配它的神经控制，而且它不是"全"或"无"的收缩。所以，当练习的动作改变，神经肌肉联系方式也随着改变。如在进行杠铃负重下蹲的力量练习实验时，两腿站立的宽度分别为75%肩宽、100%肩宽和140%肩宽，同时保持杠铃的重量不变，结果臀肌和中间大腿肌的活动明显受到影响。

二、田径运动专门训练的确定

（一）专门训练的训练学因素

田径运动训练最重要的任务是发展运动员的力量与速度素质水平，改进专项技术，通过专项技术在专项运动中最大限度地发挥它们的作用，创造最高的专项运动速度，才能达到最高、最远和最快的目的，创造理想的专项运动成绩。显然，专项运动成绩取决于专项运动速度。所以，必须根据影响专项运动速度的关键因素来确定和认识采取的手段与方式是否符合专门训练的要求。

例如，田径的力量训练和举重的力量训练。举重项目就是一个强度的问题，一个重量的问题；而田径不光是力量问题，还有速度问题和技术问题。孙海平经过不断琢磨和总结，把力量训练的重点转到腰髋部位，因为髋部基本上在人体的正中间，由髋这个部位发力的时效比例应该是最高，甚至可以说是一个发动机。

有了强大的发动机，人跑起来自然就速度快。运动员最后所获得力量或速度水平最终还得用到专项中去，因此训练中一定要考虑训练采用的手段是否有利于专项水平的提高。

（二）专门训练的能量供应特点

在径赛等周期性运动项目中，经常以运动中的能量供应特点来确定是不是专门训练。激烈运动中机体的能量供应可分为无氧供能，无氧—有氧混合供能和有氧供能三种类型。无氧供能中又分为 ATP-CP 直接供能和糖的无氧酵解供能两种。不同的运动项目有不同的能量供应方式。运动中的能量供应不是单一的方式，有的是两种，甚至两种以上的供能方式。作为教练员必须明确专项运动的主要供能方式是哪一种，或者说夺取胜利的关键时刻的主要供能方式。例如 100 米跑时，机体的能量来源主要是依靠三磷酸腺苷（ATP）和磷酸肌酸（CP）供能。所以，机体中 ATP 和 CP 的储备，以及二者间的代谢能力是最高跑速的生理生化基础。研究表明，训练中随着速度素质的提高，肌肉中 ATP 和 CP 的储备量也会增加。

在 400 米和 800 米跑的激烈比赛中，除了 ATP-CP 系统供能外，能量的来源主要是依靠糖的无氧酵解供能。因此，提高 400 米和 800 米跑的运动成绩，主要是发展运动员机体的糖酵解代谢能力，发展糖的无氧酵解能力与运动负荷，运动时间、休息间歇时间等运动负荷的组合方式有密切关系。合理的负荷组合在短期内可有效地改善运动员的糖酵解供能能力。运动负荷的组合，取决于教练员的训练艺术，它是教练员对项目特征认识和训练指导思想的集中体现。

（三）肌肉工作与技术动作特征

不同的运动项目，在专门训练中肌肉的工作特点与专项技术动作特征是不同的。这是确定专门训练的重要依据之一。

专门训练必须结合实战，专门训练的动作设计尽量与专项动作相一致，这点很重要。我们应该充分认识练习身体素质的某一动作既是练习手段又是练习方法，练某一动作一方面练素质，另一方面是在巩固专项技术，所以动作设计合理就可以一举两得。比如刘翔的训练中有一个专项练习手段是这样组合的，他经常练右腿模仿过栏动作，孙海平教练用胶带在后面拉住他的右脚踝，前面放一个标准栏架，刘翔在栏侧后面站好按标准完成 10 次过栏动作。这个练习是有阻力的练习，然后卸下胶带继续按标准动作快速摆 10 次，两组练习作为一组训练内容。前面抗阻力的过栏练习练了过栏腿的专项力量，但速度肯定会相对于正常过栏慢一些，所以孙指导要求刘翔卸下胶带，马上用快速度再练 10 次，把速度感找回来。由于这样的动作设计与专项动作基本一样，所以这个训练既练了素质也练了技术。刘翔就是这样既加强了过栏腿的专项素质，这种联系比实际要求的力量还要大，而且建立了正确的动作技术。

作为一名教练员，如果不了解和掌握专项运动的肌肉工作特点，就不可能深刻理解运动专项的项目特性，使训练手段的选择与使用、训练方案的制订与实施带有极大的盲目性，训练将不可能持续提高和最终达到高水平。

三、优秀运动员专门训练的意义

（一）专门训练有利于优异成绩的尽早出现

在当今世界田径界，凡是明星都在青年时期就达到了很高的水平，甚至是世界青年纪录创造者。英国的 110 米栏运动员杰克逊 19 岁就达到了世界水平，22 岁打破世界纪录，32 岁仍保持世界前三名的水平。古巴小将罗伯斯 18 岁就获得世青赛的亚军，20 岁就曾排名世界第一，不到 22 岁就打破世界记录。我国运动员刘翔也有高起点的特征，才在日后的比赛中达到高水平。这些都说明没有长时间系统的专门训练，他们是不能这么早就达到这种高度的，全面的专门训练是他们取得成功的关键。

厉丽玉在《关于一般训练与专项训练相结合理论的实践思考》的研究中也认为，体育院系通用教材《运动训练学》强调青少年训练中要通过全面的一般训练打好基础，不要过早地创造专项成绩。但实践中，世界一流的优秀选手多有相对突出的专项成绩发展史，如保加利亚优秀的女子跳高运动员斯迪弗塔·科斯塔迪诺娃、塔吉克斯坦优秀的男子链球运动员安德烈·阿布杜瓦利耶夫、英国杰出的中长跑选手塞巴斯安·科，他们早在少年时期就表现出极其出色的专项能力。对此应该相信，不采用特殊的训练手段是不可能造就如此好的专项成绩的，更可贵的是这些手段并没有影响他们长期保持良好成绩增长的势头。她的研究还表明，大器晚成者，即在青壮年成熟期后才开始专项训练的世界级田径选手，他们保持好成绩的"高峰阶段"明显偏低。

刘翔同样在青少年时期就有很好的专项成绩，17 岁就获得世青赛的第四名，19 岁就打破亚洲纪录，21 岁就获得奥运会冠军，并打破奥运会记录、平世界记录，23 岁打破世界记录。他的训练突破了传统的按部就班的训练模式，他的专项训练、专项身体素质训练和一般身体训练齐头并进，相辅相成。特别是一般身体训练和专项身体训练都与专项训练紧密结合，专项需要什么就练什么，专项不需要的就没有必要去浪费时间，这就是从一开始就围绕训练的专门化的路子向前走。专项训练强度很高，专项素质训练的强度也不断提高，综合往上走，所以刘翔用 5 年时间就在雅典实现了突破，大大缩短了传统认识所需要的时间，这是一个新理念。孙海平教练在《更新训练观念，把握科学内涵》的讲座中提到这么个故事，就是奥运会以后很多关心田径的专家、爱好者，给他写了很多信，其中有一个教授提出，作为田径项目，按照一般规律来讲，运动员达到世界水平大概需要 6～8 年；而像刘翔这个情况他感到有点奇怪，怎么 5 年左右就达到这么一个水平。对此孙指导的分析是，我们以往的训练都是单因素的，今天练这一块，明天抓那一部分，最后再花大量时间来将这些单一部分进行组合和转化，在人力、物力、时间上造成很大的浪费，无形之中拉长了运动员成才的年限。而我们现在的训练是在一个练习中融合了多种训练因素，省去了重新组合转化的时间，大大提高了训练的效率；同时这种多因素的练习还有一个很大的好处，就是对神经系统的刺激，它是一种系统而不是单一的兴奋点，这种练习的结果可以直接对专项起作用。它主要是从神经肌肉协调用力来考虑、来安排，所以才能取得如此的成功。

上述研究可表明，当今优秀选手训练指导思想的转变，即专门训练成为趋势，正确把握项目的特性，重视专项技术，优先发展专项能力，把专项训练作为训练的主体。

（二）专门训练是田径运动成绩提高的保证

如表 4-1 所见，苏联著名跳高运动员布鲁梅尔，是按照苏联的模式培养出来的，即在全面身体素质的基础上，再提高专项素质能力，然后取得成绩。当时布鲁梅尔的各项素质指标都很高。而打破他的世界纪录的倪志钦的一些素质指标远不如他，但是他却打破了布鲁梅尔的世界纪录，这主要是抓住了专项，练就了起跳这一非常关键的技术。而朱建华的力量相对更弱，成绩却比布鲁梅尔高 11 厘米。除了跳高姿势的区别外，主要是紧紧围绕专项组织训练，重点突出了助跑速度和起跳的完美结合。朱建华的优势是助跑速度快，而助跑速度，尤其是后几步的助跑速度是跳高运动员很重要的专项素质。从能量转换的角度看，只有足够大的动能，才能转化为足够高的势能。为此，训练中胡鸿飞教练坚持了继续抓提高助跑最后 4 步移动速度和快速助跑下的起跳能力的指导思想，进而带动了与速度素质密切相关的若干指标（摸高、卧架、立定跳远等）的提高。

表 4-1　布鲁梅尔、倪志钦和朱建华一些素质指标的比较

	深蹲（千克）	立定跳远（米）	100 米跑（秒）	成绩（米）
布鲁梅尔	180	3.32	10.8	2.28
倪志钦	140	3.24	11.2	打破上面的记录
朱建华	125	3.14	不训练该项目	2.39

亚洲运动员和欧美运动员相比，无论是力量还是速度等主要身体素质都有一定的差距，刘翔也不例外。刘翔的绝对速度比不过其他几个主要选手，但孙海平

教练采取了专项训练、专项身体素质训练和一般身体训练齐头并进的方式组织训练，所以刘翔的综合能力好，各项素质和能力的优化组合特别好，因此他能胜出。通过对刘翔训练资料的整理发现，除了准备活动，刘翔在训练中从没有跑过 120 米以上的训练内容，而且每周的跑量也只有 2000 多米。试想，如果没有紧密结合专项的训练，这样的训练量怎么能获得如此优异的运动成绩？可以说全面的专门训练是刘翔成功的一个很重要的方面。

尹军等专家在《世界优秀短跑与跨栏运动员年度及小周期训练负荷控制特征的研究》中，指出短跑和跨栏运动员的准备期训练约持续 3 个多月，在此期间只有 1/4～1/3 的时间用于发展一般身体素质，其余大部分时间用于提高专项身体素质和专项技术。研究还进一步揭示，在专项训练手段的设计和实施方面，国外教练员比较重视将身体素质训练与技术训练结合起来进行组合练习，他们尤其重视将动作结构、肌肉用力特点、动作幅度和速度与专项技术动作相似或一致的练习手段结合起来，这种组合训练方法既提高了训练效果，又提高了专项能力。专项技术主要通过比赛来改进和提高，各场比赛之间的间歇期训练主要是保持高水平专项素质和改进关键技术环节，并通过参加比赛逐渐调整身体状态和心理状态，以更好地为即将参加的重要比赛做好身体、技术和心理准备，这与孙海平教练指导的训练模式具有很大的相似性。

综上所述，在田径运动训练过程中，主要训练手段和方法都突出专项的特点，不管是身体素质训练还是专项训练的手段都要求尽量与专项特点紧密联系，这是取得优异成绩的保证。实践证明，运动员要创造优异成绩，必须也只能经过专门训练，而不是一般训练。在理论界，国内外名家、学者也有类似的见解。如马特维也夫指出："不但专项训练手段要从专项出发进行选择，一般训练的方法、手段也必须从专项出发进行选择。"茅鹏教授也认为："当今专项化的一般身体训练与50 年代的全面发展的一般身体训练是根本不同的。"而奥运冠军教练达邦尔丘克则更进一步说明："投掷运动员各项目的身体训练，不再有一般与专项之分。"这些论点、论据，都阐明训练专门化的趋势，也是训练专门化的有力证明。

四、提高田径专门训练效果的方法

(一) 正确理解专门训练的目的和意义

专门训练适应田径运动竞赛发展的需要，符合田径运动训练发展的规律，符合田径运动训练发展的现实需要。专门训练有利于运动员尽早展现出优异的成绩，是运动成绩提高的保证。

只有正确理解专门训练的目的和意义，训练的安排一切听从专项比赛的要求，其中，训练中强度、供能方式、神经肌肉类型等要与比赛中保持一致，即比赛中比什么，训练中就练什么。这样在训练中采用专门训练的方法和手段，才能更好地促进田径运动成绩的提高。刘翔的成功就是一个鲜明的例子，全面的专门训练是他成功的重要因素之一。

（二）深刻认识田径运动项目特征

现代田径运动各项目的专项成绩已经达到相当高的水平，要想不断提高训练水平，在比赛中夺取胜利或创造新的纪录，教练员和运动员必须付出艰苦的、创造性的劳动。

为此，教练员首先必须正确认识和深刻理解田径运动项目特征，这样才能确立正确的训练指导思想，找到提高专项成绩的训练途径，科学地设计训练结构，准确地选择训练方法与手段，合理安排与控制训练负荷，保证训练任务的完成和计划目标的实现。如果对自己训练的项目的特征认识模糊，理解肤浅，就不可能构建行之有效的训练方案，这样一来，必然会出现练得不"准"，运动员运动负荷再大，练得再苦，也不会有多大成效，甚至会产生负效应，造成运动损伤和过度疲劳。而有目的、有计划地发展运动员的专项能力，就必须依据项目的性质、特征进行研究，有针对性地进行训练，才能卓有成效。

孙海平教练对跨栏项目特性的认识就是 6 个字：带障碍的短跑。所有的训练都围绕这一点来安排和进行，在练习手段的选择上，着眼于练习手段是否同专项有关系，是否能促进专项成绩的提高。正是对项目特性的准确把握，才能在训练内容、训练方法与手段的选择与设计上更符合专门训练的要求，才能在这些项目上创造佳绩。

（三）科学安排专门训练计划

刘翔的周训练计划主要包括三个方面的内容：第一是专项训练；第二是专项身体素质训练；第三是与专项密切相关的一般身体训练。专项训练、专项身体素质训练和一般身体素质训练是齐头并进、相辅相成的。按照传统的训练理论，培养一名运动员一般都是三年打基础，主要是比较宽泛地练一般身体素质，然后逐步向专项身体素质靠，五六年后才开始进行有关专项的练习。因此，过去教练员都十分相信培养一个世界冠军至少需要 8～10 年的时间。孙海平教练培养刘翔只用了 5 年的时间就达到了世界顶尖水平。正是全面的专门训练，刘翔才取得如此优异的成绩。

由于孙海平教练对项目特征具有准确的把握，在训练计划的安排中以专项为中心，专项或专项身体素质训练选择最有针对性、最有用的练习手段。如早些年根据高栏的技术特点，设计出了 30 多种练习手段。随着对刘翔身体素质的深入认识，慢慢筛选最有效的训练手段，后来选了 8～9 个，现在常用的就只有 4～6 个。

我国教练员在进行运动员的专项训练时，并没有很好地结合提高专项能力的需要去有针对性地安排训练。因此，加强教练员队伍的建设及与研究人员的结合对我们提高训练的专门化具有重要意义。

　　我国大部分教练员文化理论素质不高，对指导运动训练实践作用最有意义的专门训练理论的研究探索能力较弱，对项目特点的认识不科学、不严谨。有些教练员对所执教项目的现状知道的也不多，对项目发展的特点和规律缺乏深刻认识和准确把握，科学训练的意识不强，观念陈旧，方法落后，制约了训练水平的进一步提高，影响了项目发展，甚至造成了资源浪费和损害。

　　法国对教练员与科研人员的培养很值得我们去借鉴与学习。法国体育学院在对教练员工作的定位上认为教练员应从技术型教练向全面型教练转变。法国青体部技术司司长认为：“要把教练员培养成项目的负责人、规划人、项目战略发展的策划者，如同交响乐团的指挥。教练员不仅要负责培养运动员，还要会科研、选材、技术支持等多项工作。”法国许多科研人员都是优秀运动员退役后，经过专门的培训成功转型为科研人员的。他们理解训练，有丰富的训练经验，热爱自己的事业，善于深入研究。而教练员在科研人员的指导下又非常熟悉科研工作的方法和手段。这种教练员懂科研、科研人员懂训练的环境及教练员与科研人员共同深入研究的工作态度，使科研与训练紧密结合。

　　竞技体育的最终目的就是要在比赛中获胜，也就是说一切的运动训练都要围绕比赛进行。越来越多的理论和实践也证明，竞赛成绩的提高必须依赖不断的专门训练。孙海平教练在刘翔的训练中坚持执行专门训练，一切训练内容和手段的安排都要对专项有利，特别是一般身体训练和专项身体训练都与专项训练紧密结合，专项需要什么就练什么，专项不需要的就不去浪费时间，这就是从一开始就围绕专门训练的路子向前走。刘翔的成功，是专门训练实用价值的最好印证。

　　然而，强调专门训练并不是说每天练专项技术才是专门训练，而是要强化“专项”在训练中的中心地位，要明确着眼于这个练习手段的目的是什么，是不是和专项有关系，是不是对提高专项成绩有帮助。

　　田径运动包括走、跑、跳、投，以及由它们的部分项目组成的全能运动，共40多个单项。每个项目的训练方法、训练手段、专项技术、负荷结构、心理特征等方面都表现出与其他项目不同的高度的专项特点。可是我们很多教练员却对田径运动项目的特征和比赛的特点缺乏深刻的认识，造成训练的盲目性。在造就优秀运动员的过程中走了很多的冤枉路，吃了不少的亏。对专门训练理论进行系统的研究，可以加深专门训练理论的认识，更好地指导田径运动训练，创造优异的运动成绩。

在专门训练理论研究过程中，我们对专门训练理论的概念、理论依据进行了分析，如何确定训练的手段，是否符合专项的要求，应从专门训练的训练学因素、能量供应特点、肌肉工作特点与技术动作特征三方面进行分析。为提高田径运动专门训练效果，建议正确理解专门训练的目的和意义，深化认识田径运动项目特征，科学安排专门训练的训练计划。

第二节　田径运动负荷理论研究

运动负荷是运动训练中的核心问题，训练离不开运动负荷。运动负荷对机体的刺激，引起机体的应答，并促使运动员的体能、技能以及心理能力得到改善和提高。可以说，负荷是引起机体变化，获得训练效应及提高运动成绩的基本要素。没有负荷就没有训练，不消耗就不能得到增加。

田径运动是体能类项目，其成绩的提高是以充分挖掘运动员的体能潜力为基础的。因此，在田径训练过程中，对运动员施加高强度的运动负荷是取得成绩的保证。

在田径运动训练过程中，运动负荷各种因素不同的搭配和组合，可使同一形式的身体练习产生不同的效果和训练作用。在运动员成长过程的每一个训练阶段，不同的训练任务都对运动负荷和负荷结构提出了不同的要求。目前随着田径运动比赛的日益增多，并且已逐步成为训练的一部分，整个运动负荷的组成发生了很大的变化，甚至是质的变化。从目前世界优秀田径运动员来看，在训练中的变化、特别是运动负荷方面的变化，主要体现在负荷强度上，而不是负荷量，这是一个最为显著的特点。对于这些变化很值得研究和探讨，以更好地指导训练。

一、田径运动负荷理论的依据

(一) 运动负荷的概念与含义

在理论研究中，概念明确是正确思维的必要条件。有了明确的概念，才有可能作出恰当的判断，才能进行合乎逻辑的推理，从而使人们能够正确分析和研究问题；概念不明确，思想就会发生混乱，人们不能获得正确的知识，不能正常交流，甚至会造成误解和过失。概念是各门科学的基石，概念是认识发展的阶梯，任何概念都是在一定的历史条件下，标志人们对某一事物的认识程度，而不是认识的终点，它是新的认识的起点。因此，明确运动负荷的概念，将对田径运动负荷理论的研究起重大的影响作用。

在有关运动负荷的研究中，许多专家与学者也对运动负荷的概念进行了分析，但由于专业背景和理论出发点的不同，对运动负荷的基本概念尚未形成统一的理解和认识。

通过查阅文献，发现目前国内外对运动负荷概念的界定大致有如下几种情况：第一，哈雷博士指出，如果一种刺激能够产生训练效果，也就是说，能够发展、巩固或保持训练状态，那么这种刺激就叫做运动负荷。第二，马特维也夫提出："运动负荷是指与安静状态相比，由完成练习所引起的功能活性的追加值。"第三，普拉托诺夫认为："所谓运动训练中的负荷，应当理解为身体练习作用于运动员机体从而使其机能系统产生积极反应的影响过程。"第四，过家兴提出："运动负荷是以身体练习为基本手段对运动员有机体施加的训练刺激。"第五，徐本力提出："运动负荷是指运动员在承受一定的外部刺激时，机体在生理和心理方面所承受的总刺激，并以这两方面所表现出来的机体内部应答反应程度来反映的。"《辞海》中对运动负荷的解释是："人体在运动中所承受的生理和心理刺激。"全国体育学院通用教材《运动训练学》、《教练员训练指南》引用了过家兴等人的定义。中国训练学专业委员会编著的《中国运动训练理论与实践研究》，也有类似徐本力的表述。

这么多运动负荷概念的表述，一方面说明了运动负荷本身的复杂性，另一方面也似乎表明我们目前对运动负荷的基本概念存在着大量模糊和矛盾的认识。这种概念上的混乱直观的表现就是有关文献中用以表述运动负荷的名词十分庞杂和不统一。因此在研究过程不对其所说的运动负荷进行严格定义，人们在学习、运用、借鉴过程中，就会由于对概念理解的不同而导致误解或过失。这里主要采用过家兴教授的运动负荷定义。

虽然对运动负荷概念的理解不尽相同，但对负荷结构的解释是一致的。均认为运动负荷是由负荷量和负荷强度两个因素构成，并以此构架了负荷量与强度关系，不同量、强度数值搭配形成不同训练效果的特定负荷结构及运动负荷分类等知识体系。

（二）运动负荷理论的依据

1. 生理学依据

运动训练的实质是以身体练习为手段，有目的、有计划地对运动员机体施加刺激，通过机体的应激和应答表现，逐渐使其产生训练适应，从而提高运动员的竞技能力。在合理的范围内，运动负荷越大，对机体的刺激就越深，反应就越强烈，训练适应效果就越好。肌肉的生理特性是兴奋性和收缩性，两者是紧密联系而又不同的两种基本生理过程。引起肌肉产生兴奋继而收缩的刺激由刺激强度和刺激时间共同构成，强度越大，组织兴奋所需的作用时间就越短；刺激强度越小，所需作用时间就越长，刺激强度和作用时间是相互依存的。

2. 超量恢复原理

该原理认为，机体在运动负荷的刺激下其能量储备、物质代谢以及神经调节系统的机能水平首先产生疲劳，然后在运动负荷消除后不仅可以恢复到负荷前的初始水平，而且能够在短期内超过初始水平，达到"超量恢复"的效果。如果在超量恢复阶段再适时地给予新的运动负荷刺激，会出现"负荷——疲劳——恢复——超量恢复"的过程，而且可以不断地在高水平平台上周而复始地进行，由此使运动员的能力得到持续提高。

3. 生物适应规律

人体的生物适应性规律是运动负荷安排的基本理论依据。生物适应规律存在于整个生物界。运动训练的实质，就是对运动员身心实施有效刺激，以促使适应的产生。现代训练把这个过程视为运动员对运动负荷进行适应的过程。

人的适应性有几个基本的过程：第一，给什么刺激产生什么样的反应；第二，多次刺激产生适应性；第三，适应性的过程是自组织的。自组织的意思就是自动的，自发的；第四，长时间多次接受某种刺激，人体就会从有所反应到产生适应性，再从适应性到形成适应性结构。达到稳定状态，人的适应能力将发生重大的变化，形成适应性结构，这种适应性结构就是我们想通过训练达到的目标。

在合理的负荷条件下，机体的应激及随之产生的一系列变化都会保持在一个适度的范围内，这时负荷越大对机体产生的刺激越深，所引起的应激也越强烈，机体产生的相应变化也就越明显，人体竞技能力提高得也就越快。因此，在运动负荷安排时应本着逐步加大的原则，要经过负荷——适应——再加大负荷——再适应的过程。

二、田径运动负荷的主要方面

（一）运动负荷的分类概况

1. 运动负荷的分类

表 4-2　田径运动负荷的分类

分类标准	类别
按承受负荷的能力	极限负荷与非极限负荷
按训练手段	专项负荷与非专项负荷
按动作的外在表现形式	速度力量型负荷、耐力型负荷、速度型负荷
按能力代谢性质	有氧负荷与无氧负荷
按负荷的目的	训练负荷、比赛负荷
按负荷效应	生理负荷与心理负荷

目前国内所有的运动训练学教材和专著中，对运动负荷的种类都是按照运动主体的性质进行划分的。根据不同的分类方法，我们可以得出很多不同的类别。表 4-2 是查阅有关资料，概括总结得出的对运动负荷分类的统计。

爱沙尼亚的爱特科·弗尤根据有机体承受负荷的能力，把训练负荷分成下面几种：①超过有机体机能能力的过量负荷；②发展性负荷，能使某一方面的适应性蛋白质得以合成，并使机体产生发展性变化；③维持性负荷，能防止已增长的蛋白质结构遭到破坏以及机体其他方面的衰退；④恢复性负荷虽不足以阻止衰退变化，但对再生过程有积极作用；⑤无用负荷，对机体没有发展、维持或恢复作用。

2. 生理负荷和心理负荷不是负荷，而是负荷产生的效应

运动负荷研究中常常涉及的一对概念就是生理负荷与心理负荷。由于生理和心理事实上的密切关系，我们在研究中完全不可能将二者加以严格的区分，它们对于机体的应激水平或反应水平产生的影响是完全等效的。

由于外部负荷，必然引起有机体内部发生一系列的生理和生化变化，这就是内部负荷。过家兴先生也是这样定义生理负荷与心理负荷的。他认为，生理负荷与心理负荷就是运动训练负荷给予有机体生理、心理上的刺激。过先生一直没有给外部负荷定义，应该是说外部负荷就是我们所说的运动负荷或训练负荷。徐本力先生给了外部负荷定义，他认为外部负荷是指人体外部的各种控制作用对人体所施加的刺激，而内部负荷是运动员的有机体在承受外部负荷刺激时所表现出来的内部应答反应，并且是通过生理和心理内部负荷来表现的。从两位权威专家的分析我们可以看出，内部负荷即是心理负荷与生理负荷，是负荷效应。我们所说的生理负荷、心理负荷实际上就是运动员在负荷后的生理、心理反应，并以脉搏、血乳酸，注意范围、情绪状态等等指标来评价负荷的效果，也评价训练过程中负荷设计与实施的科学性。它们是监控指标，而不是实施指标。否则，心率、血乳酸、情绪状态都成了负荷，其和外部负荷在性质上岂不是发生冲突。这就说明生理负荷与心理负荷是运动负荷作用下有机体在生理与心理上的反应，是负荷效应，而不是负荷。

（二）运动负荷的度量方法

运动成绩来自于运动负荷的作用，是运动负荷所产生效应的综合结果。训练过程中运动负荷的产生是通过训练手段与方法作为媒介对运动员身体产生作用的。单从负荷量和负荷强度来分析运动负荷，达不到真正揭示运动负荷本质的目的，也很难对大部分运动项目的训练手段和方法的负荷作出正确的分析与计量。运动负荷的科学涵义应包括定性和定量两部分。只有对训练手段与方法定性鉴定后，

再定量，才能真正把握该种训练手段与方法。

1. 运动负荷的定性

训练中运动负荷定性的基本内容包括：

第一，运动负荷的专项性，即运动负荷要与运动员所参加的、与自己训练水平相称的比赛要求相符合。据此，可以把运动负荷分为专项性负荷与非专项性负荷。专项性练习是提高专项运动成绩的直接因素，非专项练习是间接因素。只有专项练习才是取得高水平成绩的唯一途径。因此，突出专项练习，已是现代高水平运动员训练过程中的必由之路。训练成功的前提，就在于始终把训练安排在专项训练水平不断提高的轨道上。

第二，运动负荷对供能系统的作用方向，即确定练习时肌肉工作是何种供能系统在产生作用。肌肉工作时有三种能源：磷酸原无氧能源、乳酸性无氧能源和有氧性能源。对供能系统作用方向进行定性是科学安排运动负荷的一项非常重要的工作。目前采用对血乳酸的测定来把握供能系统的作用方向，已经获得了较好的效果。但是，血乳酸浓度采用任何手段都会变化，如果采用的训练手段和方法与专项性不符，将仍达不到提高专项成绩的目的。

第三，动作协调性的复杂程度。一般来说，协调性复杂、难度越高的练习，有机体承受的负荷就越大。区分动作协调性的复杂程度是运动负荷定性的一个方面。在周期性运动项目中，动作协调的复杂程度比较单一，对运动负荷的影响不大。协调性复杂、难度越高的练习，有机体承受的负荷就越大。协调性的复杂程度是训练中客观存在的，区分它是控制训练负荷必需的。

目前，由于体育科研水平和测量技术上的缺陷，对运动负荷进行定性分析还有很大的难度。比如，在对专项性负荷的认识上，哪种练习手段和方法符合专项的特点，哪种手段与方法是非专项性，没有对项目特征的正确认识是很难评定的。目前在这一问题上，很多还是教练员经验性的评定。然而现今的竞赛，胜负只在毫厘之间，光靠简单的经验评定运动负荷的性质是远远不够的。所以，今后在这方面的科研需要进一步加强。

2. 运动负荷的定量

运动负荷的定量就是要对运动负荷作出具体的计量。运动负荷的定量，主要是从负荷量和负荷强度两个方面进行，负荷量包括负荷持续的时间，一次练习或若干练习所完成的工作量等；负荷强度与工作的紧张度等有关。量与强度只能针对具体项目以及单个练习或者成组的练习等进行评定。我们必须明确，目前对一堂训练课或一个周期的运动负荷进行综合性评定是很难的。当前，量与强度只能针对具体项目，以及单个练习、或者成组的练习进行评定。把运动负荷的量以距离、时间、次数等物理计量值来对待，笼统地加在一起，用以反映一堂训练课的运动负荷，可以说是一种并不确切的做法。

运动负荷的大小可以从"外部指标"与"内部指标"两个方面来确定。实际操作中，量的"外部指标"，一般采用训练手段与方法中常用的计量参数。例如，100 米跑 10 次，总跑量为 1000 米；80 千克杠铃举 10 次，总重量为 800 千克等等。强度的"外部指标"一般采用训练手段与方法中常用的计量单位或实际负荷强度与运动员本人最大限度负荷强度的比值来表示。例如，100 米跑每次跑 11 秒，或以个人最大限度负荷强度的 95％进行练习等等。

负荷的"内部指标"，实际上就是有机体对所完成练习的反应。用内部指标评定负荷的大小，可以根据完成练习时主要机能系统所表现出来的各种指标进行判别。例如，运动反应时、完成单个动作的时间、用力的大小与特点，心率，呼吸频率，肺通气量，需氧量，血液中乳酸的累积量与累积速度等等。负荷的大小，除了上述指标外，也可以以工作能力的恢复、糖原储备、氧化酶的活性、神经过程的速度与灵活性等来判断。

田径运动主要是对人进行生物学的适应和改造，它发生的很多变化是在社会系统，在血液里、肌肉里的，甚至是在细胞里的，看不见，摸不着。所以一堂训练课练下来，练得对不对，好不好，教练员的经验确实很重要，只有那些具有多年训练经验的高水平教练员才能准确把握。如孙海平对刘翔的训练就把握得很好，但很多教练员就感觉很困难。"看不见摸不着，能见度又低"，一定要有生理、生化指标，甚至更高级的科研仪器设备测试，才能分析判断运动负荷的效果。

训练中度量负荷的所有指标都只能反映负荷涵义的局部，只用极少的指标以图反映某一负荷定性与定量的全部信息，目前尚无可能。在运动训练过程中应考虑负荷的综合效应。对负荷作出正确、合理、确切的计量，是科学训练的重要内容与标志之一。

（三）负荷量与强度的关系

运动负荷是由负荷强度和负荷量两个因素构成的，负荷强度反映了运动练习对机体的刺激强度，负荷量反映了运动负荷在时间延伸中表现出的练习数量。负荷量和负荷强度是运动负荷中不可分割的、相互联系的两个方面。两者既相互依存，又相互制约。相互依存体现了两者的有机联系和不可分割性；相互制约体现了人体对运动负荷反映的机能特殊性。在运动负荷中量的增加能为强度提高打下基础，强度的提高又可为量的增加创造条件，两者相辅相成，相互促进不断提高，从而形成运动负荷逐步增加的趋势。

以前的训练理论因对负荷强度和负荷量的关系界定不清，造成了把负荷强度和负荷量割裂开来的失误。20 世纪 50～70 年代，先是在不强调运动负荷强度的情况下，片面提出"大运动量训练"；80 年代末，随着训练实践的不断深入，"在大量基础上进行大强度训练"，即"强度是灵魂"的结论。其实，负荷强度和负荷量是一个有机的整体。在负荷时间一定的情况下，大负荷量训练实质便是大负荷强度的训练，反之亦然。随着运动员参赛竞争强度的不断提高，运动员投入训练的时间在逐渐增加，在时间因素难以继续挖掘的情况下，只有不断加大负荷强度才能有效提高运动负荷，进而提高运动员的竞技能力。

目前田径运动训练发展趋势中，运动负荷安排的特点是以强度为核心，但这个强度为核心，也是大运动量的条件下进行的。以中长跑为例，目前中长跑负荷量的安排基本达到了极限，只有突出负荷强度，才能更好地挖掘运动员的最大负荷潜力。有研究表明，中长跑运动员经过 3～5 年训练后，高水平运动员的最大摄氧量就停止增长，再进一步提高成绩必须依靠无氧代谢范畴的一些因素。俞樟炎认为中长跑运动员参加不同专项比赛表现不同的耐力水平，主要取决于运动员的最大速度基础及速度储备。以上这些都说明，当今中长跑的训练都是大强度的训练。

（四）运动负荷安排的特点

田径运动是体能类项目，田径运动成绩的提高是以充分挖掘运动员的体能潜力为基础的。现代田径运动高对抗、高强度的特点日益明显，比赛密度大，这就要求运动员有连续大强度作战的能力，而连续作战能力仅靠低强度的训练或在赛前大强度的训练是难以获得的。因此，要想提高成绩，就必须对运动员坚持施加高强度的运动负荷。目前田径运动训练负荷安排的一个明显特点是负荷强度，特别是专项负荷强度的增加。孙海平教练带训练之所以取得辉煌成就的重要原因之一就是把训练建立在一个以强度为中心的平台上，就是高效率的全面训练，每个练习、每个手段都是大强度，每天都是大强度，从准备活动到专项训练再到身体训练，都是以强度为中心。

1. 优秀运动员负荷特征

新中国成立以来，我国的田径运动取得了较大发展，也涌现出一些项目的优秀运动员。这些优秀运动员的训练经验是我们的宝贵财富，系统地比较研究他们训练的运动负荷特征，探索其规律，对我国田径运动的进一步发展有很大的现实意义。

通过查阅资料，对郑凤荣、倪志钦、朱建华、"马家军"和刘翔的有关运动训练资料进行整理，发现其负荷量和负荷强度的安排各有特点，并且呈现一种内在的发展规律。

20世纪50年代郑凤荣的训练，负荷量很大，而负荷强度一般。在破世界纪录前一年，也就是1956年，她每周训练9次，全年训练总数达309次。当时在国际田坛，她的运动负荷量是非常突出的，苏、美优秀跳高选手一年训练140～160次，只有郑凤荣的一半。在具体手段的安排上，郑的负荷量也很大，如1957年5月，她在一个月中，仅杠铃下蹲就练了1068次，举重达到17532公斤，对于女运动员来说，这个负荷量确实是非常大的。

60年代倪志钦的运动负荷是负荷强度大而负荷量适中。如他在破世界纪录那一年（1970年）的冬训中，主要手段杠铃下蹲负荷强度达140公斤（最多蹲145.5公斤），蹬磅秤负荷强度达450～550公斤，10×100米跑的强度为11秒5～11秒9（最高成绩11秒1），跳高技术训练的负荷强度也达到2.20米以上（最高成绩2.27米）。总之，在正常情况下，倪在各个阶段的主要训练手段的负荷强度，基本上都接近或达到了自己的最高负荷强度。80年代朱建华的运动负荷安排与倪基本相同，但也有所区别。如他在1983年6月破世界纪录前，从冬训到春训，几个主要手段的负荷强度都很惊人，如2～3月份助跑起跳手摸高达3.50米，4月份3.51米，5月份3.54米（当时最高成绩3.59米）。在技术环节训练上朱建华更注重突出强度训练，例如，助跑速度快是他技术上的一大特点，他的最后六步助跑速度达到8.73米/秒，相当于百米跑11秒的成绩（百米最好11秒），可见，没有平时高强度技术的训练，就不可能有如此好的助跑起跳技术。

90年代"马家军"的运动负荷安排又有着显著特点，不但负荷量大而且强度也高。据统计，"马家军"的负荷总量（跑量）大大超过世界优秀中长跑运动员，1992年全年人均训练总量达到8000公里，最高的达10000公里以上，月最大量达1000公里，一年365天"马家军"要练363天，每天跑量达27.8公里。在大负荷量的基础上突出负荷强度。马俊仁要求，在平原训练10公里跑的最大负荷强度达32分。在高原训练10公里的负荷强度也在36～37分之间，而马拉松的平均负荷强度在2小时30分左右，几乎同我国男子运动员的训练强度一样。

21世纪，刘翔的训练是高强度的专项负荷训练法。刘翔的教练孙海平曾经表示，刘翔的特点是专项训练强度很高，全年训练负荷变化不大，刘翔在任何比赛之后都不需要专门调整，就能立即投入训练。训练场上，刘翔的训练时间不是很长，数量不是最多，但从准备活动开始，他的训练质量（强度）就非常高。其训练计划主导训练内容的负荷强度都高于比赛强度，用高于比赛的负荷来刺激运动员形成生物性适应性结构的。

赛练结合，以赛促练是刘翔负荷安排的又一特点。参赛是提高训练强度的重要手段，训练中一般很难练出真正的比赛强度。这样全年都有很高的专项训练强度，形成了他全年都能发挥高水平的竞技状态。

刘翔作为一名短跨运动员，一周跑量只有 2000 多米，许多人认为这么少的专项训练量不可思议。他专项跑的运动量不多，但训练强度非常大，总的运动负荷就很大。刘翔的周训练内容主要包括三方面：第一是专项训练；第二是专项身体素质训练；第三与专项密切相关的一般身体训练。这些训练内容都与专项密切联系，特别是一般身体训练和专项身体训练都与专项训练紧密结合，专项需要什么就练什么，专项不需要的就不去浪费时间，所以刘翔只用 5 年时间就成为世界优秀运动员，大大缩短了传统认识所需要的时间，这是一个新理念。

通过以上分析，从注重负荷量，突出负荷强度，到大负荷量和大负荷强度，再到刘翔的高强度专项负荷训练法。我们可以清楚地看到田径运动负荷安排发展的趋势——高强度专项负荷。这种高强度专项负荷训练法，很大程度上符合现在田径运动项目的发展需要。而这也与许多专家学者所说的当今田径运动训练把强度作为训练负荷灵魂的说法相一致。

2. 优秀运动员负荷趋势

高强度专项负荷是目前田径运动负荷安排的特点。田径运动训练从本质上说就是对人这个生物体进行适应性改造，甚至是结构性改变。这个适应过程有利发展的前提，是运动负荷的合理安排。对田径运动优秀选手来说，在训练中质量很低的数量积累，对运动成绩的提高几乎不起作用，甚至起反作用。只有高强度的专项负荷训练，才能有效地提高运动成绩。

运动负荷的构成要素是负荷量和强度，它是训练计划的核心内容，也是教练员每天考虑得最多的事情；今天练什么，给多大的训练量，这个量用什么强度去完成？按计划给予运动负荷刺激，运动员的神经、肌肉自发地、自主地产生一种反应，这种负荷刺激反复多次，逐渐使运动员产生适应性。如果长时间多次进行这种负荷性刺激，他就会产生适应性的结构，稳定下来。在田径运动训练中，通过对训练内容、手段与方法的设计，给予运动员实战需要的专项运动负荷刺激，运动员会不断适应这种强度，并逐渐产生适应性变化，形成稳定的与比赛强度或高于比赛强度的神经肌肉适应性结构，并在比赛中表现出相应的成绩来。

按照传统的训练安排，冬训大运动量，强度不高，到了比赛期前一段时间开始上大强度，这种训练模式常常表现为在比赛时水平表现不出来。其基本原因是比赛期短时间的高强度训练由于时间过短，量变不会引起质变，也就不可能形成稳定的具备比赛水平的竞技状态结构。人的生物适应性变化是需要足够的时间的，需要反复多次地刺激后，它才能形成一种稳定的结构，没有稳定的结构，比赛就不可能表现出稳定的成绩。对于传统的大运动量、低强度训练模式，孙海平从他自己当运动员时的训练经历中看到了其危害。他认为这种训练模式有五大危害：第一，造成疲劳。运动员经不起那样慢慢的消耗，肌肉不疲劳神经也疲劳了；第二，对专项不能形成有效刺激；第三，不利于形成稳定的竞技状态；第四，不利于专项水平的提高；第五，容易引起伤病。

参赛成为提高训练强度的重要手段，因为训练中很难练出真正的比赛强度，世界优秀田径运动员每年的参赛次数达到10～20场，并且全年都能保持成绩的相对稳定，这说明他们全年的专项负荷强度都很高，全年都在一个高水平的竞技平台上。

（三）对合理安排运动负荷的建议

科学安排运动负荷是现代田径运动训练的重要特征，也是现代运动训练的主要发展趋势。教练员应充分把握当前运动负荷理论的变化，合理安排运动员运动负荷。

1. 根据专项特征确定负荷手段合理安排运动负荷的目的就是要在比赛中以创造优异成绩为目标，所以在训练中我们要根据田径运动各项目的特征来安排运动负荷。训练中所选择的运动负荷内容及手段，都应该对提高专项能力和获得理想的比赛成绩有直接或间接的影响。

2. 准确把握运动员承受负荷的能力

训练安排因人而异是从事训练工作的人都知道的。世界优秀选手负荷量度个体化是近20年被国际运动训练界所广泛承认的，因为运动员的个人特点，包括性别、年龄、竞技水平、生理和心理特点、身体状况等等都不尽相同，另外同一个运动员的训练状态在不同阶段、不同时期、不同的训练环境等也不同，这些方面都对运动负荷的安排提出了不同的要求。

3. 掌握好负荷与恢复的关系

在一定范围内，运动负荷越大，消耗越剧烈，恢复过程就越长，超量恢复也越明显。正是由于运动训练能引起超量恢复，才使得运动员竞技能力的提高成为可能。训练中掌握好关键性的时机是很重要的。练到什么时候该休息，疲劳到什么程度该停止，必须准确把握，才能保证训练的成功。

第三节 田径运动周期训练理论研究

周期训练理论在问世之后就成为东欧和亚洲及西欧许多国家的运动训练，尤其是体能类项目训练的支柱理论，广泛应用于各国的运动训练中，成为最主要的理论依据。我国由于受苏联的影响，周期训练理论在运动训练理论与实践中也占有重要的位置。自 20 世纪 60 年代中期这一理论提出之后，我国的竞技运动训练，尤其是体能类运动项目的训练主要是在这一思想指导下进行设计、安排和实施。该理论被我国教练员和运动员所接受，成为对运动训练最具影响的训练理论，直到目前都是在这一理论的指导下进行运动训练实践工作。由于周期训练理论是以体能性项目的研究为基础建立起来的，因此对田径运动的指导作用就更有研究意义。

周期训练理论从形成至今已历经大半个世纪，对运动训练的发展做出了重大贡献。但近几年来由于竞赛制度的重大变革，赛事过于频繁，导致传统的周期训练理论受到很大的冲击，并与运动训练实践产生冲突，逐渐成为人们关注的焦点，不断引起人们对这一理论的质疑。在不断质疑的同时周期训练理论也得到了丰富和发展，因此，为使周期训练理论更好地为训练实践服务，有必要对其产生和发展的历史进行回顾，并对其发展趋势进行总结，以使教练员、运动员更好地把握训练理论的时代脉搏，进行科学的训练，促进运动训练水平和运动成绩不断提高。

一、田径运动周期训练理论的依据

运动训练周期理论实际上指导的是年度训练计划的安排。马特维耶夫周期理论的核心是以年度为时间单位，划分出准备期、比赛期和过渡期三个训练周期。并以负荷量和负荷强度、一般身体训练和专项训练在不同训练周期安排不同比例为特点构成了他的周期训练理论。目前田径运动竞赛系统也带有明显的年度周期性特征，因此，人们通常以年度周期作为组织运动训练过程的基本单位。年度周期以其是否包含有重大比赛，如奥运会和世锦赛等而区分为平常年度和重大比赛年度，也可依其年度主要任务而区分为恢复训练年度、基础训练年度、提高训练年度等。周期训练划分的主要依据是：

（一）竞技状态形成的规律

竞技状态是运动员在竞技完善的每一个新的台阶上，通过相应的训练所获得的对运动成绩的最佳准备程度状态。

竞技状态主要的评价指标是运动员在竞赛中展示的运动成绩。运动成绩能够达到或接近最高水平运动成绩的次数越多，说明竞技状态越好。竞技状态发展的周期阶段性是周期划分的自然基础。而竞技状态的发展过程又有三个交替变化的阶段，即：获得阶段、保持阶段（相对稳定阶段）和暂时消失阶段。由此，训练周期也相应地分为三个时期：准备期——保证竞技状态形成；竞赛期——保持竞技状态以及在比赛中体现出已经获得的各种竞技能力；过渡期——保证活动性休息，将训练水平保持在一定水平上。为了确定高水平运动员年度竞技状态变化规律，马特维耶夫在统计整理 450 多份田径、举重、游泳三项高水平运动员的年度运动成绩变化资料后，依据年度运动成绩变化情况即年度中形成竞技状态的次数，将年度周期类型分为单周期、双周期和三周期三种类型。

最佳竞技状态是指运动员创造优异运动成绩所处的最适宜的准备状态。竞技状态的形成主要是通过对训练过程的控制获得的。运动员只有在比赛期达到最佳竞技状态时才会取得优异成绩，这也是运动训练的最终目标。运动员良好的竞技状态主要表现有：身体机能活动的节省化；恢复过程的缩短；专项所需的运动感觉显著提高；技术稳定，动作准确协调，用力效果好；情绪高涨，渴望比赛。当运动员上述各个方面总体上都处在一个高水平的范围并持续一段时间时，即可认定该运动员处于最佳竞技状态。

（二）竞赛项目日程的安排

科学、合理的安排和有效地控制运动训练过程，以使运动员创造优异的专项成绩，这是周期训练的目的。运动训练的根本目的是要在比赛中创造优异的专项运动成绩，因此竞赛项目日程的安排对我们划分训练周期具有重要的参考价值。

竞赛日程对训练日期的具体持续时间给予了一定的影响。由于这一日程规定了官方比赛的日期，从而指出了安排训练应当顾及的时间期限。除此之外，竞赛日程系统也对比赛结构产生影响，在一定程度上限制了其他训练时期的持续时间。在全年的田径训练中，应将比赛按照重要程度进行分类，并根据训练时期的特点进行分布。在准备期中适宜安排重要程度不高的，具有明显训练和监督特征的比赛，也就是本质上的训练比赛。对重大比赛的准备及最佳状态出现在竞赛期内，过渡期通常不一定安排比赛。

当前田径运动竞赛，由于受到商业化、职业化的巨大影响，高水平运动员比赛数量较往常成倍地增加。面对这些新情况，必将对参赛运动员的周期训练的安排提出新要求。其实这种赛制的变化不只是为运动员创造更多的比赛机会，它真正的意义在于通过大量的比赛使运动员的专项训练水平不断提高，使整个训练形成一种阶梯式的过程，不断地向新高度攀登，而这种以比赛的形式提高训练水平的方式是任何单纯训练所不能比拟的。

由于田径运动训练的目的就是在比赛中创造佳绩，竞技状态是周期划分的内部机制，竞赛日程是周期划分的外部条件，而且竞技状态的调节与发展也是以比赛安排的为依据，因此把竞赛日程作为年度周期划分的主要依据，主要从竞赛制度的变革方面去研究训练周期的划分。

二、田径运动周期训练理论研究述评

(一) 周期训练理论的形成

"周期训练"理论是苏联著名学者马特维耶夫在 20 世纪 60 年代中期根据第 15 届奥运会苏联国家队的游泳、举重和田径等竞赛项目的训练，以及其后至 20 世纪 60 年代初备战世界大赛的训练计划进行了总结与分析，在此基础上提出了"周期训练"理论，并在以后进行了几次修改和补充。1964 年，马特维耶夫《运动训练的分期理论》的出版，标志着运动训练周期理论的初步形成。

(二) 周期训练理论的质疑

马特维耶夫的周期训练理论一经发表，就得到了许多运动训练理论工作者和教练员的认同，并在实践中广泛应用。近年来，由于受到商业化、职业化的巨大影响，高水平运动员参加各类商业性比赛和其他比赛的次数较以往成倍增加。在田径项目中，许多国际级的优秀运动员一年参加各种比赛最多达 50 次，全年几乎没有"比赛淡季"，这样就要求运动员长时间地保持良好的竞技状态，连续地参加比赛，并创造优异成绩。同时，随着科学技术的快速发展及其对体育的渗透，训练学在发展的同时也开始对一些传统的训练理论和观点提出了质疑与挑战。

20 世纪 80 年代，西欧一些学者对马特维耶夫周期训练理论中的某些论点提出了质疑，认为传统的周期训练理论已不适应于指导现代高水平运动员的训练与比赛。马丁（西德，1980）写道："马特维耶夫古典的周期模式对今日那些竞技水平仍停留在当年马特维也夫进行研究时的竞技水平的运动员仍然是适用的。"但是，"高水平运动员必须通过高强度的负荷才能提高竞技水平，由此而来的是训练课时较短而却要安排必要的恢复过程"。英国教练弗兰克通过研究指出，在过去的 30 多年时间内，苏联和西欧的男子中距离跑运动员没有打破过世界纪录和获得过奥运会金牌，这也许与他们运用传统的运动训练分期理论指导训练有关。德国训练学专家施纳认为运动训练分期理论自 1964 年创立以来没有得到改变和发展，但是在高水平的竞技体育领域却发生了很大的变化。因此，他认为应该对传统的年度周期理论进行改革以适应不断发展的现代竞技体育的需要。在苏联国内，国家运动委员会前副主席库列索夫公开宣称在参加高水平的竞赛时，不要沿用马特维耶夫教授过时的训练分期理论。柯·米连别尔克的实验研究表明，按照马特维耶夫周期训练理论所制订的阶段训练方式并没有表现出特别的训练效果。而许多非洲长跑运动员所取得的优异成绩，并不是由于他们懂得周期理论，而恰恰是他们不知道这个理论，在训练中也没有去使用它。

我国学者对周期理论质疑的研究主要有：

梁国强、欧阳梅紧紧围绕科学和实际对周期训练理论基础原理进行了深入剖析，揭示出周期训练理论的基础原理是与科学和实际严重相背离的理论。陈小平认为：马特维耶夫的周期训练"模式"已不适应当前竞技体育比赛量大幅度增加的发展趋势，不利于高水平运动员专项能力的进一步提高。我国目前体能类项目长期停滞不前的原因，不仅在于具体训练方法和手段的落后，更在于缺乏对一些占主导地位的训练理念和思路的反思。武旖指出，实践已经打破传统的竞赛周期训练理论，"赛练结合、以赛促练"已成为新的发展趋势。石瑜认为：进入 20 世纪 90 年代，周期训练观念已全部更新。张世林等呼吁："周期训练理论应得到突破，传统周期训练理论已不适应新赛制的要求。"

黄建国、葛武同样指出，周期训练理论的弊端在于：（1）每一训练阶段拖得过长，负荷强度和负荷量大起大落，不利于保持较高的训练水平；（2）考虑竞赛状态的形成规律多，而考虑机能能力提高的规律少，不利于更快地形成专项能力训练效果，与专项的要求相去甚远，特别是一些短距离、跳跃类需要爆发力的项目；（3）按时间的长短划分周期，概念模糊，造成训练不紧凑，训练效果不好，训练质量得不到保证；（4）由于长时间只训练不比赛，对运动员的动机和热情会带来负面影响，同时容易造成心理上的疲劳，使运动员竞技状态的出现时早时晚，不易掌握。

延峰、陆峰通过研究，认为对周期训练理论的看法，国际上突出的、有争论的不同观点主要为：（1）准备期和竞赛期训练内容和手段的安排有碍于成绩的提高；（2）由于比赛频繁，因此就不需要再划分训练周期；（3）周期划分时间过长，尤其是大周期中准备期的负荷安排不符合现代竞技运动要求。在我国，从 80 年代中期起，也有相当一部分教练员认为：（1）全年比赛频繁，每次比赛都应达到创造优异成绩的最佳状态；（2）比赛次数多，赛间间隔时间短，不再需要"准备期"，而只需作小周期的安排；（3）比赛次数多，应"以赛代练"；（4）训练手段与方法只安排专项性内容就可，没有必要进行基础性或一般性内容的训练；（5）"竞技状态"理论与现代竞技体育不相符，运动员比赛频繁，不再需要划分训练周期。更有甚者，国际与国内均有人提出要彻底否定传统的训练分期理论。

许琦、黄海涛介绍维尔霍山斯基对马特维耶夫教授训练学理论的批判主要体现在 4 个方面：（1）对于运动训练活动的实质，培养高水平运动员的技艺、教练员的职业技能的认识不深刻；（2）方法原理简单，纯理论化，缺少客观基础，训练方法原则缺少实践的支持；（3）缺乏生物科学知识作为理论研究的基础；（4）对于运动训练实践的新的科学研究和成果不重视。

（三）周期训练理论的新发展

通过查阅大量有关周期训练理论的研究，我们发现对周期训练理论新的发展，主要有以下观点：

1977 年斯塔里什卡和施纳提出了优秀运动员理想分期模式。这一模式的最大特点在于：他们认为优秀运动员应在全年训练的各个阶段，都将运动负荷的量与强度保持在 80％左右上下波动，这种做法对运动员有机体的刺激更加强烈，运动员特别是优秀运动员的运动成绩能获得进一步的提高，而且在全年的各个阶段都能始终保持良好的竞技状态，能多次参加比赛，并表现出优异的运动成绩。

20 世纪 80 年代一些苏联的运动训练理论与实践的专家，相继提出了自己的理论观点，其中以博伊科和维尔霍山斯基等人的理论最系统和最具有代表性。

博伊科认为：对于年度周期训练安排，短周期形式要好于年度长周期形式；年度运动负荷的安排上增加负荷强度有利于其运动成绩的提高，但是，低强度的负荷对于运动员有机体的调整与恢复也是必需的；主张在竞赛期内用短时间的、集中的、高强度、较少负荷量的负荷安排方式对运动员有机体产生最大刺激，从而达到充分调动运动员潜能，创造优异成绩的目的。

维尔霍山斯基的"板块"训练模式，依据生物适应理论，将运动员训练过程理解为一个适应循环的过程，并将这一过程分为三个阶段：第一阶段为专项基础训练阶段，主要任务是发展运动员专项比赛所需的运动潜能；第二阶段为专项训练阶段，主要任务是使运动员充分利用其已经提高的运动潜能，并通过比赛性练习表现出来。在这一阶段运动员可参加一定数量的比赛；第三阶段为重要比赛阶段，主要任务是使运动员获得的运动潜能在重大比赛中最大限度地表现出来。维尔霍山斯基认为其理论的最大创新点在于：第一，将比赛与训练作为一个整体，而不是将两者割裂开来，比赛是整个训练适应过程的延续，通过比赛特别是重大比赛对运动员形成强有力的刺激，从而使运动员的运动能力得到提高；第二，在专项基础训练阶段与重大比赛阶段之间加入了一个专项训练阶段，并根据比赛的重要程度及比赛期时间的长短来调整这三个阶段训练时间的长短，从而达到使运动员在全年比赛中都能表现出较好的竞技状态的目的，保证运动员在重大比赛中形成最佳竞技状态。

为了解决竞赛次数日益增多的问题，我国运动训练学专家田麦久教授提出了微缩大周期与常规大周期合理搭配的新的分期模式。

目前针对周期训练理论的学术争论依然激烈，这从近几年发表的学术论文中有关周期训练理论的研究数量就可知。早在 1994 年，我国运动训练学专家，马特维耶夫教授的学生姚颂平就对某些针对马特维耶夫的周期训练理论（观点）的质疑与否定撰文指出：那些在安排年度训练周期或训练大周期所出现的一些不同意见，不能孤立地看待。从表面上看，分歧出现在训练过程的分期问题或训练负荷的安排上，但要是进行系统分析的话，就可以发现分歧的中心问题，集中在对传统的竞技状态理论方面，并认为分歧的产生主要是由于这些学者对马特维也夫教授学术思想核心的理解仅停留在一知半解的程度上造成的。乌克兰的普拉托诺夫也撰文对马特维耶夫的理论进行了肯定。他认为不能全盘否定该理论的历史作用，现在一些不同观点的提出仅是对马氏理论的发展和延续。

（四）周期训练理论的发展述评

竞技运动的发展，需要理论上对训练实践中出现的新的规律与现象作出合乎规律的解释，也正是如此，才有了上述对传统周期训练理论的质疑与发展。

查阅大量的有关周期训练理论的学术著作与期刊文献，发现当前对周期训练理论的质疑，主要集中在以下方面：

在理论上主要是，认为周期训练理论缺乏生物科学理论基础的支持，以及对各周期训练内容安排上的疑问；在训练实践中，认为周期训练理论不适用于高水平运动员及现在的竞赛制度。

许多学者都提出了不同的看法，有的肯定，有的部分否定，有的全部否定。这些观点的提出，说明在运动训练实际中"周期"或多或少是存在的。面对周期训练理论的这些质疑，我们首先应承认"训练周期的存在"。对周期训练理论质疑及提出的"以赛代练"等理论都没有突破周期训练理论的本质。因为还是有周期的存在，这个是必然的，因为人的竞技状态的形成具有周期性。不管你是单周期、双周期还是多周期的安排，都是为了在年度重大比赛中去取得优异的成绩，可能有些比赛也要参加，但这只是给训练增加一种不同的训练刺激，以有利于在后面的重大比赛中创造佳绩。

我们在肯定周期存在的同时应看到马氏周期理论的缺陷，面对目前的竞赛制度，马氏周期训练理论在周期划分与内容安排上确实存在对高水平运动员训练来说不合理的地方。而对理论的发展与研究正是要解决这些问题，以更有利于田径运动的发展。周期训练理论对青少年训练运用的研究很少，只是有个别的提到还适合青少年训练，但没有深入的分析。

三、田径运动周期训练年度安排特点

（一）优秀运动员年度周期安排特点

1. 刘翔2002年度周期的安排特点

孙海平在介绍刘翔2002年训练的周期安排时说，刘翔2002年比赛任务较多，其中重要比赛有全国锦标赛和亚运会选拔赛、亚锦赛、世界杯赛、亚运会和大奖赛总决赛。另外还有国内外的一系列大奖赛，全部加起来跑的全程次数要超过30次，而这些比赛均需要全力以赴去比。根据全年任务的需要将训练计划分成3个阶段来安排，如表 4-3 刘翔全年的训练就是按照上述计划安排来进行的。在上述 3 个周期的安排中，由于都有训练和比赛的不同要求，因此这 3 个周期之间既有关联又有区别。

表 4-3 刘翔 2002 年年度周期安排

阶段划分	第一阶段	第二阶段	第三阶段
时间	2001 年 12 月中旬—2002 年 3 月初	2002 年 3 月上旬—2002 年 7 月中旬	2002 年 7 月下旬—2002 年 1 月中旬
主要任务	增强各项素质 发展速度 改进技术 提高前程能力	提高速度 完善技术与栏间三步的衔接 加强后程能力	全面提高专项素质，完善全程节奏 完成好亚运会夺金任务
训练安排	负荷节奏明显，以大负荷的专项身体素质为主，主要以快速力量和短程能力作为训练重点，提高短程速度专项练习，突出快速节奏，技术上强调快速攻摆技术，手段上采用组合练习法	根据刘翔的全程节奏特点，主要抓了他的过栏速度与栏间三步的节奏，主抓最后三栏的冲刺能力，将有些比赛作为训练的一部分。	突出全程节奏的平衡，即前半程的速度要加快，后半程则要保持，提高专项能力。
主要比赛	世界室内系列赛	国内外的一系列大奖赛与亚运会选拔赛	亚洲锦标赛、世界杯赛、亚运会、大奖赛、总决赛
主要成绩	获得一个第一，两个第二，平亚洲记录	瑞士洛桑站，刘翔以 13 秒 12 的好成绩打破了世界青年纪录、亚洲、全国纪录，并获得总成绩第二名	亚运会金牌、中国田径大奖赛男子项目总冠军

从刘翔在 2002 年需承担的全年比赛任务来看，主要任务是亚运会，其他比赛还有世界室内系列赛、室外大奖赛、亚锦赛和世界杯赛等。虽说比赛不少，但将比赛作为训练的一部分来安排，比赛促训练，训练为比赛，比赛与训练有机结合，这样既不会因比赛多而影响正常的系统训练，又不会影响主要比赛任务的完成。

由于 2001 年刘翔参加完九运会比赛是在 11 月中下旬，全运会结束后，进行了两周的调整，接着进行了两周的恢复训练，在 12 月中旬即投入 2002 年第一阶段的正常训练。从全年看恢复与调整的时间短，基本全年都保持较大强度的专项训练。

第一阶段主要任务是参加世界室内大奖赛，参加的项目是 60 米栏，训练任务主要是提高前程能力，即要提高起跑前三栏的速度。这样把训练任务和比赛任务融合在一起来完成，把快速力量和短程能力作为训练重点。由于任务比较明确，在实施过程中注重了专项素质的强度，使得刘翔既承受了较大的训练负荷，又保持了较好的神经系统兴奋性和肌肉的弹性。通过室内的一系列比赛的检验，刘翔的前三栏速度有了较大的提高。60 米栏最好成绩也提高到 7 秒 55，并平了这一项目的亚洲纪录，为 2002 年提高成绩打下了扎实的基础。第二阶段主要是参加欧洲一系列大奖赛，根据室内比赛的检验，发现刘翔的速度水平与世界优秀选手相比还有差距，证明在速度方面还需进一步加强。因此在完善技术与栏间三步的衔接，加强后程能力，即最后三栏的冲刺能力任务的前提下，又提出了加强速度训练的任务，并把国内的比赛作为提高专项强度训练的一部分。经过三个月的强化训练，刘翔的冲刺能力有了明显的变化，在任何比赛中，只要前半程他不输，那么他就有能力在后半程领先。结果在瑞士洛桑这一站的比赛中，刘翔以 13 秒 12 的好成绩，打破了世界青年纪录，亚洲、全国纪录，并获得总成绩第二名。第三阶段应该讲是最重要的，因为全年最重要的比赛亚运会就在这个阶段中，在以亚运会为重点同时兼顾其他比赛的目标下，训练上细化训练任务，全面提高专项素质，完善全程节奏，主要是抓全程节奏的平衡，即前半程的速度要加快，而后半程则要保持，以取得更好的成绩。刘翔在这一阶段较好地完成了任务，拿到亚运会冠军。

刘翔的年度训练划分为 3 个周期，每个周期都持续差不多 3～4 个月的时间。每个周期都可细分，并都有具体的训练任务和目标。如第一周期，可细分为准备期、赛前准备期、竞赛期。在准备期，12 月中旬开始主要以大量的专项身体素质的训练来保持一定的专项能力，2 月份开始专项的训练，根据参加室内比赛的实际情况，突出速度训练，提高前程能力；赛前准备期，安排在赛前一周，以进行专门的适应性练习为主，重点是加强技术训练，提升专项强度。竞赛期，赴欧参加世界室内系列赛。通过了解刘翔 2002 年年度训练周期的安排与实施，我们可以清楚地看到比赛任务与训练的紧密结合。只有从实际出发，任务明确，抓住全年的主要任务不放，认清阶段任务，全盘考虑，处理好比赛与训练的关系才能科学、合理地划分训练周期。

2. 国外优秀运动员年度周期安排特点

同样，目前一些世界优秀田径运动员的周期安排，也具有同刘翔一样的特点。尹军等在世界优秀短跑与跨栏运动员年度及小周期训练负荷控制特征的研究中，综合了 12 名世界著名短跑和跨栏跑运动员为参加 1999 年世界田径锦标赛和 2000 年奥运会制订的两个年度训练资料，见表 4-4 和表 4-5。

表 4-4　1998—1999 年度训练计划 ($nD=12$)

中周期	小周期	周数	主要训练内容
第一中周期	准备性小周期	3	基础训练
	第一小周期	6	综合训练
	第二小周期	6	力量训练
	第三小周期	6	爆发力训练
	第四小周期	6	比赛性测试
第二中周期	第五小周期	6	力量训练
	第六小周期	6	爆发力训练
	第七小周期	6	参加热身赛
第三中周期	比赛		参加重大比赛

表 4-5 1999—2000 年度训练计划 ($n=12$)

中周期	小周期	周数	主要训练内容
第一中周期	第一小周期	6	综合训练
	第二小周期	6	力量训练
	第三小周期	6	爆发力训练
	第四小周期	6	比赛性测试
第二中周期	第五小周期	6	力量训练
	第六小周期	6	爆发力训练
	第七小周期	6	参加热身赛
第三中周期	比赛		参加重大比赛

　　从表 4-4 和表 4-5 可以看出，世界优秀短跑与跨栏运动员的全年训练包含了两个中周期一个比赛期。这与刘翔 2002 年全年周期的安排基本是一致的。在安排周期的原则上也是紧紧抓住重大比赛，并在每个周期中安排适当的比赛，作为训练的重要补充，提高训练效果。

　　不仅在短距离项目是如此，在其他项目上也是。在女子中长跑这个项目上，邢慧娜和她的教练也是结合重要赛次安排训练，并取得了雅典奥运会的冠军。

根据上述研究，田径运动项目适合于三周期加一个恢复期的周期训练模式，这与目前的田径运动竞赛，如室内赛、大奖赛或系列赛、重大比赛的竞赛安排相符合，而且是层层衔接。合理的安排周期训练，有利于在重大比赛中创造优异成绩。这种三周期划分模式应该作为目前周期训练的基本模式。

（一）优秀运动员年度周期安排要点

通过对刘翔及其他优秀运动员年度周期的安排与目前田径竞赛制度的了解，我们分析认为在田径运动年度周期安排上应抓住几个特点：

1. 紧紧抓住重要比赛，以能在重大比赛中创造优异成绩为基本的原则。确定主要比赛与一般性比赛，同时根据竞技状态发展的规律性，合理地安排全年的训练和比赛，有目的、有选择地"以赛带练"和"以赛促练"，保障在重大比赛之际形成最佳竞技状态，完成年度目标。

优秀运动员的名字都会出现在重大比赛中，尤其是奥运会和世界田径锦标赛这样重量级的比赛，每次都会集中世界上最优秀的运动员前来，这也从另一方面说明优秀运动员的训练周期都是按照重要比赛的目标来安排的。

2. 比赛与训练的结合。训练是为了比赛，比赛也是提高训练质量的重要手段。优秀运动员每个周期都会安排比赛性的测试和热身赛来检验训练的效果，找出不足，在后面的训练中重点训练，在重大比赛中创造佳绩。同时每个周期训练的内容也是与比赛相结合，如上述刘翔的第一周期因为参加的是室内的比赛，因此在训练中突出了速度的训练内容，提高前程速度的训练特点，这样与比赛紧密结合，提高了训练的针对性，又与下个周期形成很好的衔接，有利于训练的系统性、节奏性和周期性。

3. 在训练内容上与传统周期安排有所不同，突出专项能力的提高，训练内容不管是身体素质还是技术训练都要与专项的特点紧密联系。将训练与比赛融合在一起，训练是为比赛，比赛促进训练。如第二阶段根据刘翔的实际情况，把国内的 些比赛直接安排进训练计划中，比赛作为提高专项强度的训练手段，这有利于在后面的比赛中创造佳绩。

4. 注意各周期之间的衔接。在年度训练周期的实施过程中，把一年中的各个阶段看成一个整体，上一周期的训练安排甚至比赛，都是为下一周期取得更好的训练效果服务的。注意各阶段之间的内在联系和相互衔接，保持年度训练的系统性、节奏性和周期性的统一。

四、对合理制定年度周期安排的建议

由于经济社会的发展，现代竞技体育环境条件得到了极大的改善，广大群众对竞技体育文化的需求不断增长，因此导致竞技体育社会化与产业化发展趋势，并致使竞赛数量大大增加。因此，周期训练理论在原有的基础上发生许多变化，即出现了许多变异。但是，万变不离其宗，周期训练理论的一般原理仍然适用。广大教练员应认识到周期训练理论对运动训练的重要性。为适应现代竞赛制度的变化，教练员在安排运动训练结构时，仍应以周期训练理论为指导，正确处理好比赛与训练的关系。

（一）重视竞技状态形成的规律

任何优异运动成绩的取得都需要良好的竞技状态。而竞技状态的形成与发展有其自身的规律，只有当训练进程符合这种规律，才能产生良好的训练效益，才能使运动员训练水平的提高步入正常的轨道，才能称之为是科学的训练周期。因此，无论在何种赛制下、无论何种类型的训练周期，偏离了竞技状态的形成与发展的规律，都是不可取的。

（二）重视竞赛重要程度的区分

随着世界田径赛场的日益火爆，运动员所面临的比赛越来越多，赛期越来越长，每场比赛之间的间隔也越来越短，特别是 6 至 8 月的比赛旺季中，在欧洲几乎每天都有不同规模和水平的田径比赛。在这种情况下是不是全年安排十几个训练大周期呢？对于这个问题，马特维耶夫教授早在 1977 年，随后在 1984、1991、1993 年都强调，要求运动员在“满”的竞赛日程上的所有比赛中都取得优异成绩是不明智的。训练过程之所以划分周期，就是为了保证运动员获得最佳竞技状态，并在重大比赛中表现出来，创造最佳运动成绩。

我们不应盲目地去迎合，采取“以赛代练”的做法，要根据各方面的情况，首先分清比赛的主次，确定年度所要参加的比赛哪些是重大比赛，哪些是一般性的练习比赛，然后根据总目标，即在年度重大比赛中取得优异的运动成绩的原则，对其余比赛区分不同的重要程度，确定不同的比赛目标，同时根据竞技状态发展的规律性，合理地安排全年的训练和比赛，有目的、有选择地“以赛带练”和“以赛促练”，保障在重大比赛之际形成竞技状态，完成年度目标。根据重要性我们可以把训练年度区分为奥运会年和非奥运会年。

（三）重视周期训练实践的总结

面对目前比赛增多的情况，总结周期训练实践是非常必要的。在训练实践中教练员们既有周期训练实践成功的经验，也有失败的教训。成功的周期训练实践是非常宝贵的经验，加强周期训练实践成功经验的总结具有现实指导意义。周期训练理论的发展需要在继承的基础上寻求周期训练理论的突破，不断补充其理论。而将周期训练实践成功经验上升到理论高度，对它在训练实践中更好地发挥指导作用具有重要的指导意义。因此，有必要对周期训练实践进行及时的总结和理论概括。

（四）重视周期训练理论的生物学研究

对周期训练理论研究只局限在运动训练学领域是不够的。只有对周期训练理论进行运动医学、运动生物化学、运动生理学的跟踪研究，得到生物学的论证和支持，才能使其建立在科学基础上，逐渐完善和成熟起来。这样，也有助于新理论的推广和应用。因此，不能忽视对其生物学的支撑研究，应当组织力量进行专题性合作攻关。

第四节　田径运动恢复理论研究

运动恢复是科学训练体系中一个重要的组成部分。负荷与恢复是运动训练过程中两个紧密相连的过程，而且是决定训练成效的两个基本因素。负荷与恢复构成了矛盾对立统一的两个方面，互为依存，互为补充。"没有疲劳的训练是没有效果的，没有恢复的训练是危险的。"在训练过程中，通常人们只注重运动前做好充分的准备活动，而往往忽视运动性疲劳的消除，即运动后的恢复。殊不知，不重视运动恢复，就会使疲劳积累到一定程度发展成过度疲劳，甚至有些运动员昙花一现地过早结束运动生涯。这就是田径运动训练在增加负荷的同时又注重恢复的重要原因之一，从而也使运动恢复成为体育科研的重要课题。

随着田径运动水平的不断提高，高强度训练已成为高水平田径运动训练的发展趋势；比赛对抗更加激烈，赛事日益频繁。世界优秀运动员每年要参加的比赛达到 20 多场，同时参赛也成为一种提高训练强度的手段。面对这种高强度训练和高频率的比赛，必然加大运动员机体的疲劳程度，进而影响运动员重新训练的能力，因此，运动恢复越来越受到各国的重视，并投入了大量人力、物力进行研究，来提高恢复的效果。

运动训练或比赛后，身体出现不同程度的疲劳反应，这是正常的生理现象，是运动训练的必然效应。但在训练或比赛后运动员能否迅速而充分地恢复，直接影响着运动水平的提高。加速机体恢复是采用高强度训练的重要前提，如果每次训练或比赛后得不到及时恢复，就很容易导致训练过度，从而影响训练的效果和比赛成绩的提高。"对营养和恢复的投入，就是对训练的投入。"只有在保证恢复的前提下，负荷产生的疲劳才有价值。高度重视运动恢复成为田径运动训练的发展趋势，运动恢复已经成为田径运动不可缺少的组成部分，也是田径运动训练的一个重要内容。

运动恢复在现代竞技体育中不再是简单的休息和营养，而是包含了一系列复杂的恢复手段和器材。目前国内外学者专家都很重视这方面的研究，它不仅能提升运动训练效果和竞技水平，更能够延长高水平运动员的运动寿命。

一、田径运动恢复理论的依据

（一）对运动恢复的理解

运动恢复是指运动员在接受运动负荷及其他环境因素作用后，由于身心能量的暂时减少，诱导机体不断地与环境进行物质、能量和信息的交换，从而再合成新能源，不断提高身体机能和运动能力的过程。

运动恢复是训练持续的基本保证，甚至可以说没有恢复就没有训练水平的提高。各国优秀田径运动员，都是在承受大运动负荷的同时，不断寻找和尝试着各种积极显著的恢复手段。而恢复方法大多不易被人注意，但却常常成为许多人取得成功的"秘密武器"。

在体育运动结束后，人体的各种机能活动仍处于较运动前高的水平，必须经过一定时间才能逐渐恢复至原有水平，这一变化过程即为恢复过程。各种机能并不是在运动后才开始恢复，实际上运动员在运动时，随着能量物质分解后的再合成即已开始恢复，只是此时组织细胞中的消耗超过了恢复。运动后，消耗停止，人体恢复过程加强，直至彻底恢复。恢复过程中，依人体内能量物质的消耗和恢复的关系，可分为运动时消耗占优势的阶段、运动后的恢复阶段和超量恢复阶段。研究和掌握恢复的规律，并有针对性地运用到实践中去，对于保证训练质量，提高运动训练成绩具有重要的意义。

运动恢复不能简单地理解为让运动员得以充分地休息，恢复的目的主要是消除疲劳，并使人体机能水平得到保持和提高。

（二）运动性疲劳

1. 运动性疲劳的定义

运动性疲劳是特别复杂的一个多层次问题，对其的研究已有一百多年的历史。《辞海》中疲劳的解释是持久或过度劳累后造成的身体不适和工作效率减退的现象。《运动生理学》对运动性疲劳的定义为：由于运动而引起的运动能力和身体功能暂时下降的现象。在1982年的第五届国际运动生物化学会议上，运动性疲劳定义为：机体的生理过程不能持续其机能在特定的水平上或不能维持预定的运动强度。这一定义得到了国内外许多专家、学者的认可，并被广泛采用。引起运动性疲劳的原因是运动，运动能力的下降是暂时的，经过休息可以恢复，所以疲劳是一种正常的生理现象，是运动到一定阶段必然出现的一种生理功能变化。研究疲劳的目的就是为了在运动中延缓疲劳的出现以及运动后尽快地消除疲劳，促进恢复过程，提高人体竞技能力。根据运动者的主观和客观感受，可分为生理疲劳和心理疲劳，前者可以通过较客观的指标反映，后者则侧重主观感受，两者既有差异，又有较大的相关性。

2. 运动性疲劳产生机制

经过一个世纪的研究发展，对运动性疲劳产生机制的研究不断深化，至今对运动性疲劳产生的机制最具代表性学说有如下几种：

（1）能量耗竭学说：认为运动性疲劳主要是在运动过程中体内的能源物质（ATP、CP、肌糖原、肝糖原等）耗尽，而又得不到及时的补充。

（2）代谢产物堆积学说：认为运动性疲劳主要是由于运动过程中某些代谢产物（乳酸、氨等）在体内大量堆积引起的。

（3）内环境稳定失调学说：认为疲劳是由于 pH 值下降，水盐代谢紊乱，血浆渗透压改变等因素引起的。

（4）保护性抑制学说：认为运动性疲劳的产生是由于大脑皮层产生保护性抑制的结果。短时间、大强度运动时，大量兴奋冲动向大脑皮层相应的神经细胞传递，神经细胞长期兴奋导致消耗过多时，便产生保护性抑制。

（5）突变学说：认为疲劳是肌肉收缩控制链的三个组成部分（能量供应、肌肉力量、兴奋收缩偶联）中一个或几个环节的中断与破坏产生的。

（6）自由基损失学说：认为疲劳的产生是由于体力活动尤其是急性大强度运动时体内自由基产生增加，并且形成链式反应引起膜结构等损伤引起。

随着对运动性疲劳产生机制的深入研究，促进了我们对运动性疲劳的认识。如果有针对性地采取相应措施，就可延缓疲劳的出现，或加速疲劳的消除，提高运动能力。

3. 运动性疲劳的诊断

科学地判断运动性疲劳的出现及其程度，对合理安排训练有很大的实际意义。然而，疲劳的表现形式多种多样，引起疲劳的原因和部位也不尽相同。目前还没有一个准确的判断疲劳的方法，应作综合评价。下面介绍几种常见的简易方法。

（1）观察法，即观察运动员的反应，通过询问、观察对象的自我感觉和其某些外部表现来判断疲劳的程度。

（2）生理指标测定与判断

①小腿围，长距离跑或竞走后，由于下肢血液滞留及组织液增多，可使小腿围增加，其增加与疲劳程度成正比。

②体重，长时间运动时泌汗增多，体重下降，其降低程度与运动量的大小密切相关。

③肌力，可测定握力、背力和腿力，早晚各测一次，或运动前后测，观察其

差数及恢复情况，如次晨已恢复可判定为正常的肌肉疲劳。

④脉搏，可测定晨脉或运动前、运动后和恢复期的脉搏，来判断疲劳情况。脉搏频数增加的程度与疲劳程度成正比。

⑤呼吸肌耐力测定，可连续测 5 次肺活量，每次间隔 30 秒，疲劳时肺活量逐次下降。

⑥反应时，短跑、跨栏运动员神经反应快，灵活性高，疲劳时反应时延长。

⑦皮肤空间阈，测定皮肤对两点的定位感觉。运动后疲劳时触觉机能下降，运动后较安静时大 1.5 倍以上为轻度疲劳，2 倍以上为重度疲劳。

（3）生化指标测定与判断

常用指标有血红蛋白、血乳酸、血尿素、血氨、尿蛋白、血睾酮等，通过对这些生化指标的测定可以了解身体对负荷量和强度的适应情况和疲劳程度。

（三）超量恢复原理

超量恢复原理是目前我国运动训练的重要基础理论之一。在训练中，该原理已经被广泛认同和接受，成为经典的竞技体育基础理论和训练的原则之一。

在运动时被消耗的能源物质不仅能恢复到原来的水平，而且在一段时间内还出现超过原有水平的现象，称为超量恢复。超量恢复是客观存在的规律。超量恢复的程度和时间取决于消耗的程度，在一定范围内肌肉活动量越大，消耗过程越剧烈，超量恢复也越明显，这也是训练时要求"超负荷"，即超过已适应负荷的原因之一。如果运动负荷过大，超过了生理范围，恢复过程就会延缓。运动实践证明，运动员在超量恢复阶段参加训练和比赛，能提高训练效果和创造优异竞赛成绩。

1.超量恢复原理的提出

超量恢复原理是由前苏联学者雅姆波斯卡娅提出来的。她的研究证明：在适宜的刺激强度下，运动肌糖原消耗量随刺激强度增大而增加；在恢复期的一个阶段中，会出现被消耗的物质超过原来数量的恢复阶段，成为超量恢复；超量恢复的数量与消耗过程有关，在一定范围内，消耗越多，超量恢复效果越明显。

此后，"超量恢复"原理逐渐得到运动生理、生化和运动训练界的广泛认同和接受，被大量研究课题、学术论著以及课程教材所引用，成为指导运动训练的"经典基础理论"。至今超量恢复原理仍然在运动生理、生化和训练领域有重要的位置，并由此提出了肌肉活动时消耗物质的超量恢复原理和运动后恢复期物质恢复的异时性原理。

2.超量恢复与运动训练

从运动训练目的上讲，运动负荷过程不是训练的目的，它只是竞技能力增长的必要前提条件，而竞技能力的增长最终实现于训练负荷终止后的恢复过程之中，恢复不仅是为了补偿负荷消耗的那部分能量，以求保护机体内环境的相对平衡，更重要的是达到尽可能大的超量恢复，以求获得更多的物质再生。

超量恢复是提高人体能力的生理机制，机体通过不断增加训练负荷来产生超量恢复，逐步提高竞技能力。"超量恢复理论"的确立，不仅作为人们解释运动训练效果的理论基石，而且成为指导训练实践和制订训练计划的重要依据。正确运用超量恢复原理，能使身体锻炼、训练的效果更佳；在一定生理范围内，可以最大限度提高人体机能和健康水平；不同性质的身体运动，可以引起不同营养物质和机能的超量恢复。

随着现代科学恢复手段的日益发展，掌握不同能源物质产生超量恢复时机更加准确。如表 4-6 是机体几种重要能源物质的恢复时间。了解运动后能源物质的恢复时间，可以在安排运动负荷时，采取相应的负荷结构，合理安排间歇休息时间，控制负荷节奏，使负荷安排更加合理化。

表 4-6　力竭运动后的能源物质恢复与乳酸消除的时间

恢复和消除过程	恢复或消除时间	
	最少	最多
肌肉中磷酸原（ATP 和 PC）恢复	2 分钟	3 分钟
氧合血红蛋白恢复	1 分钟	2 分钟
肌糖原恢复	10 小时	46 小时（长时间运动后）
	5 小时	24 小时（间歇运动后）
肌肉和血中乳酸的消除	30 分钟	1 小时（运动性恢复）
	1 小时	2 小时（休息性恢复）

二、运动恢复的方法

崔越莉通过对教练员与运动员多次座谈、问卷调查了解到，目前教练员与运动员缺乏运动恢复的理论知识，没有很好地利用运动间歇时间进行积极性休息和心理调适；赛前不注意心理训练和精神压力的缓解，有时注意到了方法也欠佳；采取的运动恢复手段较片面，只重视肌肉的恢复和肌肉酸痛的缓解，如做一些相互之间的按摩，缺乏"以人为本"的全方位的恢复措施等一系列问题。

现在运动恢复理论是生物、教育、心理、社会一体的系统恢复新理论。因此，关于运动恢复的方法，我们应从生物性恢复、教育学恢复、心理恢复、社会性恢复四个有机结合的整体去论述，不能像过去一样只是关注训练与竞赛后身体的生物性恢复，而忽视教育、心理、社会对运动员恢复的重要作用。

（一）充分利用教育学手段加强恢复

教育学恢复是指在运动训练过程中，针对训练的目的与任务，合理安排训练内容、训练手段、运动负荷、恢复时间、恢复方式等，以促进恢复过程的方法。

教育学恢复措施在恢复问题上占有中心位置，这种恢复措施是通过科学的安排训练来促使恢复工作。在安排计划时，教练员根据运动员的身体状况制订训练计划，合理地安排运动负荷，严格掌握每一练习的强度和间歇时间。这样既有利于其消除疲劳，又不影响训练的质量。

注重训练手段多样化，以避免单调产生的厌倦和疲劳，提高运动员训练的兴趣，使运动员在训练中总有新奇感。既有一定的负荷，又有简短的调整和休息恢复时间，从而促进运动员较好地完成训练任务。

大强度训练后，采用逐渐降低强度的身体整理练习，来促进身体机能恢复到练习前的水平。在训练课中穿插一些轻松愉快、富有节奏性的练习促进恢复。据报道，目前一些体育强国正在设法改变训练结构，诸如浓缩每次课的训练内容，加大训练强度，缩短一次课的训练时间，延长两次课之间的间歇时间，加强两次课之间的休息和身体恢复手段及措施，使运动员在头一次课中的疲劳基本上得以消除，从而保证了下次课的训练质量。

（二）充分利用心理学手段加强恢复

当今的田径运动除体能与技术上的较量外，更重要的还是一场心理大战。根据科学研究证明，运动员心理能量的消耗是机体消耗的4~5倍。解除心理方面引起的疲劳要比消除躯体性疲劳耗时长，而且，人体最容易产生疲劳的部位就是中枢神经系统。训练和比赛后，采用心理调整措施恢复工作能力，能够降低神经精神的紧张程度，减轻心理的压抑状态，加快恢复消耗掉的神经能量，从而对加速身体其他器官系统的恢复产生重大的影响。

无论是在训练还是在比赛过程中，心理能量对运动员体能的发挥都起着关键作用。有效的心理恢复可以让运动员知道并克服训练中的困难，提高运动员的抗干扰能力，帮助运动员专注于当前的训练比赛，消除对往事的回忆和未来设想的干扰，即消除"想赢怕输"的心理和恐惧心理等，动作完成得更准确，对内部和外部刺激的反应更快、更有力，继而达到最大工作能力和最佳训练效果。

（三）充分利用生物学手段加强恢复

生物性恢复，主要是身体机能和体能上的恢复，目的则是提高体内细胞代谢水平和为体能再增强提供物质基础。

当前田径运动训练，要求运动员以最快速度、最大强度来完成训练任务，因此，能量物质消耗很快，肌肉、呼吸等身体器官都很容易疲劳，因此生物性恢复是必需的。运动后的恢复过程是储备能量、提高机能的过程。运动后，为了尽快恢复并超过原有水平以加强训练效果，取得优异成绩，应在生理上促进身体机能的尽快恢复，使运动员能在今后的训练、比赛中，体力充沛，确保训练的质量。

目前生物性恢复是应用最为广泛的恢复手段，主要采用医学、营养学等学科的方法手段，来促进身体机能的恢复。在促进机体工作能力提高、防止因身体负荷产生各种不良后果的恢复措施中，医学恢复措施占有特殊的地位。营养是提高工作能力和加速体能恢复的主要因素之一，因此在运动员的膳食中补充所消耗的能量，需要注意各种营养素的合理搭配。

（四）充分利用社会学手段加强恢复

社会性恢复是以信息为交换手段，通过改善运动员的社会关系、人际关系，优化学习、训练和生活环境等社会作用来促进运动员身心恢复的特殊恢复。通过社会性恢复，可以使运动员朝着有利于形成理想的竞技状态和提高综合素质的方向发展。社会性恢复将个体与群体协调起来，作为社会的优秀运动员不能远离社会甚至对抗于社会，也不能让社会适应自己，否则是要受损失的。社会性恢复就在于理顺这种关系，使人体恢复的需要与社会需求趋向吻合，以避免产生严重的社会心理紧张。不良的社会环境和社会舆论，会影响运动员的身心健康和恢复，甚至会过早地结束其运动生涯。在国内高水平运动队伍中，因运动个体与教练、与队员、与管理人员的关系紧张和矛盾冲突而影响恢复，甚至离队的事件时有发生，其教训不可忽视。如篮球队开除王治郅、跳水队开除田亮等几起社会上有争议的事件。目前"刘翔退赛"事件影响很大，对于他的恢复不仅是身体伤病的恢复，更重要的是社会性恢复。

综上所述，作为完整的恢复过程理论应是生物、教育、心理、社会系统的理论体系。系统性恢复是运动员在提高运动成绩的重要手段之一。实践也充分证明，解除心理或社会方面引起的疲劳要比缓解生理的疲劳所需要的时间更长。因此，在恢复过程中绝不可忽视心理恢复和社会恢复的积极作用。

三、提高运动恢复效果的建议

实践证明，要成为田径场上的优胜者，一个主要原因是具备良好的体能，体能的好与差，要看营养补充是否到位，恢复措施、恢复手段是否合理。但目前普遍存在着忽视恢复和疲劳消除的问题，这个问题不解决，运动员运动成绩的提高就会受到很大的影响。因此，把训练中的恢复和疲劳的消除作为训练的一个重要组成部分认真抓好十分重要。长期以来，虽然不少专家对大运动量训练后的恢复问题进行了大量的研究工作。在现实中，实质的问题是使恢复措施与运动训练有效地结合起来，从而达到提高竞技能力的目的。

在查阅恢复理论的文献资料，总结前人对恢复手段的分析与要求的基础上，对运动恢复进行重新认识，为提高运动恢复效果提出以下建议：

1. 认识运动恢复的系统性

运动恢复要从运动员的生理、心理、社会和教育多维角度实施恢复手段，使运动员身体、情绪、智力、精神和社会等方面都达到全面恢复。如：体能保持高水平、情绪保持稳定状态、大脑保持活跃状态、精神压力保持适应状态，并具有和谐的人际关系和实现角色。先前人们对恢复的认识偏重于生物学的研究。随着社会的进步、田径运动的发展，心理恢复、社会恢复等也成为运动恢复的重要组成部分，促进了田径运动水平的进一步提高和运动员个性的全面发展。

2. 提高运动恢复的计划性

将全部运动恢复手段纳入田径运动训练计划中，并按计划合理执行，作为训练原则和手段之一，将运动恢复看成与运动训练同等重要。

做到这一方面主要是提高田径教练员对运动恢复过程的认识，将运动恢复作为运动训练的一个有机组成部分。在制订训练计划与实践过程中，应根据各项目的专项特点，合理设计和采用各种恢复手段，这对于保证训练质量和提高运动成绩有着不可忽视的作用。

3. 把握运动恢复的差异性

在制订训练计划、进行实践训练和比赛后，采取恢复手段时应尽可能根据每个运动员的具体情况，如年龄、性别、项目特点、身体素质的差异、运动训练方式、负荷情况以及运动员的身心个性特点和运动员自身的生理、心理调节功能等实施合理的恢复手段。

4. 重视运动恢复的持续性

运动恢复手段应贯穿于运动训练和比赛的前、中、后，乃至运动员日常生活的全过程。在训练课后及训练的次或组间歇期进行积极性休息，调节情绪，能降低因运动而引起的肌肉酸痛的程度，避免因枯燥乏味的训练内容产生疲劳，以提高身心能量储备，达到健康训练和比赛的目的。

在运动恢复的研究上，很多文章主要针对运动训练后的运动恢复，强调运动训练后恢复的重要性，而忽略了在训练前、训练中运动恢复对运动员提高训练效果的重要性，在以后的训练中我们应重视运动恢复的持续性。

第五章 田径运动训练的管理

第一节 田径运动训练管理概况

一、管理的内涵

运动训练是竞技体育的重要组成部分，是提高运动员技术和成绩的最主要手段。运动训练是通过对从事竞技体育的运动员在思想、体质、技术等方面的不断改造，而使之具备比赛竞争实力的一个过程。运动训练管理是运动训练管理者以运动训练规律为核心，以提高运动员成绩为目的，对资源进行不断的调度。运动训练管理的各种定义的核心都在于通过对于资源的调度进而提高运动员成绩上，因此我们可以将田径运动训练管理定义为，为了提高田径运动员的成绩，而对影响运动员成绩的各种资源和因素进行调配、使用。田径运动训练管理是运动训练管理系统中的重要组成部分，目前学术界并没有统一的认识，但是它是通过对从事田径运动员的有效控制，来达到不断提高运动员成绩的目的。

一个国家运动训练管理运作方式受当地社会政治、经济、文化等各种因素的影响。不同性质的国家往往运动训练管理的运作方式也是不相同的。我国目前运动训练管理运行方式的类型主要有政府主导型、社会主导型、结合型三种。政府主导型运作方式是计划经济时代的产物，那些市场化程度较高、缺乏群众基础的运动项目，比如体操、举重、田径等主要采取这种运作方式，该运作方式的优点在于能整合一切国家的力量，促进体育运动的发展，能够对于体育进行积极的调控。社会化的运作方式主要是依靠社会的力量来进行运动项目开展，目前在我国主要是以职业俱乐部的形式来进行，目前在我国采用社会化办体育最具代表性的运动项目是足球、篮球。这种管理运作方式的优点在于项目的运动训练中能够得到社会的支持与赞助，减轻国家的财政负担，同时有利于体育资源的优化配置。结合型的运作方式不仅保留了计划经济体制下专业运动队的部分特征，同时具备职业俱乐部的一些特征，比如我国乒乓球俱乐部"双轨制"就是结合型运作方式的代表。它不仅能够充分利用社会的力量来发展我国的乒乓球事业，还保证了我国乒乓球在国际上的国际地位和优势。

目前，我国田径运动训练的管理运作方式主要是政府主导型的运作方式，这是由于目前就我国而言，田径运动很难进行社会化的运作，很难在自身的发展中有效地吸收社会的资金和帮助，因此，为了田径运动训练的开展，必须采取国家大力扶植的方式，采用政府主导型的方式，但是政府主导型的运作方式存在着许多的弊端，它不仅加重了政府的财政负担，而且在运动训练中不利于调动运动员的积极性。同时由于我国政府主导型的运作方式，导致运动员参赛机会大大减少，参加比赛的运动员往往只是集中在几名运动员之间。在今后我国的田径运动训练中，应该走结合型和社会型的道路，这不仅能够调动运动员的训练积极性，还能减轻政府的财政负担，有利于我国田径运动项目的发展。

二、运动训练管理系统及组成因素

系统分为自然系统与人为系统两大类，运动训练管理系统属于人为系统，它由管理者和被管理者两部分组成，它是以运动员的成绩为核心，以科学为指导的具有明确目标的人为系统。如图 5-1 所示。

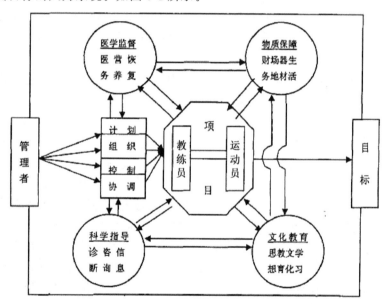

图 5-1 运动训练管理系统模型

从图中我们可以看出，组成运动训练管理系统的因素主要包括人、财、物、信息 4 个部分。这里的人不仅仅是运动员，还包括教练员、医生、行政工作人员、科研人员等等。这里所说的财主要指运动训练、比赛、场地建设与维护等所需要的资金，它是保证运动员正常训练的基础。物主要是指田径场地和田径器械，为了最大限度地发挥器材的作用，必须做到合理规划，科学管理。信息是指运动训练系统必须根据。

三、田径运动训练管理的特点

如图 5-1 我们可以得知，田径运动管理是一个复杂的人为系统，构成该系统的各种因素都具有多样性，因素的多样性决定了田径运动训练管理的多种特点。

（一）系统性

系统训练是田径运动训练最显著的特点，它是指田径运动员从开始从事基础的田径训练到达到职业生涯的高峰，再到退役的整个过程，为了保证其竞技水平，运动员必须保证训练的系统性。

（二）全面性

伴随着科技的发展，影响田径运动训练效果的因素越来越多，比如为了提高田径运动员的成绩，仅仅依靠刻苦的训练是不可行的，它要结合医学、心理学、力学、统计学等各个学科，因此，在管理中必须统筹兼顾，掌握运动训练体系的特征。

（三）动态性

田径运动员成绩的变化，不仅仅受到自身训练效果的影响，也深受外界条件的影响，比如，竞赛规则的改变，场地、器械的变化，竞赛中组别的差异等。

第二节 田径运动训练相关管理研究

一、田径运动训练的管理内容

（一）田径项目管理

1. 项目训练管理决策分析

目前，我国田径项目管理的运行方式有很多种，有体校的独立运行管理、专业队与高校合作运行模式，以及国家负责的运行模式等。伴随着我国体育体制的改革，我国部分省市的体工队与体校进行了合并，比如说北京先农坛体校的前身就是北京市体工大队。山东省体校虽然与山东省体育学院进行了合并，但是山东体校的在人事安排、运行机制等方面仍然是独立的运行。

传统的竞技体育管理决策最初主要采取经验的方法，并且主要是依据教练员、管理者自身的经验，但是，伴随着社会的发展，科学技术的不断创新，采取经验决策暴露出越来越多的问题，因此，采取科学的决策方式来代替经验的决策，实现竞技体育管理决策从经验到科学的转化，已经成为社会发展的需求。

要改变田径训练管理者的决策方式，田径项目训练管理者首先要认真学习体育领域内的基础知识和管理学的基础知识，对于田径的发展有预知的能力，其次，要注重理论与实践的统一，对于我国田径的优势项目要重点培养。

为了提高决策的科学性，我们不仅要在决策过程中遵循决策的规律，还要根据当时的实际情况，确定决策的主要方案。因此，从事田径运动训练的管理者必须敢于创新，以建立更加合理有效的决策模型。

田径训练管理决策的科学性，是建立在严格的科学分析的基础上的，并且需要借助各种新技术。一个从事田径训练的管理者，必须意识到这点，才能够逐渐转变决策的方式。因此，我国田径运动训练的管理，必须采取优胜劣汰的竞争机制，树立长远的田径发展战略观，不能仅仅看到眼前的利益。

为了不断提高我国田径运动的水平，首先必须制订科学、合理的目标，并不断提高决策的科学性。深化田径运动训练的管理模式，提高科研水平，建立起符合现代体育发展的管理模式和运行机制。为了不断地提高田径运动训练管理者的能力，不仅要调动全社会的力量为我国田径运动的发展做出贡献，还需要不断总结经验，并且不断改进。

2. 项目训练设置与管理

运动项目设置是指在我国现有的经济条件基础上，根据各个地方的实际情况，有效分配资源，结合地区特点与项目特点来进行项目的开展与发展。

优势项目是指在该项目为该国家或地区比较具有竞争优势的项目。优势项目是指它必须为该地区在大型比赛中连续获得优异的成绩，而不是断断续续的。

表 5-1　我国部分省市田径优势项目

省份	优势项目	我国优势项目
北京市	短跑、中长跑	——
天津市	投掷、跨栏	跨栏、跳高、远跳
河北省	投掷、短跑、中长跑	投掷、中长跑、马拉松
山东省	中长跑、短跑、跨栏、全能、竞走、马拉松	——

从表 5 我们可以看出，各个省份已经形成了适合本地区发展的具有优势的田径项目，同时各个地区的田径优势项目与我国的优势田径项目相一致，但是经过专家访谈发现，我国目前在田径项目训练设置与管理上仍然存在着许多的问题。

（1）在田径项目的设置上，部分省市的田径训练已经转移到了学校，同时田径传统强校对于田径长期的规划和人才的培养考虑不周，逐渐形成了缺项、漏项、优势项目不突出等问题，再加上基层田径教练员水平较低，向上输送的运动员往往不符合要求。

（2）在招生管理上，由于各个田径训练基地大都比较封锁，不同区域田径运动员除了在比赛中能互相交流以外，很难得到更多的交流机会，这导致基层许多优秀的田径苗子很难被上层教练员所发现，许多优秀的田径苗子被埋没。

（3）我国经济体制的转型，使得我国田径运动员培养的模式越来越多样化，省体工队可以直接到体校、中学招收体育人才。同时，国家体育总局也把田径优势项目有计划地分配到各个省市，采取重点扶持的方法，加快优势项目的发展，这种优势项目的培养方式，在一定程度上造成了我国田径人才的流失。

为了不断完善田径高水平运动员培养的模式，不断提高我国田径运动的水平，国家体育总局先后在全国范围内建设了一批田径高水平运动员培养基地，其中，山东省体校的铅球、撑竿跳高、铁饼、跳高等项目入围。

高水平运动员培养基地依托当地学校，在当地体育局的具体领导下，国家体育局田径管理中心组织专家监督小组，负责监督高水平运动员培养基地的管理与运动员的选拔、训练以及物质的保障。通过高水平运动员培养基地的建立，不仅能够调动各个训练组织单位的积极性，更能促进管理的专业化、规范化，有利于我国田径运动的发展。

3. 竞赛管理制度分析

体育最基本的属性就是运动，而运动最大的魅力就在于竞技。运动训练和竞赛是竞技运动的最重要的组成形式。从一定的意义上讲运动竞赛是竞技运动最精彩、最活跃的表现形式，是体育运动最具有挑战性、最富生命力和最有凝聚力的关键环节。

运动竞赛是指各种体育项目比赛的总称，它是在裁判主持下，依据统一的规则进行个人或集体之间的体能、技能、心理和智能的相互比赛。运动竞赛是以运动项目为基础，以战胜对手取得胜利为目的的。

运动竞赛制度是指为了确保运动比赛能够顺利正常地开展而制定的相关法律法规，它是竞技体育制度中最重要的部分。良好的运动竞赛制度，不仅能够激发人们从事竞技运动的积极性，而且能够为我国竞技运动的发展提供一个良好的环境。良好的运动竞赛制度，能够调节各种体育资源、实现项目布局的合理性，是取得竞技体育效益最大化的必要保证。

根据实地考察法和专家调查法发现，目前我国田径运动员参加的国际比赛主要有奥运会、世锦赛、亚运会、国际田联大奖赛等，参加的国内比赛主要有全运会、全国田径竞标赛以及各省市的运动会。然而，每年的田径单项集训赛和非正式赛事较少，在训的田径运动员参加比赛的机会较少，运动员缺乏比赛的机会，与教练员认为合理的比赛次数相差较大，同时，部分训练队往往因为资金问题无法参加一些比赛。运动与参加竞赛次数的不足，严重影响了运动员训练的积极性。

另外，大多数教练员认为我国目前的竞赛制度仍需要进一步的完善，一方面要增加竞赛次数和集训次数，使具有潜力的运动员得到更多锻炼与展示自我的机会，积累比赛经验，通过比赛不断改进运动技术的不足，另一方面，项目设置的不合理，导致教练员对队员的成绩要求过高，忽略了青少年生长发育的特点，目前我国的这种赛制，不利于我国田径后备人才的培养。聂惠敏、马祥房指出，我国目前的竞赛制度还存在一些问题，赛事改革的核心增加是要增加比赛的类型和数量，并不断提高比赛的效益，因此，对于经济效益好的项目应该在政策上有所倾斜。

（二）场地管理

场地管理是根据现有的场地资源合理分配，进而提高场地使用效率的一个过程。伴随着社会的进一步发展，体育场地的运营方式也将产生新的变化，需要通过改变运营方式来提高经济效益和社会效益。

1. 场地质量分析

体育场地的质量是保障运动员进行正常训练的基础，是衡量一个国家经济、科学技术发展水平的重要指标，搞好体育场地的质量对于运动员训练极其重要。

伴随着社会的发展，我国的体育场地设施有了很大的改观，特别是北京奥运会、广州亚运会的举办，对于我国体育场馆的发展起到了进一步的推动作用。目前我国的体育场馆已经有 60 多万个，同时为了提高运动员的训练水平，我国还新建了 20 多个现代化的训练基地，极大地改善了我国运动训练的硬件设施。

体育场地的质量是城市文明建设的重要组成部分，高质量的体育场地设施对于体育场地的持续利用、场地的保养等问题起着关键的作用。近些年来，伴随着人们健康意识的提高，场地设施的质量问题越来越受到社会的关注。我国目前的体育场馆中，投资大、质量高的场馆较少，绝大多数都是投资少、规模小的场馆。我国的场地结构不合理，严重影响着我国田径运动训练的发展与运动员成绩的提高。

从我国目前竞技体育的发展状况来看，我国现有的体育场地设施，与发达国家相比仍然有很大的差距，在一定程度上无法满足人们的需求。因此，我们必须科学、合理地使用田径场地设施，最大限度地提高场地的使用效率。

2. 场地训练使用分析

目前我国的田径场地除训练使用外，部分体育场还承担着比赛的责任，但是如何在训练与比赛之外提高场地的使用效率，做到合理使用资源，避免资源的浪费，是目前田径场使用必须要解决的问题。目前我国的田径体育场在运营中的问题主要在于场地布局的不合理，我国田径场地的开放和运营成本较高，但是经济效益低下，资金不足，投资大，回报期长，维护成本高，田径场地管理水平低，配套设施服务及经营水平低。我国的田径场地大多比较注重场地本身，但是对于场地的配套设施和服务设施方面没有得到重视。

近些年来，我国的教育得到了很大的发展，伴随着大学的扩招，体育训练场地和器械也得到了极大的改善，但是我国目前学校的训练场地仍然十分紧张，在各省备战全运会期间，许多省队二线队员训练的时间都调整给了一线队员。

因此，要提高田径场地的经营效率，必须首先制定完善的田径场地的经营管理政策法规。同时要合理科学地规划田径场地的布局，加强多功能体育场地的开发，做到一馆多用，同时还需要开拓新的体育场馆建设的融资渠道，在管理中引进专业的体育管理人才，进而提高田径场地的利用率。

（三）教练员的管理

教练员是运动员最直接的指导者，他们不仅承担着提高运动员成绩的任务，同时，对于运动员心理发展起着重要的作用，一个国家的体育竞技水平的高低，和教练员有着很大的关系，教练员的教育水平关系着运动员的训练水平，也直接决定了运动训练质量的提高。因此，建立完善、科学的教练员培训、考核、任用制度才能调动教练员工作的积极性，提高运动训练管理的工作。

1. 教练员的来源方式

教练员是运动训练最直接的管理者，对于运动员运动训练的效果起着决定性的作用，我国教练员的来源主要由以下几个方面：

（1）优秀的退役运动员

这是我国补充教练员的主要方式，以此途径来录取的教练员对自己的专项有着极大的认识以及丰富的执教经验。同时教练员本身也有着丰富的参赛经验，对于运动员的心理有着深刻的简介，但是通过这种方法补充的教练员，大多从小从事体育运动，自身文化素质较低，缺乏深厚的理论基础。

（2）专业运动学校的体育毕业生

这种方法选拔的运动员往往理论知识丰富，对于专项领域内的各种知识有着深刻的了解，但是，通过这种方式选拔出来的运动员往往自身没有很突出的成绩，很难得到运动员的认可。

（3）外籍教练

对于部分运动训练项目来说，由于我国自身实力的限制，选择外籍教练确实是不错的选择，但是，选择外籍教练往往成本较高。目前，我国田径训练的教练大多是我国优秀的退役运动员，这类教练对于自身的专项有着自己独特的见解，并且由于之前做过运动员，因此对运动员的各个方面都有着不同的了解和认识。但是，我国的田径教练员，由于体制的问题，大都从小从事田径训练，对于体育专业知识了解得较少，多是凭借自身训练的经验，所以很难创造出新的体育训练模式。

2. 教练员的考核制度

教练员的奖励制度是提高运动员基本素质水平的重要方法，也是对教练的一种管理和监督方式，主要根据教练员的工作能力，业务熟练程度，知识等作出评价。

在进行教练员考核的同时，我们还需要引入竞争机制，使教练有风险意识，明确自身的职责和作用，同时不断地学习国际最先进的运动训练理论，从而提高我国的教练员的整体能力。对于教练员的激励要采取短期激励和长期激励相结合、物质激励和精神激励相结合的方式。

3. 教练员的培训管理分析

教练员业务培训是目前我国运动训练管理的发展趋势，也是由我国教练员的来源方式所决定的。另外，竞技运动的发展必须有高水平的教练员作为保障，同时教练员的培训也是我国体育事业发展的一项战略任务。但是，从目前的状况来看，还有许多的教练员不能很好地适应现代竞技体育的发展趋势，在体育专业知识、管理能力等方面都有很大的差距。因此，加强我国教练员的培训工作，是我国体育事业发展的重要任务。

对教练员的业务训练应该更加注意一些问题。首先，业务学习是为了提高他们的专业知识和管理能力，要从我国教练员的实际情况出发并结合世界运动训练的发展趋势。其次，要建立完善的教练员培训体系，使教练员不断地提高自身，做到善始善终。

（四）运动员的管理

在我国的田径训练中，运动员的角色是一种重要角色。第一，体现了运动队对运动员的重视；第二，在运动训练管理上，运动员是主要的参与者。运动员的管理分为选材管理、学习管理、训练管理三个方面。

1. 运动员选材管理

在体育界中，尤其是在竞技体育中，运动员的选材是获得好的比赛的重要环节，教练员对运动员的运动天赋必须有一定的了解和认识，成功的选拔是培养优秀运动员的保障，也是运动员在国家训练上的重点和延续。

在运动员的培养上，教练员以及科研人员对运动员的鉴定有着极大的帮助和认识，同时也有利于运动员在不同项目上发挥自己的优势和特长。通过对有关专家在田径运动训练管理上的调研，可以看出，主要体现以下几个方面：

首先，田径队的主要领导以及教练员、工作人员的认识度不同。优秀运动员的选拔以及成功培训关系着我国田径运动成绩的提高以及整个田径队的管理和利益。如果选材存在一定的问题，将会影响以后的成绩，同时不会给国家带来一定的荣誉。因此，必须加大领导和教练员的素质的管理，才能保证获得优秀的运动员。

其次，在运动员的选材过程中，田径队教练员以及工作人员都有一定的权力。教练员对运动员的选材有一定的主导性作用。比如，一个运动员被教练员看好，在招生指标中，以及在运动训练上，都会给予极大的便利，也会优先录取。

综上所述，运动员的选材是整个田径运动队管理的重要环节，但在选材的过程中，也存在一定的问题。第一，选材生源狭隘，由于我国具有三级体系的培养，非常多的优秀运动员在培养中，受到当地的保护，优秀的运动员很难走出来，因此在运动员的选材上，优势越来越不明显。第二，各省市对优秀的田径运动员竞争比较激烈，对于优秀的运动员争夺更加激烈。因此为了保证各地区的利益及名声，各地区加大了对田径运动队的投入，从而陷入了很多优秀的运动员走出来的困境，很多基层的教练员不愿意把运动员送走，以至于很多运动员没有得到好的教育，失去了很多机会。第三，通过调查发现，现在参与体育运动项目的人数越来越少，尤其是竞技性体育项目，主要是由于俱乐部对田径运动员的训练和管理方法不恰当，指标不理想，没有真正实现运动员选材的目标和任务。

2. 运动员学习管理

田径运动员的管理和教育主要体现在学校的文科教育上，很多高校给予高水平运动员良好的学习环境和条件，解决了很多家庭贫困的运动员不能接受教育的问题。目前高校在田径运动训练管理上，手段和方法比较先进，实行了训练和学习相结合的手段。能够根据每个运动员自身的特点，制订不同项目的和特点的培养计划、考试方案。通过培养方案的分析，田径高水平运动员每天都能拥有不同科目的教育和学习。在田径训练管理上，每天下午进行集中训练，因此，在这样的教育和学习环境中，田径训练队的整体素质较高，也能获得更好的体育成绩，在短时间教学都能够获得良好的收益。

在田径运动队的管理中每个单位的做法都不同，教育和学习的师资配备也存在一定的差异性，田径运动训练管理的体系还不够完善，没有形成一定的体系，没有经验可循，同时在各个地区的田径运动训练没有实行信息相通的局面，从而失去了大量优秀的运动员，也使运动员在学习过程中，存在一定的差异性。同时，目前还存在这样的一个问题，教练员只重视运动员的体育成绩，而不重视运动员文化课的学习，运动员的知识储备不够。可见现在国家对田径运动员的培养以及田径运动训练的管理手段都存在一定的问题。

我们发现运动员的学习观念存在一定的误区，他们的学习主动性不强，没有正确的引导，尤其在单纯的俱乐部中，运动员只是单纯地训练，没有精力和时间进行文化课的学习，或者说文化课的学习只是一种辅助的工具。只有改变这种教学的观点，才能真正提高田径运动队的教学和学习，这也是值得我们思考的问题。

3. 运动员训练管理

运动员的管理计划是为了提高成绩而制订出来的，也是运动员在全面素质发展中重要的体现，是运动训练活动的基本设计，也是教练员和运动员实现优秀成绩的基本方法和途径。

运动员在长期、全面的训练中，可以在不同的激烈的比赛中获胜。因此，在训练的计划中要有全面的体现，这样才能保证训练的科学性、连续性，也是获得优异成绩的重要保障和因素。

二、总结与建议

(一) 总结

1. 田径运动训练管理制度较完善

目前来看，我国田径运动训练管理的制度还是比较完善的，田径项目在管理上也有一定的特色，在田径运动员的学习上，都有独特的管理方法和手段。

2. 田径运动训练的配备较齐全

我国田径运动训练的配备比较齐全，国家体育总局以及各个地区、单位对此都给予了高度重视。同时也十分注重岗位的培训，培训十分正规，田径运动队的教练员、工作人员、管理人员等都有良好的发展，素质较高。

3. 田径运动员选材优势较大

国家越来越重视也越来越注重规范田径项目的管理，每个地区都有自己的地域优势，相关领导和教练员对田径运动员的选材高度重视，人才培养不再单一化，文化课的教育和质量都有一定的提高。

(二) 建议

1. 加强各地区的交流，提高田径运动训练管理

各地区应贯彻国家体育总局的相关方针政策，提高田径运动训练的管理程度，增加他们之间关系，总结出运动训练管理科学的方式和方法，构建优秀的运行模式和人才的培养方式，优化人才的培养，提高运动员的竞技水平，打破以前封闭式的管理，为以后田径运动队的管理及人才的培养能够形成良性的运行模式打下

坚实的基础。

2. 加大教练员的培训，提高运动员选材质量

国家体育总局应该按照田径运动训练管理方法，加大对教练员的培养，提高其素质，这对运动员的选材招生方面都有一定的帮助，在运动员的发展和培养上具有一定的前沿性和操作性。同时制订田径教练员的管理考核制度，避免形式主义的出现，增强自身的学习，形成一定的奖惩措施。

3. 改善运动员的学习环境，提高运动员的素质

各地区应该根据运动员的特点，制订不同项目、不同特点的培养方案和考试制度，加大对运动员文化课的学习，真正实现训练、教育、学习一体化的模式，不仅能够提高运动员的素质教育，也加大了田径运动训练的监督，实现了高素质运动员的转移，建立合理学习、教育、训练的理论体系，形成三级体系的教学模式。

第六章 田径运动科学化训练研究

第一节 田径运动的科学化训练

一、田径科学化训练的含义

卢元镇认为："训练科学化，是指对训练全过程的科学控制，是训练科学、理论、方法和技术在运动训练中的全面、广泛的运用。"可以说其本质是不断加大训练过程的智慧投入，提高其科技含量。训练科学化至少包含以下含义：（1）对训练周期的科学控制；（2）对训练工作的每一个环节的科学控制；（3）对各项训练科学指标的深刻理解和合理使用，对训练经验的合理解释；（4）阐述训练科学综合集成技术的形成；（5）对运动项目的本质即制胜规律的把握等。

现代运动训练科学化的解释：当"化"字表示一个运动过程时，运动训练科学化便是指运用科学理论、科学方法、科技成果和先进的组织管理方式并有效地控制运动训练全过程，进而实现理想目标的动态过程。而当"化"字表示为一个特定的水平时，意味着人们已经能够成功地将科学的理论、方法以及先进的技术应用于运动训练活动的各个方面并能有效地控制运动训练的全过程。田径的科学化训练就是指在田径运动训练中运用最先进的科学理论、科学方法、科技成果和科学的组织管理方式来有效地组织田径训练的全过程，进而实现最高理想目标的过程。

科学化训练的重点就是对训练过程的科学控制。要想对田径的科学化训练有个全面和更加清晰的认识，必须从影响田径科学化训练的指标体系入手。田径科学化训练的主要影响因素的指标可归纳为 4 大类 18 项（见图 6-1）。

二、田径科学化训练的各影响因素分析

（一）科学技术

在当今科学技术飞速发展并向现实生产力迅速转化的时代，科学技术日益成为经济发展和社会进步中最活跃的因素和最主要的推动力量，并不断地渗透到体育运动中的实践中来，科学技术在现代科学化训练中发挥着越来越重要的作用，随着有关体育学科的出现，运动方法和运动技术在逐渐科学的同时，也伴随着运

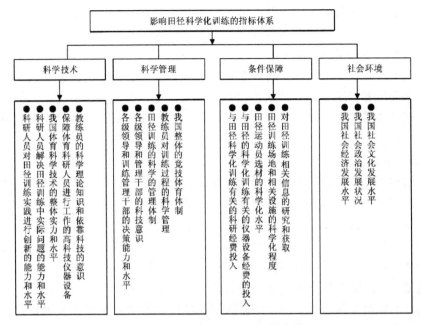

图 6-1 影响田径科学化训练的指标体系

动成绩的大幅度提高。有了科学技术的保障，实施训练的教练员群体素质不断提高，越来越多的科学仪器和训练器材不断地应用到体育运动的实践中来，运动训练监控的指标体系逐渐完善，运动训练过程的组织更加合理。

在文献分析的基础上，通过对专家进行问卷调查能够看出教练员的科学理论和依靠科技的意识、科研人员对田径运动实践进行创新的能力和水平最为重要，依次为科研人员解决田径训练中实际问题的能力和水平，我国体育科学技术的整体实力和水平，保障体育科研人员进行工作的高科技仪器设备。总体上看，专家们认为科学技术的指标因素很重要或比较重要。

(二) 科学管理

泰罗把科学管理概括为：科学，而不是单凭经验办事；和谐，而不是合作；合作，而不是个人主义；以最大限度的产出，取代有限的产出，每人都发挥最大的工作效率，获得最大的成功。由于田径的科学化训练涉及的人员包括教练员、生物学专家、管理方面的人才、医务人员、计算机方面的专家、仪器操作人员、营养学专家等多学科人员，涉及多项科研经费的具体运作，涉及体育器材和设施的良好运用，因此体育科学中的科学管理就是管理者通过计划、组织、监督和调节活动，把实施运动训练的活动的各方面的人、财、物进行合理布局，优化组合，使每个人都发挥出最大的工作效率，做到人尽其才，从而获得最大的成功。可见，科学管理在寻找最佳的工作方法，追求最高的生产效率和用科学的知识来指导运动训练中将发挥越来越重要的作用。但是在田径科学化训练的过程中哪些是影响科学管理的主要因素呢？在归纳分析的基础上，通过对专家们的问卷得以评定，在田径科学化训练的实践中，科学管理的指标体系中教练员对训练过程的科学管理和各级领导和训练管理干部的科技意识最为重要。其他依次为各级领导和训练管理干部的决策能力和水平、田径训练的科学的管理体制、我国整体的竞技体育体制。

（三）条件保障

在运动训练科学化的今天，训练过程的实施仅仅依靠教练员的素质已经无法实现，还需要物质基础。经济基础决定上层建筑，只有经济水平达到了，才能为这些上层建筑的活动提供保障。直接影响运动训练科学化过程的各种物质保障条件大致可以分为三类：一类是场地、设备、训练必需的器材和装备；二是应用于运动训练过程的各种科学技术仪器设备；三是投入到田径科学化训练中的科研经费。对运动训练科学化来说，第一类条件十分必要，它是运动训练活动得以正常进行的基本物质保障条件，应该随着我国经济实力的增强不断使其现代化。但第二类和第三类更为重要，它直接影响着运动训练科学化实践活动的每一步进程，是保证运动训练科学化得以实施的重要前提，也是衡量运动训练科学化程度的重要内容。正是有了这些条件作为保障，才能使田径的科学化训练持续、健康、稳定地发展。通过对文献资料的整理和专家的评定得出的结论是：与田径的科学化训练有关的仪器设备经费的投入比较重要，依次为田径训练场地和相关设施的科学化程度、田径运动员选材的科学化水平、对田径训练有关的相关信息的研究和获取。

（四）社会环境

任何事物的发展都是伴随着政治、文化、经济的发展而发展的。体育也不例外，稳定的政治环境是体育得以发展的前提条件。改革开放以来，我国政治稳定，因此我国的体育事业也取得了较大的进步。经济是体育得以发展的强大动力，改革开放以来，我国经济繁荣发展，这是运动训练科学化得以实施的强大动力。文化是一个国家体育发展的强大精神动力，我国有着很好的乒乓文化，这使得我国的乒乓球在国际上一枝独秀。但是，作为发展人体能力最全面的田径项目却普及程度很低，这就需要我们对田径有一个科学的认识，形成良好的田径文化，积极参与到田径锻炼中来。根据专家评定的结果，在影响田径科学化训练的社会环境类指标因素中，社会经济发展水平影响最大，其次为社会政治和社会文化的发展水平。

三、田径科学化训练的实践途径

田径科学化训练的一个重要特征是科学地控制田径运动训练过程，从而实现训练目标。可见，控制成为科学化训练中的重要概念。在运动训练领域，有两种典型的控制方法：模式训练法和程序训练法。这两种训练方法的应用都采用了闭环式，以主客体的作用方向为依据划分了正向控制通道和反馈调控通道。

纵观运动训练的各个领域，小到运动员的一堂训练课，大到运动员的整个发展规划，都与模型、控制有密切的联系。比如在俄罗斯这种模型化的控制就得到了广泛的应用。无论是运动训练理论的研究还是运动训练实践，都特别注重建立模型，他们普遍强调探索未知事物时可借助仪器，先建立模型，在运动训练过程中要不断调整模型，以提高运动训练的精度为目的，但不能机械地使用，需要不断在实践反馈中校准、优化。运动训练的目的就是要提高运动员的竞技能力，获得优异的比赛成绩。为了实现这一目的，必须对运动员的体能、技能、战术、心理等内容进行科学的控制。只有这些方面在训练中都达到了较高的水平，运动员才有可能获得较好的运动成绩。那么如何实现这种目的？控制论认为是反馈。反馈就是系统把自己活动结果的信息回送过来，并用来调整自己的下一步行动，使自己的行动围绕着某一目标展开。科学化训练就是依据训练目标，细化实现目标的条件，形成模型，通过科学的控制训练过程，趋近于理想模型，从而实现目标。

以此为依据我们创建了田径科学化训练的实践模型，见图 6-2。

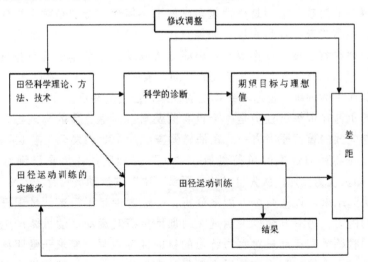

图 6-2 田径科学化训练的实践模型

由此可见，科学化训练的实施就是要以科学的理论、技术、方法等为支撑，通过对训练进行科学的判断，从而形成理想的目标与模型；训练实施者通过分析运动训练的实践结果与目标模型的差距，从而对训练理论和训练方法进行必要的调节，使运动训练的水平接近理想值，通过反馈实现科学训练。

第二节　青少年田径运动的科学化训练

一、青少年田径运动科学化训练的特征

（一）自身优势特征

在对一些青少年田径运动员的随机调查中发现，大概有15％的青少年田径运动员认为自己的技术比较好，26％认为自己的能力强，25％认为自己具有运动天赋，34％认为自己具备其他特点。可见，加强青少年运动员技术训练的比重、提高技术训练的质量是所调查运动员的当务之急。这其中包括各种练习动作、手段的科学化，如对所有的运动员来说举重的基本技术；对投掷运动员来说跑、跳的正确技术等。

（二）训练负荷特征

训练量和强度是构成训练负荷的两个最重要的因素，也是关系到训练效果如何的关键因素，而其中训练强度恰恰又是反映训练质量的更为重要的因素。竞技运动训练其实是一个相当复杂的过程，量、强度以及各种方法手段的组合运用等，都存在着很多的变数，绝不是练得越多越好那么简单，特别是对于那些对速度和爆发力都有很高要求的项目来说，如果只注重数量而忽视强度，那么运动员所训练出来的肌肉收缩速度、动作节奏、供能方式以及技术动作的规范程度等，都会与项目的规律和比赛时的要求有极大的不同。实际上，对有些项目来说，多数量、低强度、低质量的训练不但起不到预期的效果，还会起相反的作用。

训练的负荷在训练过程中是一个重要的要素，训练负荷的合理与否是关系到训练成功与失败的重要原因之一。在抽样调查统计中我们发现，有89.4％的运动员认为自己在实际训练中的负荷量属于"小"的程度；认为自己训练的负荷量"大"的运动员仅为6％；认为自己的负荷量"中"的运动员只有4.6％。

统计研究结果可以从两个方面来分析：一是青少年田径运动员现已具备承受更大负荷的能力；另一方面也说明现在的训练负荷对运动员的机体产生的刺激不够。优秀的教练员和运动员对每项练习的目的性都很强，要求非常明确。而有的国内的教练员在训练过程中往往没有把目的突出出来，有的即使提出了，却没有把目的实现的过程解释清楚，所以队员在训练中往往模模糊糊，日复一日，训练质量就难以保证。

所以，我们必须正确理解和重新认识"三从一大"的科学训练原则，坚持系统大负荷的训练，要大得合理、大得符合训练规律和专项特点的要求。否则，就是所调查的结果，即运动员的训练时间很长，运动员的本体感觉却是小负荷。所以，训练中负荷量和负荷强度对训练效果的影响，是教练员应认真对待的问题。

（三）体能训练特征

运动员体能是指运动员机体的基本能力，是运动员竞技能力的重要构成部分。

运动员体能发展水平是由其身体形态、身体机能及运动素质发展状况所决定的。运动素质是指机体在活动时所表现出来的各种基本运动能力。运动素质是体能的外在表现，所以，在运动训练中多以发展各种运动素质为身体训练的基本内容。

图 6-3 显示的是男子青少年运动员运动素质训练的比例安排。在 13～15 岁年龄阶段中身体素质和专项力量训练比重比较大，分别为 51％和 44％。

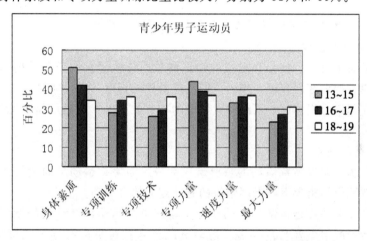

图 6-3　中国男子青少年田径运动员训练内容的比例安排

结果说明：13～15 岁年龄阶段中，教练员在安排运动员的身体素质训练内容的比重从理论上来说是比较合理的，但在此阶段专项力量上投入了较大的比重是否适宜，对青少年运动员来说是值得探讨的一个问题。另外，专项力量应该随着年龄的增长而增加，但本次的调查结果是随着年龄的增长而减少，这样的趋势从整个训练过程规律来说是否适宜，应引起教练员和有关人员的重视。

相比之下，13～15 岁年龄阶段的专项技术占的百分比仅为 26％。说明在这个年龄阶段中，教练员放在技术训练中的比例不够高。

图 6-4 显示的女子青少年运动员训练内容的比例安排。与男子青少年田径运动员体能训练的比例安排相似。

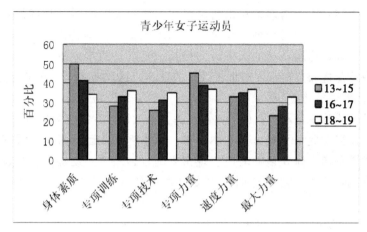

图 6-4 中国女子青少年田径运动员训练内容的比例安排

二、青少年田径运动员科学化训练体系的初步构想

（一）什么是科学

科学是关于自然、社会和思想的知识体系。科学研究的任务是揭示事物发展的客观规律，探求客观真理，作为人们改造世界的指南。（《辞海》）

科学：即符合规律的；系统的；精确的；有技术的；经过严格训练的。（《新英汉词典》）

（二）运动训练

运动训练是竞技体育活动的重要组成部分。为提高运动员的竞技能力和运动成绩，在教练员的指导下，专门组织的有计划的体育活动。

教练员和运动员是运动训练的主体，教练员是运动训练计划的制订者，以及运动训练活动的组织者与指导者。运动员既要在教练员的指导下从事训练实践，也应积极配合教练员，与教练员一起设计、组织自己的训练活动，并参与这一训练过程的有些控制。同时，训练管理工作者、科学家、医生等也都是运动训练活动的积极参与者。运动员竞技能力和运动成绩提高有着客观规律，只有遵循训练规律，科学地制订并认真执行训练计划，才能取得运动训练活动的成功。

竞技体育的成就与经济投入的多少呈现着越来越密切的相关关系。付出最小的代价，而获得最大的效益，这是发展中国家提高运动技术水平的基本思路。从经济意义讲，科学训练就是一种追求效益的训练，而训练科学化则是训练效益的最大化。

（三）科学化训练

科学化训练就是参与训练的人员尊重训练的客观规律，系统地、精确地、严

格地从事训练活动。科学化训练的核心是质量和效益。即付出最小的代价，而获得最大的效益的运动训练。科学化训练既是一种理念，也是一种方法。

（四）青少年田径运动员科学化训练探讨

中国田径协会青少年发展委员会在安徽淮南的成立标志着我国青少年田径运动有了专门的人才选拔、推荐、培养和分析、预测机构，将能有力地促进我国青少年田径运动的蓬勃发展，为国家输送更多的专业运动人才。2005 年 5 月 12 日成立大会上有中国田径协会和来自全国 29 个省市自治区的青少年田径运动管理机构的负责人参加了会议。中国田径协会青少年发展委员会为中国田协的专项委员会，秘书处设在国家田径运动管理中心。委员会每届任期和中国田协相同，每年将举行 1～2 次全体会议，主要任务是宣传发展田径运动，培养青少年参加田径运动的兴趣；组织田径爱好者学习田径知识和基本技术；科学选拔和培养田径优秀苗子；及时发现和推荐田径高水平后备人才；建立田径后备人才信息数据库，统计、分析、公布我国田径后备人才状况。这无疑对青少年的科学化的训练会起到监督和导向性的作用。

青少年的科学化训练要求从事田径运动的青少年训练人员，首先应明确青少年运动员的训练目标。在运动训练的全过程中，青少年时期是为高水平的发展奠定基础的。青少年时期的主要任务是，全面发展身体素质；学习、掌握、完善基本技术；培养良好的意志品质和心理素质。

运动竞赛和运动训练是竞技体育的两个侧面，运动训练是运动竞赛的科学核心，它对人类潜在能力的探索，必须是一个科学活动过程，它所揭示的事实将极大地丰富人类的科学宝库。"训练"与"科学"，就成了我们体育领域里使用最为频繁的两个"主题词"，经常你前我后或我前你后连在一起。

训练科学及其特征。训练科学是人们进行运动训练和运动竞赛的知识体系。它由基础理论科学和应用科学两部分组成。应用科学由一般训练学和专项训练学两部分组成，基础理论应包括生物科学、心理科学和社会科学。训练科学的特点：训练科学必须依附于运动训练工作；训练科学具有高度的综合性；训练科学对因果关系的关注更为强烈。

科学训练及其矛盾。科学训练，首先是相对于"非科学训练"而言的。非科学训练包括反科学训练和伪科学训练。反科学训练是指虽运用正常体育手段，但违背体育规律，达不到训练效果，甚至给运动员造成危害的训练。反科学训练往往是无意识进行的，它产生于偏见或错误的经验。伪科学训练是指采用非正常体育手段的训练（如使用违禁药物等），它虽可以取得一定的运动成绩，但所造成的伦理问题、法律问题是十分严重的，因为它见效快，又披着"科学训练"的外衣，因此具有巨大欺骗性。

科学训练，其次是相对"经验训练"而言的。狭义的科学训练常常是指训练过程中应具备创新、定量化、可证伪、可重复等科学研究的特征。科学研究所具备的这些特征是对经验的一种否定。然而，事实上，在运动训练领域"经验"是不可否定的，在经验中包含了教练员的知识积累和他们的智慧。实证化的训练和经验的训练在很长一段时间里要并存下去，甚至经验还要占统治地位。

在科学训练中我们常常遇到的方法论方面的矛盾是：

1. 整体与局部

整体与局部，即运动成绩提高的整体性与训练科学研究局部性的矛盾。运动成绩是在竞技项目的竞争中对运动员的竞技实力进行的判断。这种"判断"具有竞技性、观赏性和娱乐性，如必须采用特定的器材、场地、设备，在规定的时间和空间内，在严格的规则制约下进行。虽然各个项目竞技的内核有所侧重，有的比体能，有的赛技能，但任何的比赛都需要运动员有整体的综合实力。然而，当今的训练科学正处在一个分析研究的阶段，它按照人的解剖部位、生理机能、生化过程、技术结构、身体素质把人体及其运动形式分开来，用分析的方法加以研究，所研究的范围常常是局部的，使用的各项生理、生化、生物力学、心理和社会指标也只能反映某一项或几项能力，由此而采用的各种训练手段对运动员的影响也常常是局部的，各种局部的研究和训练能否达到如期的整体的提高，常常是有疑问的。因为局部是合理，看似科学的，但在整体上未必会出现训练效果。事实上所采用的指标越多，就分解得越精确，然而离整体就可能越远。

2. 规律与事实

规律与事实，即规律的普遍适用性和普遍适用的规律的不实用性的矛盾。在训练中，我们非常希望得到规律性的指导，因为规律具有普遍的适用性。然而，人类总结出的客观规律是极其有限的。在运动训练中大量存在着的是事实，是每天每时每刻产生着的鲜活的事实。普遍的规律和熟知的因果关系只能为我们认识和解决一部分事实。大量的事实要靠我们具体问题具体分析加以解决。

3. 渐变与突变

人体身心发展过程渐变速度与运动成绩增长过程的突变要求之间的矛盾。生物进化论提示我们，任何生物都处在渐变过程之中，人体的结构变化、机能提高都呈渐变的规律。运动训练的结果也正是利用了这一渐变的可能才得以实现的。然而，竞技体育是不满足于渐变过程的，竞技体育的文化价值在于追求突变，运动竞赛的周期和运动员的训练年限，不可能等待循规蹈矩的渐变，大部分运动员只能在渐变的过程中缓慢增长，终被淘汰。持续的、台阶式的突变才是成功运动员的成长轨迹。

训练科学化及其实现。训练科学化，是指对训练全过程的科学控制，是训练科学、理论、方法和技术在运动训练中的全面、广泛地运用。训练科学化至少应包括以下几个含义：

1. 对运动训练每个参与者每个训练周期的科学控制；

2. 对训练工作每一环节——选材、计划、训练实施、恢复、管理、参与竞赛等部分的科学控制；

3. 对各项训练科学指标的深刻理解和合理使用，对训练经验的理性解释；

4. 前述训练科学综合集成技术的形成；

5. 对本运动项目的本质，即制胜规律的把握等。

由于训练科学还是一门新兴科学，当今的训练科学化也只是一个探索过程，还仅仅是一种理想的境界而已。

训练科学化的本质是不断加大训练过程的智慧投入，提高其科学含量。训练科学化由两类人员（体育科研工作者和教练员）共同努力完成。体育科研工作者在这一过程中承担的主要任务是开发、创造知识，具体工作是承担科学研究的课题，提供信息，提出训练的检测指标类型，为训练计划咨询，给训练效果诊断。教练员在这一过程的主要任务是运用知识，创造训练方法，具体任务是在计划、实施和恢复等各阶段渗入科学成分，不断用训练效果检验训练理论、经验的真理性，及时调节方法和内容。体育科研工作者和教练员的思维过程应该是不同的，科研工作者注重分析和归纳，教练员则注重综合和演绎，这是由他们不同的工作性质决定的。

训练科学化可分为两个阶段：模仿学习阶段和尝试创新阶段。在训练科学化的初始阶段只是模仿他人的做法，依照别人成功的因果规律，使用已有的科学知识，运动成绩就可能在原有基础上有较大的提高。因此，对大部分教练员实现训练科学的主要手段在于科学知识的输入，在于教育。进入训练科学化的高级阶段就必须有所创新，必须尝试别人没有做过的事情，教练员的创新成就在于运动天才的慧眼识珠，在于训练方法手段的选择乃至发明，在于对运动负荷的准确判断与及时调整，在于对训练恢复的适时把握和对达到运动极限时可能造成的运动创伤的及时回避。成功的教练员是需要有智慧投入的，也是需要有悟性的，当这种智慧和悟性以科学作为背景时，就会出现巨大的创造力。

（五）中国青少年田径运动员科学化训练体系的初步构想

青少年田径运动员训练目标，必须是在为建立整个过程运动训练最高目标的前提之下，即青少年田径的训练必须有一个准确的定位，才能使中国田径运动得到可持续发展。所以，中国田径青少年运动员应着眼于"技术＋素质＋信念"科学化人才培养方案。

所谓人才培养方案的"技术＋素质＋信念"体系，简单来说，就是中国田径青少年运动员树立技术优先发展，辅助均衡的身体素质；在训练中注重各种练习的技术细节，即运动员在训练时，注重动作的规范性和合理性，注意实效；树立长远理想。

竞技训练的科学化是一个贯穿于运动员多年训练过程的系统工程。训练实践证明，科学训练受多种因素的影响，它不仅需要根据训练客观情况的变化，如专项特点、运动员个体差异以及训练条件的不同，采取相应的实施策略，而且自身也随着科学技术的发展以及科学训练经验的积累而不断提高和完善。因此，在科学训练的设计和实施过程中，必须认真了解和分析来自各方面的影响，使科学训练的水平不断提高。

科学的理论，就是人们对客观规律的正确认识以及由此而产生的决策理论、行为原则和方法学理论等等。例如，运动训练中适宜负荷范围内负荷大小与机体应激程度成正变关系的适应性规律；运动员竞技能力周期性变化、提高的规律；以及与其相对应的在适宜范围内逐步加大负荷量度的原则，周期安排的原则等等。在训练实践中，只有遵循这些规律，贯彻这些规律才能取得满意的训练效果。在训练中要求的不同，实质反映出训练指导思想和训练思路不同。注重科学化训练的教练员在注意初、中级训练的局部效益的同时，更要追求训练时间系统的整体效益。运动训练时间系统的制定，要根据各运动项目的特点和运动员的个体差异来确定。教练员必须清醒认识到运动训练时间系统各个时段的主要任务，注重时间系统的整体效益。

教练员在青少年训练过程中，应注意小、细、实的训练理念。选择运动员在比赛中未被揭示的潜在能力是非常有价值的。

科学的训练计划，是对运动训练过程实施有效控制的重要前提，应该紧紧围绕着实现预先确立的目标，有机地组织训练过程的实施。因此，要想使训练过程按预定的方式顺利进行，就必须制订科学的训练计划。这一阶段采用单周期训练安排比较理想，以长短期结合的训练计划为主，身体生长和发育应得到必要的监控。在基础阶段获得的基本运动技能将提高将来竞赛性项目的成绩。在运动员训练过程中如果不重视或忽略这个阶段，那么运动员不可能发挥出潜能。"人类潜能的浪费是最大的浪费"，青少年的训练也可以说选拔和培养人才的过程，应当以科学化的理念进行田径青少年的训练，以科学发展观对待青少年的训练是长远之计。

中国青少年田径运动水平在世界上是比较高的，而训练中存在的一些问题会随着青少年田径教练员理念的转变而变化，使青少年田径运动员的训练符合青少年的特点和规律，使青少年田径运动员的训练效益最大化，也就是在青少年时期将运动员的潜力充分挖掘，打好训练基础，中国田径运动水平整体水平会有大幅度的提升，世界级优秀的田径运动员的出现频率会加快，田径运动的可持续发展就会实现。

第三节　高校田径运动训练的科学化研究

一、高校田径运动科学化训练概述

（一）高校田径运动科学化训练的特点

课余田径科学化训练作为我国田径运动整体训练体系的一个环节，与一般田径运动训练比较有其自身的特点。

1. 高校田径运动科学化训练的基础性

高校田径运动科学化训练主要是进行基础训练，这是由中学生年龄特征和田径运动员成材规律所决定的。一个田径运动员成材，大致要经过基础训练、初期专项训练和专项提高训练等阶段。学生正处于生长发育的过程中，他们的思想作风、道德品质、身体机能等均处于形成发展阶段。因此，这一阶段的田径训练要着重抓好身体素质和基本技术的训练，不宜过早地要求他们在某一专项上达到较高的运动水平，而应重视全面的基础训练，为今后创造优异成绩打下坚实的基础。

2. 高校田径运动科学化训练时间的课余性

学生在校学习期间，应以学习为主，参加田径运动训练要利用课外活动时间或节假日进行，要保证学生参加田径运动训练和完成学习任务两不误。一般来说，根据学期、学年的周期性特点，在校上课期间应以文化学习为主，训练为辅，而寒、暑假及临时集训期间则可以以田径运动训练为主，文化学习为辅，坚持全天训练或半天训练。

3. 高校田径运动科学化训练对象的广泛性

训练对象的广泛性是指凡是愿意参加课余田径运动训练的学生，不分成绩高低，有无运动天赋，都可以参加田径训练。通常能够作为高校田径代表队的运动员参加训练的人数不多，这样就可能使少数将来有发展前途的田径人才被排除在训练之外。因此，最好能以群众性田径俱乐部的形式，分成爱好组（田径运动队）和提高组（田径代表队）进行训练。这样，就使参加田径课余训练的队伍更具有广泛性。

4. 高校田径运动科学化训练与健全人格的塑造性

学习阶段是形成正确的人生观、世界观和健全人格的最重要时期。学生的思想品德、行为规范和心理素质等均处于形成和发展阶段，是培养团结协作、持之以恒、努力拼搏的精神和抗挫折能力的良好时期。因此，应利用高校田径运动科学化训练强大的教育功能，寓教育于训练中，为塑造具有健全人格的优秀田径后备人才打下坚实的基础。

5. 高校田径运动科学化训练校园体育文化的传承性

校园体育文化是体育文化的重要组成部分，高校田径运动科学化训练是校园体育文化的重要内容。高校田径运动科学化训练的参与者和高校的其他人员都是接受与传承体育文化的受体，能使人们对课余田径训练的超越自我、努力拼搏、坚忍不拔以及团结协作品质和精神产生强烈的感情刺激和体验，使其传承并发扬光大。

6. 高校田径运动科学化训练高校特色的最佳表现性

高校田径运动科学化训练是课余运动训练的重要环节，是高校体育工作的重要组成部分，是落实"德、智、体、美、劳"全面发展教育工作的重要组成部分，是展现高校精神风貌、文化素养、体育传统和特色的最好表现形式。因此，高校田径运动科学化训练具有高校特色的最佳表现性。

（二）高校田径运动科学化训练的任务

高校田径运动科学化训练主要是针对学生进行全面身体训练，增强体质，同时掌握必要的田径专项技术和战术，为将来专门从事田径运动训练，提高运动技术水平，在身体、技术、战术和思想品质及心理素质等方面打好基础。其任务主要有以下几方面：

1. 全面发展身体素质，提高运动能力

高校田径运动科学化训练的主体是初中生或高中生，他们正处在生长发育期，需要强健的体魄，健康的心理素质。为了使其身心全面发展，应加强身体训练，促进身体正常发育，提高生理机能，全面发展身体素质。在此基础上逐步提高专项素质水平和专项运动能力。中学生的训练为基础训练阶段，是为初期专项训练和专项提高训练培养优秀的后备人才，因此，全面发展是高校田径运动科学化训练的重要任务。

2. 培养群体活动骨干，发现、培养与输送优秀的田径后备人才

通过课余田径训练和比赛，可以使中学生各方面能力得以发展和展示，使那些具有天赋的、将来有可能成为优秀选手的少年脱颖而出，为高校开展群众性体育活动培养田径各项目的骨干，并为上一级高校和业余体校发现、培养与输送优秀的田径后备人才。

3. 终身体育锻炼的教育

一个人从事高校田径运动科学化训练乃至竞技体育运动只是他一生中的很短时间，人生的更多时间是学习、工作，他们需要通过体育锻炼增进身心健康。中学课余训练的方法与手段本身又具有竞技与健身两重功能。因此，通过高校田径运动科学化训练不仅能提高学生身心健康与技术水平，达到提高运动成绩的目的，而且能培养他们终身体育锻炼的意识，掌握终身体育锻炼的方法与手段，养成终身体育锻炼的习惯，使之终身受益。

4. 利用体育功能，进行思想、体育道德教育

完整的田径训练过程本身就是一个教育的过程，树人的过程。体育活动、中学课余训练活动是一个小的社会活动，在活动中要处理好各种关系，培养正当的竞争精神、优良的体育道德作风和顽强拼搏的意志品质，通过训练活动使学生建立起正确的人生观、价值观。

二、高校田径科学化训练的原则

学校课余田径训练的原则是依据田径运动训练的客观规律确定的组织高校田径运动科学化训练所必须遵循的基本准则，是高校田径运动科学化训练活动规律的反映，对高校田径运动科学化训练实践具有普遍的指导意义。高校田径运动科学化训练的原则主要有：一般训练与专项训练相结合原则、系统性原则、周期性原则、适宜运动负荷原则、区别对待原则、动机激励原则、竞技需要原则、有效控制原则等。

(一) 一般训练与专项训练相结合原则

实践表明，一般训练与专项训练的结合，可以使学生运动员身体、技术得到全面发展，提高训练效果。贯彻一般训练与专项训练相结合原则应注意以下内容：

1. 安排好一般训练和专项训练的比重

一般训练与专项训练应在多年和全年训练中不断地进行，两者的比重可以根据学生水平、年龄、项目特点和不同的训练阶段来确定。初学者和训练水平较低者，一般训练的比重应大些；而随着训练水平的不断提高，专项训练的比重随之增大。

2. 选择好一般训练的内容

一般训练的内容适应专项训练的要求。要选用那些能够有效地提高各器官系统功能、全面发展身体素质以及有利于促进学生掌握专项技术的练习作为一般训练的内容。

3. 形式方法多样化、实用化和有趣化

一般训练和专项训练的练习方法应多样化、实用化与趣味化，符合学生身心特点，并在不同形式的训练中灵活掌握。

（二）系统性原则

系统性原则是根据掌握知识、技术、技能和形成条件反射暂时性联系的要求而提出来的。因为知识、技术和技能是互相联系的，所以条件反射的形成和巩固必须坚持不间断地系统训练才能形成正确的动作技能，才能不断提高身体训练和技术训练水平。贯彻系统性原则应注意以下内容：

1. 在系统训练中逐步提高要求

每个训练阶段和每次训练课都应有联系，使整个训练过程的各个环节紧密衔接、系统和连贯，对学生的身体、技术、战术等方面都产生良好的影响，为创造优异的成绩积累条件。

2. 合理安排训练的内容和手段

训练的内容和手段的选择与安排应遵循由易到难、由浅入深、由已知到未知的规律。

3. 各个训练组织形式之间要紧密衔接

中学阶段的课余训练，既要与小学课外运动锻炼衔接，又要与业余体校、高校俱乐部的运动训练衔接。从选材到训练计划的确定，都应以训练的系统性和连续性为原则。

（三）周期性原则

周期性原则是依据竞技状态的形成规律提出来的。竞技状态是通过训练获得的，它的发展过程一般可以分为逐渐达到、相对稳定和暂时波动三个阶段。这三个阶段是紧密相连的，并形成周期性循环。因此，从某种意义上讲，运动训练过程是控制竞技状态的发展过程。贯彻周期性原则应注意以下内容：

1. 根据高校教育规律，结合学期的划分特点安排训练周期

中学课余训练可以以学年、学期或以学段的年限作为学年周期的划分依据。在一个大周期内可分为中周期和小周期。中周期即一个训练阶段通常为 4～6 周，小周期为 1 周。

2. 根据参加比赛划分训练周期

一般一年有两次主要比赛，可按学期分为两个周期。例如春季田径运动会一般在 5 月份举行，秋季田径运动会一般在 10 月份举行，可按双周期安排。一年只有一次主要比赛，可安排一个大的训练周期。

3. 根据学生特点，合理安排各个训练时期

学生的特点，主要指学习任务和体育基础。对训练水平较高和竞赛任务较多的学生，竞赛期的时间可稍长一些；对训练水平一般和没有竞赛任务者，准备期

可适当长一些，以便加强基础训练。竞赛期可以根据比赛时期的长短尽可能安排得短一些，休整期尽可能与复习考试时间一致。

4. 合理安排小周期的训练，保证大周期训练任务的完成

大周期训练任务的完成，有赖于合理安排好小周期的训练。主要是安排好每周的训练，它是由周期训练次数、量和强度的搭配，每次课训练的方法和手段的确定以及学习和生活制度等不同因素构成的。小周期任务完成得好坏直接影响到中周期乃至整个大周期任务的完成，所以还要注意训练周期之间的衔接。

（四）适宜运动负荷原则

适宜运动负荷原则主要是依据疲劳与恢复的相互关系、超量恢复以及生物适应性规律的理论提出来的。实践表明，量大、强度大的负荷训练是提高运动成绩的关键，但究竟多大的运动负荷对学生才是最适宜的，才能达到最理想的训练效果，这就是适宜运动负荷的问题。贯彻适宜运动负荷的原则时应注意以下内容：

1. 根据学生的年龄特点和身体训练水平确定运动负荷

中学生特别是初中生身体发育尚未完善，负荷不宜太大，要防止过度训练和运动损伤。另外，确定运动负荷时，除了要考虑学生的身体训练水平，还应考虑学生的学业负担、伙食营养、作息制度和恢复措施等方面。

2. 要逐渐增加运动负荷

由于人体对负荷有个适应过程，而人体各方面的适应又不是同时产生的，因此要逐渐增加运动负荷。尤其是对初中生，在一次大负荷训练后，应有足够的休息和适当安排中、小负荷训练作为调节，使机体得到及时的恢复和调整。增加运动负荷，应采用"增加—适应—再增加—再适应"的方法。

3. 要处理好负荷量与负荷强度的关系

负荷量与负荷强度是构成运动负荷的两个因素。对中学生来说，在一个周期训练中，通常是先加量，适应后再适宜地增加强度，当再次增加量时，强度应适当下降。而在强度再次增加时，量则减小，使得量和强度呈现起伏状态。准备期量大强度小，竞赛期量小强度大。技术训练课，一般强度不大，而体能训练课，量和强度都应该加大。

4. 要加强医务监督

对中学生要进行必要的生理卫生知识教育，使他们懂得自我控制和调节生理负荷的方法，并主动与教练员配合，安排好休息时间，使体力得到恢复，以保证训练效果。

（五）区别对待原则

区别对待原则是指在训练中要根据中学生的年龄、性别、身体条件、训练水

平、文化水平、心理与思想状况等特点，有针对性地确定心理目标、内容、手段、方法和运动负荷。贯彻区别对待原则时应注意以下内容：

1. 了解中学生的个人特点

对早熟和晚熟的中学生要区别对待，女生经期对训练的反应各不相同，都应了解并有所记录，从而针对实际情况，采取有效措施，因人而异，因材施训。

2. 训练计划要反映专项特点和个人特点

训练计划应该既有专项上的共同要求和措施，又要有对个人的不同要求。对重点队员还可以制订专门的训练计划，使训练更加切合实际。

3. 在训练过程的各个环节贯彻区别对待原则

对每次早操、训练课除有共同要求外，还应根据不同队员的情况，在内容安排、训练方法和运动负荷等方面都提出不同的要求。

三、高校田径科学化训练的内容

（一）身体训练

身体训练是指在运动训练中运用多种有效手段和方法，增进中学生运动员的身体健康，全面发展身体素质和身体基本活动能力，为掌握运动技术、战术和创造优异运动成绩打好基础的训练过程。

身体训练是技术、战术训练的基础。科学地进行身体训练，可促进运动员身体机能能力的提高和身体素质的发展，为从事专项训练，提高专项运动技术水平打下良好的身体基础。而强健的身体和良好的身体素质又能保证运动员掌握先进的技术和承受大负荷训练，最终不断提高专项运动成绩。

身体训练包括一般身体训练和专项身体训练两个方面，一般身体训练是采用多种多样的手段和方法，增进运动员的健康，提高各器官系统的机能，全面发展身体素质，改善身体形态和姿势，为专项身体训练打下基础；专项身体训练是采用与专项紧密联系的专门性练习，发展对专项运动技术有直接关系的运动素质，保证运动技术和战术的顺利掌握和在比赛中有效地发挥运动才能的训练。高校田径运动科学化训练主要应侧重于一般身体训练，并以此作为专项身体训练的基础。身体训练的基本要求有以下几点：

1. 身体训练要全面

根据中学生特点，要侧重全面身体训练，使他们身体各器官系统机能和各种身体素质得到全面提高，在此基础上，逐步发展专项身体素质。

2. 训练计划中要有计划地安排身体训练

身体训练在多年和全年训练中的比重，要根据项目特点，不同时期的训练任务和对象的具体情况确定，训练准备期身体训练的比重要大于竞赛期身体训练的比重。

3. 身体训练要注意身体素质发展的敏感期

人生的不同年龄阶段，各项身体素质发展的速度是不平衡的，都有一个最容易发展的时期，称之为该身体素质发展的敏感期。因此，应抓住这个有利时机，对中学生进行针对性的训练，促使该素质在相应的年龄阶段得到充分的发展。

4. 严格要求动作质量

身体训练较枯燥、单调，且负荷量较大，在训练中容易忽视练习质量。因此，教练员要讲明道理，加强检查，严格要求动作质量，以保证身体训练的效果。

（二）技术训练

技术训练是指学习、掌握和提高专项运动技术水平的训练过程。技术是提高运动成绩的重要因素，只有合理掌握技术，才能充分发挥运动员的身体能力，创造优异的运动成绩。技术训练的基本要求有以下几点：

1. 建立正确的技术概念

在初中阶段，身体正处在生长发育的青春期，身高、体重增长快，内脏器官的机能能力也发生激烈的变化，机体各部分之间与外界环境之间，常常暂时失去平衡。因此，要注意巩固以前所学的技术，同时适当学习一些新的基本技术，并应注意协调能力的培养。高中阶段，身体发育逐渐趋于完善，各器官系统机能相对稳定，因此可安排一些难度较大的技术训练，但必须从一开始就重视技术的规格要求。

2. 抓好基本技术训练，并注意与身体训练相结合

基本技术与身体素质互为联系、互为作用、互为促进，因此基本技术训练与身体训练相结合应贯穿课余训练的全过程。在技术训练中，不要脱离中学生运动员的实际，要注意掌握扎实的技术基本功，不要急于学习高难度动作和先进技术。

3. 技术训练要全面、实效、准确、熟练

全面是要求中学生运动员全面掌握组成某一专项的各个阶段的技术，不可过于侧重于某一分解技术；实效是指技术要实用，不能华而不实；准确是指按一定技术规格完成动作，不做多余的动作；熟练是指技术达到熟能生巧的水平。全面、实效、准确、熟练之间是相互联系、互为条件的，在技术训练中要认真贯彻。

4. 允许形成个人技术特点

在训练过程中，除了要求中学生运动员按统一的技术规格实践外，还应该考虑个人特点。因此，要因人而异地提出不同的要求，使训练更符合个人实际，不要刻意追求模仿优秀运动员的动作技术。

5. 安排多项技术训练

选择技术训练内容时，不仅要注意从已知到未知，从易到难，而且要注意符合技术之间的迁移规律，进行多项技术训练。如跳跃运动员进行短跑训练，短跑运动员进行跳跃项目的训练，这样不仅有利于提高专项技术水平，还有助于发现相关项目的人才。

（三）战术训练

战术是指根据自己和对手的竞技能力和外部情况，正确地分配体力，充分发挥自己的特点，限制对方特长，争取比赛胜利的技巧。战术是在一定的身体训练和技术训练的基础上，根据比赛的需要形成的。在一定的情况下，正确地运用战术，斗智斗勇，往往能给对方造成较大的心理压力。如中长跑正确分配体力，采用领先跑或跟随跑战术；跳高的免跳战术；在接力跑中合理分配棒次，有助于整体优化，最终取得比赛的胜利。

（四）恢复训练

训练和恢复是相辅相成的。如果不重视身体训练，不重视训练前的准备活动，特别是训练后的放松活动和恢复性训练，把恢复训练当成可有可无，就不能算是一堂完整的训练课。高校田径运动科学化训练尽管受现有训练条件的限制，一些恢复的方法和手段还难以采用，但恢复训练的观念不能动摇，再说恢复训练有多种形式，可以因地制宜，灵活运用。

正式训练开始前的伸展运动，节奏是先慢慢伸展以免扭伤，伸展到自我感觉舒服的位置停留 5～30 秒，随后会感觉肌肉组织的紧张程度慢慢消失，这样可以减少肌肉的过分紧张，从而为下一步的训练做好准备。然后稍稍加大伸展程度，在肌肉感觉稍稍紧张的位置停留 5～30 秒，直到紧张感消失或保持不变。这样逐步发展，会减少肌肉的过分紧张与拉伤，从而使练习者安全、轻松地加大伸展程度。此外，在重大比赛后，需要一个调整期，使心理、机体得到充分的恢复，以达到超量恢复，有利于下一阶段的训练和比赛计划的实施。

（五）心理训练

心理训练是指在运动训练中，有意识地对运动员的心理过程和个性特征施加影响，使他们学会在训练和比赛中调节自己心理状态的心理过程。随着竞技运动的发展，心理训练越来越为人们所重视，并被列为运动训练的重要内容之一。

高校田径运动科学化训练中，针对运动员不同年龄、性别、训练水平等实际情况，要有目的、有计划、有措施地加强心理训练，培养他们的心理稳定性，使他们能在任何比赛情况下都充分发挥最佳训练水平，这也是培养中学生良好心理素质的需要。

（六）思想品德训练

思想品德训练是指在训练中对运动员进行思想品德教育的过程。高校教育的最终目标是把学生培养成为有理想、有道德、有文化、有纪律的一代新人。而高校田径运动科学化训练也是一个培养人、塑造人的教育过程。因此，在训练中应根据中学生年龄特征与实际情况，进行有针对性的教育，使他们明确训练动机，端正训练态度，在训练过程中锤炼意志和培养拼搏精神。为此教练员要做到训练育人，这是完成训练任务的前提。其基本要求有以下几点：

1. 结合训练和比赛的实际，有目的地进行教育

根据学生在训练和比赛中的表现和思想反应及时进行教育。例如主项与兼项、个人与集体、个人与裁判、胜利和失败等，教练员应抓住时机，把握住运动员的不同思想情绪和行为特征，有针对性地对其进行教育。

2. 采用多种形式进行思想教育

根据不同的对象采取不同的方法，如说服法、榜样法、讨论、评比比赛、制度要求、奖励和处罚、家庭访问等，采用的方法要讲究效果，既要避免单纯说教，又要防止流于形式。

3. 严格要求、耐心疏导

良好的思想品德是逐步形成的，不能操之过急，只有严格要求并持之以恒才能逐步使他们形成良好的思想行为和道德品质。

4. 教练员要严于律己，以身作则

教练员的言行对学生影响很大，因此凡要求学生做到的，自己必须首先做到，言传身教，做学生的表率。

四、高校田径运动科学化训练的方法

（一）重复训练法

重复训练法是指在相对固定的条件下，按照一定的要求反复进行某一动作练习的训练方法。它广泛用于发展运动员的身体素质，掌握、改进和提高技术、战术，培养意志品质等方面。构成重复训练的基本因素有：负荷量、负荷强度、负荷持续时间（重复练习次数与组数）、间歇时间。其基本要求有以下几点：

1. 明确目的，正确规定练习数量、距离、时间、重量、重复次数、负荷强度

一般来说，重复训练法用于技术训练时，要严格按照技术规定进行练习。运用于身体训练时，在练习的数量和负荷的强度上不宜提出过高的要求，应尽量选用简单实效的手段，以保证训练的准确性，提高训练的效率。

2. 根据项目特点，正确应用重复训练法

在周期性项目中，短跑应用此法主要发展速度素质，中长跑主要发展速度耐

力；在非周期项目中，跳跃、投掷项目采用此法，除了巩固、提高技术外，还可以发展绝对力量、速度力量和专项耐力等。

3. 采用有效的教法措施，提高学生的兴趣

由于重复训练法练习条件相对固定，比较单调，而中学生的注意力又不能长时间集中，因此教练员应结合运用游戏、比赛等方法调动中学生训练的积极性。

（二）变换训练法

变换训练法是指在训练过程中，有目的地在变换练习条件的情况下进行训练的一种方法。它广泛运用于技术与战术训练、身体训练和心理训练中。构成变换训练法的基本因素有负荷指标、动作技术要素、练习条件、练习环境等。其基本要求有以下几点。

1. 变换条件应视训练的具体任务而定

针对训练的具体任务和学生在训练中存在的主要问题，有目的地变换练习的负荷、动作的组合、练习的环境和条件等。

2. 变换条件应有助于技术、技能和体能的巩固和提高

各种练习条件的变换，一般应在训练计划中预先确定，循序渐进，不能骤然突变。采用变换训练法，要针对学生的实际情况，应有利于发展他们的身体素质，有利于巩固和提高其技术、技能。

3. 掌握好变换条件训练和正常训练的时机

在技术、战术训练中，采用变换训练法达到训练目的后，应及时恢复到正常情况下进行练习，以避免由于变换条件训练形成与比赛正式要求不相适应的动力定型。

（三）持续训练法

持续训练法是指在相对较长的时间内，用波动不大的强度，无间歇地连续进行训练的一种方法。常用于发展有氧耐力、提高技术和发展专门耐力三方面。构成持续训练法的基本因素有：负荷量、负荷强度、持续时间。持续训练法可分为持续耐力训练法、交替训练法和法特莱克跑训练法三种。

1. 持续耐力训练法是指在有氧范围内，以大体相同的速度和负荷强度，完全根据练习目的确定持续时间的一种耐力训练法。

2. 交替训练法是指在一定范围内，通过有计划地变化速度，在某个阶段以很高的强度进行练习，使机体内短暂地获得氧债，在下一个阶段又降低强度，重新获得补偿的一种耐力训练法。

3. 法特莱克跑训练法是运动员任意变化速度持续跑步的训练法，指练习者利用野外的不同地形，由小到大地任意选择距离和负荷强度，是发展有氧耐力的一

种训练方法。其特点是强调心理方面的负荷分配，以趣味盎然的游戏形式进行练习，并要求运动员有一定的自我监控能力。因此，很适合学生采用。

持续耐力训练法的基本要求有以下两点：

（1）控制好负荷量和负荷强度。

由于持续耐力训练法的练习时间相对较长，负荷量较大，因此强度不能太大。学生发展一般耐力，主要是以降低强度，延长练习时间，或者适当提高强度，缩短练习时间来达到训练目标的。

（2）根据训练的不同时期，正确地运用持续训练法。

在准备期为发展和保持学生的一般耐力水平，练习的强度要逐步提高到中等水平；在比赛期，采用小强度可作为积极性恢复手段，采用中等偏大的强度则可保持必要的耐力水平。

（四）循环训练法

循环训练法是指根据训练的具体任务，建立若干练习站，运动员按照既定的顺序、路线依次完成每站的练习，周而复始地进行训练的一种方法。

循环训练法的构成有以下几个因素：练习内容及循环顺序、每站训练的负荷量和强度、站与站之间的间歇时间、每次循环的间歇时间、站的数量和循环的次数。

循环练习的基本形式有以下几种：

1. 流水式：即一站接一站地进行练习。其特点是练习站较多，循环一周的时间长。

2. 轮换式：即参训者分成若干组，各组在同一时间内练习不同的内容，按规定时间一组一组地轮换。其特点是设的站比较少，练习一轮时间比较短。

3. 分配式：即设立 10 个以上的练习站，按运动员具体情况规定每个人的练习内容和练习次数。其特点是设的站多，用的器材多，但能贯彻区别对待的训练原则。

循环训练法的基本要求有以下几点：

1. 根据训练任务，确定循环训练法各站的内容和站的数量

练习内容应是学生已基本掌握的，顺序应根据练习对人体器官系统和肌肉用力部位的不同要求而交替安排。并注意与发展不同身体素质的练习相互交替。站的数量一般以 6～8 个为宜。

2. 针对学生的特点，因人而异地确定循环训练的负荷

负荷的安排，要从每站练习的数量、强度、间歇时间、循环次数等方面考虑。每站的负荷一般为学生所能承担最大负荷的 1/3～1/2。循环一周的时间约 5～20

分钟，各站之间间歇时间为 15～20 秒。休息方式一般为积极性休息。

（五）竞赛训练法

竞赛训练法是指运动员在竞赛的条件下进行训练的一种方法。竞赛训练法有游戏性竞赛、训练性竞赛、身体素质竞赛、测验性竞赛和适应性竞赛训练法等。竞赛训练法不仅有利于提高训练水平，而且有利于比赛所需心理品质的培养。其基本要求有以下几点：

1. 要符合中学生的基本特征

在采用竞赛训练法时，要根据专项训练的需要，选择适合中学生特点的竞赛内容和形式，并注意防止因比赛负荷过大而影响训练任务和内容的完成。

2. 重视对学生进行思想品德教育和心理品质培养

在竞赛训练过程中，学生往往情绪较高，竭力争取战胜对方，时常会出现违反规则的行为，教练员要及时调控，提高他们的自律能力。同时，要有意识地加强对比赛所需心理品质的培养。

3. 要注意时机的选择

一般来说，在运动技能尚未形成之前和疲劳时，不宜采用竞赛训练法，以避免影响刚刚形成尚未巩固的动作技术。

上述各种训练方法是高校田径运动科学化训练中常用的基本方法，它们各有其特点和作用，实践中应根据训练任务、对象水平、项目特点、季节气候及场地设备条件灵活地加以运用。

第七章　田径运动竞技能力研究

第一节　田径运动员竞技能力的培养

竞技能力是指运动员有效地参加训练和比赛所具备的本领。在我国运动训练学理论发展早期阶段，"训练水平"往往替代"竞技能力"用来描述运动员参加训练和比赛的本领。但有时也用它来指代"运动员所达到的竞技水平"、"教练员组织训练工作水平"、"运动员所具有的运动能力"等，存在着一定的用词混乱现象。1984年田麦久博士首次对竞技能力这一概念的科学含义及其在运动训练过程中的地位和作用进行了探讨，随后，体育界广大理论工作者和教练员开始逐步使用。

一、竞技能力的概念

我国于1986年正式出版的第一本运动训练学专著对"竞技能力"的定义是：运动员有效地参加训练和比赛所具备的本领，是运动员体能、技能、智能和心理能力的综合。2000年体育院校通用教材《运动训练学》对"竞技能力"定义为运动员的参赛能力，它是由具有不同表现形式和不同作用的体能、技能、战术能力、运动智能以及心理能力所构成，并综合地表现于专项竞技的过程之中。

随着其他学科相关理论向训练学理论研究的渗入，学者们从系统的观点对竞技能力系统进行了探讨。如有的学者将竞技能力定义为：相互区别、相互作用的身体形态、机能、素质、技术、战术等组成要素有机地联系在一起，为实现竞技状态转移而表现出一定训练和参赛能力的有机体。

尽管"竞技能力"的概念几经变更和发展，但其核心内涵是运动员在训练、比赛中必须具备的能力，它是在运动员的特殊实践活动中获取，必须在实践中才能表现出来的。竞技能力的内涵决定了竞技能力在运动员参与训练和比赛所必备主观条件的唯一性，即在任何条件下，竞技能力的属性不会因为运动员在不同客观环境的迁徙而发生质的变化。它的外延包括了表现形式、内容结构和表现途径。

二、竞技能力结构

"竞技能力"是指田径运动员参加比赛的主观条件或自身才能，是综合表现在训练和竞赛过程之中的体能、技能、战术能力、运动智能以及心理能力等要素之总和。依据运动训练学项群理论，以竞技能力主导因素作为分类标准，可将田径项目划分为：速度性、速度力量性、耐力性和组合性四个子项群。同时由于田径各个单项都有自己特定的运动技术，熟练掌握先进的、符合运动员自身特点的运动技术是发展其竞技能力、争取优异成绩的重要途径。因此，又可将田径项目划分为单一性动作结构、固定组合动作结构和多项动作结构（见表 7-1）。

表 7-1　田径项目的分类、动作结构及对应项目

子项群	动作结构特点		对应的项目
速度性	单一动作结构	周期性	100 米、200 米、400 米
	固定组合动作结构	非周期性	100 米栏、110 米栏、400 米栏
速度力量性	固定组合动作结构	非周期性	跳高、跳远、三级跳远、撑竿跳高、铅球、铁饼、标枪、链球
耐力性	单一动作结构	周期性	800 米、马拉松的径赛项目、竞走
	固定组合动作结构	非周期性	3000 米障碍跑
组合性	多项动作结构	非周期性	男子十项全能、女子七项全能

上述分类标准，从不同角度描绘了田径项目的整体内部结构。由于分类标准之间存在着密切的相互联系，因此，所划分的项目之间也必然存在着一定的对应关系。例如，速度力量项目都属于固定组合动作结构，又都是通过统一的测量单位"米"来确定最终成绩的高低。速度性项目和耐力性项目都是通过"秒"来确定最终运动成绩高低的，而且它们都分为单一性和固定组合性动作结构两种类型。因此，可以依据其中的一个标准或类型，分别对每一子项群中的任意专项竞技能力的结构、内容、训练特点进行针对性研究。

依据运动员参加比赛的结果可以将竞技能力划分为两类，第一类是有实力，但没有正常发挥，即所谓的"训练型运动员"；第二类是有实力，正常或超水平发挥，即所谓的"比赛型运动员"。由此也可以看出，竞技能力实际上包含着竞技实力和发挥能力两个方面，其中，竞技实力是指为比赛目的而具备的专项能力的集合，由体能、技能和战术能力所构成；发挥能力是指影响竞技实力表现的心理状态的控制和调节能力，由认识能力、调节能力和意志力所构成。其竞技能力结构分为三个层次（图 7-1）。

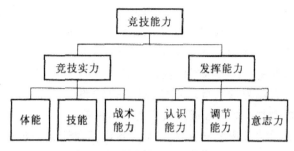

图 7-1　竞技能力的三个层次结构

在概念界定上，竞技能力是指运动员的参赛能力；竞技实力是指运动员为比赛目的而具备的专项能力的集合，由体能、技能和战术能力所构成；体能是指各运动素质所表现出来的综合能力，主要表现在力量、速度和耐力三项素质水平上，是所有专项运动员进行专项训练和参加专项比赛必要的自身物质条件；技能是指按一定技术要求掌握、完成和表现动作的能力；战术能力是指运动员掌握和运用战术的能力。

发挥能力是指影响竞技实力表现的心理状态的控制和调节能力，由认识能力、调节能力和意志力构成，其中，认识能力是指认识事物、分析自我的能力；调节能力是指依据认知结果，调整心理状态的能力。主要表现在暗示、思维阻断、注意转移、表象、想象能力上；意志力是指为达到目标，克服困难所付出的努力程度，它是所有专项运动员进行针对性训练和参加专项比赛必要的自身精神条件（见表 7-2）。

表 7-2　运动员竞技能力构成的五要素

竞技能力结构	竞技能力构成要素	竞技表现
竞技实力	技能	动作质量、动作稳定性
	体能	力量、速度、耐力
	战术能力	自身发挥、干扰对手、影响判定
发挥能力	认识能力	运用竞技知识与智能，分析和判断比赛情况
	调节能力	参赛情绪动员、比赛情绪控制
	意志力	竞技意志保持

在实际比赛过程中，战术能力对于大部分项目的田径运动员而言，其作用较小，但是对于中长跑、马拉松、竞走、跳高、撑竿跳高等项目运动员而言，战术

能力则具有比较重要的作用，并要求运动员具有较高水平的操作技能和不同的战术应用能力。大量的比赛实践已经证明，合理、有效的运动技术可以帮助运动员在比赛中取得好成绩，并能保证运动员更经济、更有效地使用体能，从而使运动员更合理、更有效地参与比赛战术的设计与实施。

认识能力主要表现为运动员运用竞技知识与智能，分析和判断比赛情况，对于运动员提高训练效益，取得好成绩具有重要的影响。

调节能力对于运动员调节参赛情绪和控制比赛情绪尤为重要。事实上，竞技水平越高的运动员，调节能力越强，而且调节能力对于运动员能否取得优异成绩所承担的作用也越大，尤其是在世界级的高水平比赛过程中，运动员所展示的调节能力常常发挥着更加突出的作用。

三、田径运动员竞技能力培养

（一）田径运动员技能培养

1. 田径速度项群技能培养特征

田径速度项群是由 100 米、200 米、400 米、100 米栏、110 米栏和 400 米栏共 6 个单项组成，它们分别属于周期性动作和固定组合动作，其运动技能水平的高低体现在动作结构的合理性、经济性和实效性等方面，其中提高和改进运动员在跑动过程中身体重心的平稳性、直线性和加速性，是提高身体重心位移速度的关键环节，尤其是缩短腾空时间、改进腾空时期的技术和消除多余动作，以及提高支撑时期的快速缓冲和用力效果是改进和提高技术质量的核心内容。其主要特征表现在以下几个方面。

（1）全程跑的节奏变化趋于稳定。从该项群全程跑的节奏变换来看，无论是在步长、步频还是跑速的变化等方面都呈现出稳定的发展态势，短跑和短距离跨栏运动员达到最大跑速的距离和时间呈现出一定的规律性，步长和步频的变化也表现出相对的稳定性。速度变化也表明，各单项的分段跑或栏间跑速度变化也表现出一定的规律性。根据相关研究报道，世界优秀百米跑运动员最大速度一般出现在 60~85 米段落；110 米栏的最大速度一般出现在第 4 个栏以后。世界优秀 400 米跑运动员速度变化也表明，最大平均速度均出现在 200 米段，约为 9.64 米/秒；前 200 米平均最大速度为 9.25 米/秒，后 200 米平均最大速度为 8.92 米/秒，前后半程最大平均速度相差 0.45 米/秒，而前后半程时间差也处于 1.0~2.0 秒，平均时间差为 1.17 秒。

（2）全程跑时间和速度之间的变化趋于统一。速度项群运动员全程跑时间和速度变化呈现出明显的波动。以直道跨栏运动员为例，见图 7-2、图 7-3。

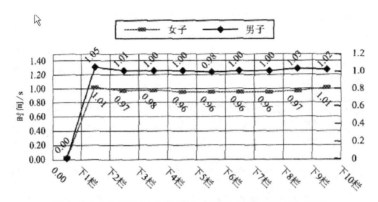

图 7-2 世界优秀百米跨栏运动员栏间跑时间变化特征

从图中时间变化特征可以看到，男女运动员在全程跑过程中的速度和时间波动曲线基本一致，只是在波动幅度等方面存在一定的差异，具体表现在：男子运动员从下第 3 栏开始，栏间跑由 1.01 秒逐渐缩短至 1.0 秒，在下第 6 栏时的栏间跑仅为 0.98 秒，并在第 7 和下第 8 栏保持次短时间。而女子栏间跑的时间变化则表现出：从下第 3 栏时栏间跑达到次最短时间 0.97 秒，在下第 5 栏时达到最短时间，并在第 6、7、8 栏间跑中仍然保持这一最短时间，只是在下第 9 栏时才出现次短时间。

从图 7-3 可见，男子运动员从下第 4 栏开始，栏间跑速度就已达到次最大速度 9.14 米/秒，在下第 6 栏时达到最大速度 9.33 米/秒，并在此后的两个栏间跑中仍然保持着 9.14 米/秒的次最大速度水平，这与图 7-2 中栏间跑的时间变化基本一致。而女子运动员的栏间跑速度变化则与男子有所差异，主要表现在：女子运动员从下第 3 栏时就已达到次最大速度 8.76 米/秒，在下第 5 栏时的达到 8.85 米/秒的最大速度，并在此后的 3 个栏中始终保持这一水平，只是在下第 9 栏时才略微下降到 8.76 米/秒的次最大速度水平。

（3）途中跑过程中支撑与腾空时期的时空参数变化趋于稳定。步长和步频是决定速度的两个重要因素，然而无论是提高步长还是步频指数都必须以改进和提高支撑或腾空技术环节为前提，因此，支撑和腾空的相关参数能够反映出技术特征。

以 100 米跑和跨栏跑为例，美国 100 米跑运动员支撑与腾空时期的重心移动距离之比是 1∶1.2，支撑与腾空时间之比也是 1∶1.2，其中支撑时间占一个单步时间的 45.7%，腾空时间占一个单步时间的 54.3%，着地至最大缓冲的时间占支撑阶段总时间的 7.4%。优秀百米栏运动员途中跑时的栏前支撑时间与跨栏步腾空时间之比约为 1∶3，下栏后支撑时间与跨栏步腾空时间之比约为 1∶4，优秀男子运

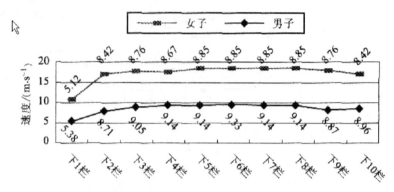

图 7-3　世界优秀百米跨栏运动员栏间跑速度变化特征

动员跨栏步的平均距离约为 3.5 米，女子约为 3.1 米，身体重心无支撑阶段的平均移动距离男子为 2.7 米，女子为 1.5 米。由此可见，缩短腾空时间主要取决于减少腾空时期的身体重心移动距离、高度，以及加快腾空时期的身体重心移动速度和两腿的绞剪速度，尤其是控制跨栏步距离，并使身体重心无支撑阶段的移动距离控制在较短范围内，是缩短腾空时间和保持下栏后能以较快水平速度跑进的关键环节。

2. 田径速度力量项群技能培养特征

（1）突出强调动作技术各环节之间的最佳组合。该项群包括跳高、跳远、三级跳远、撑竿跳高、推铅球、掷标枪、掷铁饼、掷链球共 8 个单项。该项群的技术训练表明，无论是跳跃类还是投掷类项目都呈现出由孤立地强调某一动作速度向动作环节的最佳组合方向发展。大量的训练实践也证明，并非所有的单一动作参数提高后就必然能够带来运动成绩的提高，恰恰相反，有时甚至当某一动作参数提高时反而会使其他技术参数下降。

例如，在旋转投掷铁饼和铅球过程中，在第一和第二单脚支撑之间出现的腾空阶段是整个技术环节的组成部分之一，在这一腾空阶段中造成的速度下降，至少在一定程度上是必不可少的，如果强行将这一阶段的动作速度提高到符合所谓的"越来越快"理论标准上，其造成的后果，一方面不仅会影响动作的幅度，另一方面也会影响最后用力的工作距离和身体姿态，最终必然会导致最后用力阶段的动作速度加不上去。因此，从技术训练角度来看，在进行完整技术训练过程中强调动作的节奏，也就是追求各动作环节完成时间的最佳组合，要远远比单纯追求腾空阶段的最大速度更为有效。

从图 7-4 和图 7-5 可以看到，虽然有些世界优秀运动员比赛成绩基本相等，但他们所表现出的速度或用力角度并不相同，这反映出世界优秀运动员之所以能够达到高水平的竞技成绩，都是以充分发挥自己的身体素质和专项技术为前提来寻求最佳发力角度的，其核心还是通过个性化技术风格，充分地发挥自身优势来获得最佳比赛成绩。

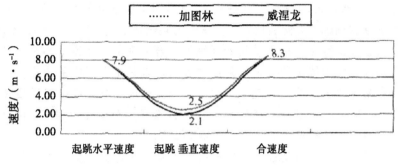

图 7-4　撑竿跳高运动员起跳瞬间速度参数比较图

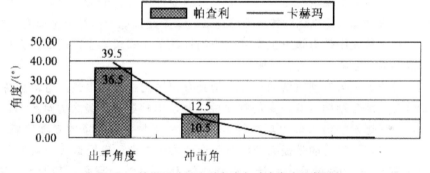

图 7-5　铁饼运动员出手角度与冲击角度比较图

　　（2）重视技术训练的高强度性。该项群训练过程的控制就是围绕如何通过大强度训练，使运动员熟练地运用合理的运动技术，充分发挥已有的身体素质和机能达到最佳比赛成绩。在不同层次的多年训练过程中，运动员技术的合理性始终是相对的、暂时的，它是伴随专项身体素质的变化而不断改进和完善的。

　　著名跳高教练员黄建在总结训练经验时曾指出：大强度训练不仅是提高专项能力、提高专项身体素质水平和迅速掌握先进技术动作的主要方法，也是锻炼运动员意志品质、培养比赛作风、丰富比赛经验的主要途径。大量训练实践证明，运动员承受大强度训练的能力越强，其竞技水平越高。例如，著名撑竿跳高运动员布勃卡在平时技术训练中，经常练习跳越 6.20 米高度的技术动作（其最好成绩为 6.15 米），通过这样的高强度训练不仅帮助运动员克服跳越最高成绩时的心理障碍，而且有利于运动员形成最佳的运动技术和保持良好的竞技状态。我国优秀女子铅球运动员在赛前两周技术训练时，也是采用 93％以上最高训练成绩的强度进行训练，即使在准备期的技术训练强度也保持在 80％～85％。联邦德国著名跳高运动员默根堡、瑞典的舍贝利、英国的格兰特等人，在跳过当时的个人比赛成绩2.32 米、2.33 米和 2.34 米时，都是从 2.20 米以上高度开始起跳的，如果没有经过平时大强度的训练，要想在比赛中从这样的起跳高度进行比赛是难以想象的。

（3）大强度训练是通过力量与专项练习结合实现的。在投掷类项目训练的准备期，增加大强度训练负荷量最常采用的方式，就是将大强度的力量训练与提高专项技术或专项投掷能力组合起来。由于进行大强度力量训练一般需要相应地减少练习量，否则会使恢复时间相应延长从而影响下一个单元的训练。因此，通过组合训练既可以保证投掷次数又可以提高投掷质量。

相关研究也报道：力量训练可使投掷练习神经中枢区域做积极性休息，不同性质的练习之间间隔时间越短越好，最近一次练习内容对机体刺激所留下的痕迹是最深的，它对接下来的练习获得更大效果的促进作用也最大。因此，从负荷总量来看虽然大强度力量训练和技术训练在某一个单元训练中的练习量会有所减少，但在总的训练单元中带有该方面练习性质的训练单元却增多了。因此，大周期的总练习量不但不会减少反而会增加。

（4）力量训练与专项跳跃的组合结构具有顺序性。研究报道，力量训练与专项跳跃练习的组合结构具有一定的顺序性，其基本顺序是：最大力量练习——爆发力练习——爆发性最大输出功率练习——各种克服自身体重的专项跳跃练习。其中，大力量训练的目的是提高神经与肌肉的协调能力，发展最大力量的负荷变化范围在 90％～100％的最大力量，重复次数为 1～4 次，组数一般为 8 组左右，组间间歇为 3～5 分钟。而爆发性力量练习则重点强调动作的幅度和速度，其负荷变化范围为 30％～60％最大力量，重复次数相对较多，组数约为 6 组左右，组间间歇为 2～4 分钟。

（5）速度与技术训练组合结构具有迁移性。在速度训练中强调技术要素，在技术训练中强调较高的运动速度，不仅可以有效发展速度素质，而且能够提高技术动作的实用性和训练强度。大量的理论与实践已经证明，无论怎样组合速度与专项技术练习结构，其基本原理都是将速度练习中获得的高频率快速神经冲动转换为专项技术的快速运动能力，其基本结构是：加速跑＋专项技术动作＋腰腹及躯干力量练习。例如，在训练手段运用方面，跳高运动员进行组合练习时一般是采用：60 米加速跑 6～8 次＋1～2 步摆动腿踏上 1 米高木马＋抛接实心球 60 次＋仰卧起坐 20 次＋木马背屈 20 次。而铁饼运动员进行组合练习时则是采用：30 米加速跑 4～6 次＋摆动腿专门练习＋抛接实心球 60 次＋仰卧起坐 20 次＋木马背屈

20 次摆动技术。

（6）突出技术训练难度。该项群技术训练的核心是将提高专项身体素质和关键技术质量结合起来。因此，专项身体素质训练内容的选择是突出强调与专项技术动作的幅度、用力性质、用力顺序与时机，以及心理紧张程度相一致。从各专项技术训练方法与手段的组合结构来看，突出难度是该项群技术训练的重要环节，尽管各专项技术练习的具体内容不尽相同，但它们在训练手段组合上却具有相同的结构，即通过专项身体素质与技术的组合进行整体性训练，通过增加训练难度寻求整体效应的增加。

3. 田径耐力项群技能培养特征

（1）不同单项技术的结构存在差异性。培养良好的动作节奏并使工作肌肉能够在单个动作中得到放松，对运动员以较快的运动速度保持长时间运动具有重要作用。从该项群技术训练来看，由于各单项在比赛时间、距离、动作形式等方面存在差异，所以，不同主项运动员在技术动作结构方面也表现出一定的差异。当比赛距离逐渐增加时，除了比赛场地由跑道演变为公路比赛外，运动员完成比赛的动作构成也增加为跑、跨、走多种动作形式，并且表现出随着比赛距离的增加，运动员的步长指数趋于减小，而步频指数则趋于增大的现象。

（2）跑与走技术呈现出明显的高步频、低腾空特征。近 20 年来，长距离跑和竞走运动员的步长变化并不明显，但是步频却发生了明显变化，尤其是竞走运动员的步频变化表现得更为明显，具体表现在步频由过去 200 步/分以下增加到现在的 210～220 步/分，运动成绩也得到了大幅度提高。

以竞走技术变化为例，现代竞走技术体现出多余动作减少，髋关节沿身体纵轴作适度转动，摆动腿迅速低姿势前摆，足跟迅速着地并滚动，着地点距离身体重心投影点较近，身体重心移动轨迹更趋于直线性，减少了水平速度的损失。这一高步频、低腾空技术的变化，不仅形成了肉眼观察不到的双脚支撑短暂消失现象（腾空时间低于千分之 60 秒，裁判员肉眼观察不到），也大大提高了步频并节省了体能。尤为重要的是，这一技术不仅合理地利用了人体前进的惯性，使人体获得了短暂的有限空间位移时间，同时保持了支撑腿在垂直瞬间的伸直，从而使得运动员能够在符合比赛规则前提下最大限度地发挥体能，提高了身体重心移动速度。

4. 田径组合项群技能培养特征

田径组合项群包括男子十项全能和女子七项全能两个项目，田径组合项群的技术动作既有单一动作结构的周期性运动，又有固定组合结构的非周期性运动，而且每项技术水平都会对比赛结果产生重大影响。

（1）多项运动技术的训练具有明确的切入点和顺序。从多年训练安排来看，世界优秀运动员基本上都是以"跑的技术"训练作为切入点。其原因在于男子十项全能中除了铅球和铁饼以外，其余 8 个项目都与跑的技术有直接联系，女子七项全能中也有 6 个项目与跑的技术有关。从跑、跳、投的技术训练复杂程度来看，男子选择优先发展含有"跑的技术"的跨栏、撑竿跳高和标枪作为切入点，女子优先选择跨栏、跳远和标枪作为切入点。上述切入点的选择都是从优先解决较难单项技术考虑的，它所体现的指导思想就是使运动员在较短时间内度过单项技术难关，扩大单项技术之间的正向迁移、减少单项技术之间的负面影响，从而缓解运动员的畏难情绪，消除心理障碍。

从单项比赛得分角度来看，跨栏、撑竿跳高和标枪比赛的得分要比其他单项更有价值。如跨栏 15 秒 5 的成绩可得 794 分，相当于 100 米跑 11 秒 3 的成绩；撑竿跳高 4.40 米相当于铅球 17.08 米和铁饼 52.10 米，而且发展相对力量也比发展绝对力量更容易见效，标枪属于轻器械，投掷标枪不是依靠绝对力量而是依靠相对力量、爆发力和出手速度，以及柔韧性、灵活性和协调性。由此可见，优先发展和提高"跑的技术"水平不仅符合各项素质发展敏感期的先天差异和尽早开发速度素质的基本规律，而且对进一步提高其他单项技术也具有先导性作用。

（2）优化单项串联结构是提高转项适应能力和技术水平的有效途径。在一次比赛中将所有单项最好成绩都表现出来是一个理想追求，在实际比赛过程中，许多单项成绩十分优秀的运动员，在从一个单项比赛结束转移到另一个单项比赛时，往往就会出现某些单项的比赛成绩与本人最好成绩相差甚远的现象。综合国内外研究成果可以看到，以提高径赛项目的技术和竞技能力为主干，以提高速度性项目技术水平为先导，以提高跳跃和投掷项目的技术水平以及竞技能力为两翼，是技术训练的基本结构，其代表性组合结构是：100 米与跳远的组合；100 米栏与跳高的组合；110 米栏与铁饼的组合。

实践已经证明，在训练过程中有目的地将那些在转项时运动员感觉最困难的项目串联起来进行针对训练，不仅可以缓解单项训练过程中的局部肌肉和运动器官的过度疲劳，也可以缓解训练的单调乏味，而且还可以提高运动员的转项适应能力和整体技术水平。

（3）全面性是技术训练的核心。对于某一田径单项运动员来说，他们可以投入全部精力去改进和提高弱项技术，而全能运动员却做不到这一点，他们必须将有限的时间和精力投入到所有比赛项目的技术训练中去，因为该项群运动员不能很好地掌握 10 个或 7 个项目的技术，要想取得优异成绩几乎是不可能的。实践证明，少儿时期技术训练应以"少而精"为主，按照既能发展身体素质，又能改进技术的思路，挑选出一些简单、实效的训练手段进行针对性训练。在训练方法上应以"局部技术训练为主、完整技术为辅、分解技术与完整技术相结合"的方式进行训练。在高级专项训练阶段，他们的技术训练重点则是以改进和完善各单项技术为核心。即使是世界优秀运动员也有相对较弱的单项，要想在有限的时间内精通全部项目是不切实际的。

（二）体能培养

1. 田径速度项群体能培养特征

田径速度项群的体能包括身体形态、身体机能和身体素质三方面内容，其中，身体形态和身体机能取决于运动员的先天遗传因素，而身体素质水平则取决于运动员后天训练的习得水平。

（1）身体形态。短跑各单项由于运动形式不同，它们对运动员的身体形态要求也不尽相同，研究表明，中国女子的身高指数排序依次为 100 米栏＞400 米栏＞400 米＞200 米＞100 米，男子的身高指数排序依次为 110 米栏＞400 米＞400 米栏＞200 米＞100 米。而国外女子的身高指数顺序依次为 400 米栏＞200 米＞100 米栏＞400 米＞100 米，国外男子的身高指数顺序依次为 200 米＞400 米栏＞110 米栏＞400 米＞100 米。

男子 100 米和 200 米运动员的肩带和躯干力量相对较强，但是女子运动员却没有表现出这种特点。优秀男女运动员的去脂体重与运动成绩呈正相关，训练水平越高，去脂体重与体重/身高指数越大。其中，400 米和 400 米栏运动员的去脂体重/体重指数最大，去脂体重/身高指数最小。

（2）身体机能。短跑运动员竞技能力水平主要是受体内 ATP-CP 的储备水平的限制，尤其是短跑和短跨运动员更是如此。研究表明，短跑运动员的肺活量/体重指数水平虽然低于耐力项群但明显高于速度力量项群，尽管优秀短跑运动员的肺活量水平虽然在绝对值比较上处于较低水平，但是在相对值上仍处于中等以上水平，也就是说该项群优秀运动员的训练过程尽管是以无氧训练为主，但是他们也都曾经经历了良好的有氧训练过程。这从另一个侧面进一步证明了保持良好的有氧训练水平不仅是该项群运动员提高专项耐力水平的前提条件，也是运动员从事大运动量训练的物质基础，同时它对运动员在大运动量训练后快速恢复体力、防止运动性损伤和增强抵抗疾病能力等方面具有重要作用。

（3）身体素质。短跑运动员体能水平的高低主要取决于身体素质发展水平，其训练特征表现在以下几个方面：

第一，100 米跑运动员身体素质训练体现出以发展身体重心快速位移能力和疾加速能力为核心，以发展速度耐力、速度力量和动作频率为重点，以提高疾加速能力和声反应时为基础的特点。

第二，200 米跑运动员身体素质训练体现出以发展专项速度耐力为核心，以发展身体重心快速位移能力和专项速度力量为重点，以提高疾加速能力和动作频率为基础的特点。

第三，400 米跑运动员身体素质训练体现出以发展专项速度耐力为核心，以发展身体重心快速位移能力为重点，以提高专项力量耐力和动作频率为基础的特点。

第四，100 米栏和 110 米栏运动员身体素质训练体现了以发展动作频率为核心，以发展专项速度力量和身体重心快速位移能力为重点，以提高疾加速能力和速度耐力为基础的特点。

第五，400 米栏运动员身体素质训练体现了以发展专项速度耐力为核心，以发展身体重心快速位移能力和专项速度力量耐力为重点，以提高动作频率为基础的特点。

2. 田径速度力量项群体能培养特征

（1）身体形态

第一，该项群运动员具有身材高大匀称、体重相对较大等特征。其中，世界优秀跳高运动员的身高和体重标准一般为 1.94 米和 76 千克，女子为 1.80 米和 60 千克。世界优秀男子铅球和铁饼运动员的平均身高和体重分别为 1.94～1.97 米和 119～123 千克，女子分别为 1.81 米和 89～93 千克。男子跳远和撑竿跳高运动员的平均身高为 1.84 米，女子平均身高为 1.75 米，男子平均体重为 76 千克，女子平均体重为 63 千克。

第二，该项群运动员具有四肢和跟腱较长、躯干呈桶型的特征。其中，男女投掷运动员的胸围/身高指数分别处于 58 和 55，男子投掷运动员的髂宽×100/肩宽指数和髂宽×100/髋宽指数分别为 72.12 和 88.93，女子分别为 76.9 和 88.4，男女跳跃运动员的踝围与跟腱比明显低于投掷运动员，而以力量为主的投掷运动员，则具有跟腱较短、踝围较粗的特征，而且这一特征随着投掷器械的加重，其踝围与跟腱之比也趋于增大。

第三，体内脂肪百分比高和肌肉含量多。其中，男女跳跃运动员体内的脂肪百分比分别为 10%～11% 和 17%，低于投掷运动员 14%～19% 和 19%～26% 的脂肪百分比。男子跳跃运动员的去脂体重/体重指数一般在 89% 以下，女子一般在 83% 以下，而男子投掷运动员则在 81%～86%，女子在 74%～81%。这与实践中男子运动员绝对力量和爆发力均高于女子的实际情况也是一致的。

（2）身体机能。田径速度力量项群的共同特点之一是速度力量大小在其竞技能力结构中占有决定性地位。由于该项群的技术动作完成时间一般在10秒以内，因而对运动系统的最大输出功率要求很高，这种短时间、大强度的动力能源是由强大的、高效率的磷酸原供能系统提供的。因此，该项群运动员通常具有骨骼肌内ATP和CP储量大，ATP再合成能力强，ATP酶和CK活性高，以及肌肉中白肌纤维比例大、质量高的特征。

从内脏器官功能来看，男女投掷运动员的肺活量平均值分别达到5481和4074，明显高于跳跃运动员，这可能与投掷运动员先天具有的身材高大、胸围宽厚、躯干粗壮等生理特征有关，同时也可能与投掷运动员经常进行大量的力量训练存在很大关系。女子运动员的肺活量和肺活量/体重指数相对较小，反映出男子运动员的内脏器官功能要强于女子，这一差异可能是由于男女先天生理差异造成的。但是各单项运动员的肺活量和肺活量/体重指数没有体现出明显的专项差异，这反映出该项群运动员普遍具有较强的内脏功能。

（3）身体素质

第一，更加重视身体素质训练效应的整体性。表现在发展力量素质方面如何对主要训练手段进行优化；将发展速度、速度力量与发展绝对力量相结合；突出力量练习与技术、速度练习的结合与转化；在专项素质训练方面，更加突出地广泛使用一些与专项技术动作相一致的各种组合练习，并充分注意在高速运动中完成专项素质与技术组合练习；在整个训练过程的计划和安排过程中，更加重视负荷量与负荷强度以及间歇时间的搭配与调整；强化主要动作环节的力量、速度和角度，控制轻重器械的合理使用和安排。

第二，身体素质训练内容的选择更加侧重专项性。常用的手段包括使用各种带有助力或阻力的跑——跳——跨练习、投掷轻器械——标准器械——重器械，以及各种难度的跳或掷练习。在实践中教练员一般也是以完整技术投掷轻器械的成绩作为衡量专项速度素质的标准，以完整技术投掷重器械的成绩作为衡量专项力量素质的标准，而以投掷标准器械的成绩作为衡量专项能力水平的标准。

第三，力量训练的结构是以方法与手段的特异性为依据的。有针对性地发展人体"力量发展区"的大肌肉群力量，是该项群力量训练的重点内容。从解剖学角度来看，力量发展区的大肌肉群位于髋和膝关节之间，髋关节的伸屈肌群即背棘肌、腹肌、股四头肌对动作速度影响极大，发展这些肌群的力量对提高跳跃运动员的快速起跳能力更是具有十分重要的作用；而对于投掷运动员来说，除了发展髋关节的伸屈肌群力量外，上肢与躯干肌肉的力量发展区训练也十分重要，尤其是发展背肌、斜方肌、胸大肌、三角肌、肱三头肌、前臂肌和腕部肌的力量对提高快速出手速度更是具有极为重要的作用。

3. 田径耐力项群体能培养特征

(1) 身体形态

该项群运动员的身高指数相对较低，女子身高为 1.67~1.71 米，男子身高为 1.77~1.84 米，随着比赛距离的增加，运动员身高趋于递减。中距离跑女子运动员平均体重约为 54±1 千克，男子约为 63±3 千克；长距离和超长距离跑的中外女子运动员平均体重约为 52 千克，男子约为 59±3 千克；女子运动员的髋宽×100/肩宽指数比男子运动员要大一些，约为 88±2，但没有表现出明显的专项差异和性别差异；女子运动员的体内脂肪百分比明显高于男子，男子体内去脂体重稍高于女子，反映出该项群运动员普遍具有身体轻、肌肉含量少的体成分特征。

(2) 身体机能

第一，中跑运动员竞技能力受制于无氧糖酵解系统和磷酸原系统的供能水平。由于中跑比赛的时间一般在 1 分 30 秒至 4 分钟之间，运动所需的能源大约有 65％是由无氧糖酵解系统提供的，另有 30％能源来源于磷酸原系统，有氧代谢仅占 5％左右。

第二，长距离走或跑运动员的竞技能力受制于无氧糖酵解系统和有氧代谢系统供能水平。由于长跑、超长跑或竞走比赛的时间一般在 10~180 分钟，运动所需能源有 80％以上是靠有氧代谢系统提供的，5％~15％的能源来自于无氧糖酵解系统，无氧代谢系统提供的能源仅占 5％。

第三，运动员心肺功能水平具有显著的个体差异性。据报道，女子中跑运动员的肺活量指数和肺活量/体重指数略高于长跑和超长跑运动员，但男子却没有表现出这一特征；中跑运动员最大摄氧量相对值为 72.4 升/分以上，长跑运动员约为 82.0 升/分以上，超长距离运动员约为 76.0 升/分以上，但是澳大利亚的克莱顿（世界上第一个突破 2 小时 10 分钟大关的马拉松运动员），他的最大摄氧量相对值仅有 69 升/分，该值与我国男子马拉松运动员基本相同，但我国男子运动员却没有达到这么高的竞技水平。这反映出肺活量指数、肺活量/体重指数和最大摄氧量相对值的高低与运动员所能达到的竞技水平并不存在线性关系，呈现出明显的个体差异性。

(3) 身体素质

第一，中跑运动员的最大速度制约着竞技能力的发展程度。世界优秀中跑运动员在比赛过程中的平均速度非常高，男女 800 米跑的平均速度分别达到 7.86 米/秒和 7.06 米/秒；即使是 1500 米跑的平均速度也分别高达 7.23 米/秒和 6.51 米/秒。由此可见，没有很高水平的最大速度是很难在竞争激烈的中距离跑比赛中取得优异成绩的。

第二，相对力量和力量耐力是不可缺少的素质。无论该项群运动员的主项距离有多长，运动员要想取得优异成绩都需要发展相对力量和力量耐力素质，距离越短，肌肉用力次数越少，每次用力强度则越大。相反，距离越长，肌肉用力次数越少，每次用力强度也越小，对肌肉力量耐力要求也越高。因此，有针对性地发展各主项所需的肌肉耐力和相对力量，是提高竞技能力不可忽视的因素。

第三，身体素质训练呈现出以发展有氧代谢能力为基础，以发展无氧糖酵解能力为重点，以发展专项身体素质为核心的特征。该项群的专项耐力训练强度一般控制在 80%～94%，训练内容包括持续跑或走、间歇跑或走、重复跑或走、变速跑或走，以及测试和比赛性专项距离跑或走等 5 个部分。长跑、竞走、马拉松运动员的专项身体素质训练，通常是采用强度为无氧阈值 [男子为 50 毫升/（千克·分$^{-1}$），女子为 40 毫升/（千克·分$^{-1}$）] 或乳酸阈值的专项距离跑或走，以及各种短于专项距离的跑或走练习进行的；800 米跑运动员的专项速度和专项速度耐力训练，则是采用绝对速度（60 米跑平均速度）、基础速度（100 米跑平均速度）和相对速度（短于专项距离的段落平均速度）等方法进行的。

4. 田径组合项群体能培养特征

（1）身体形态

该项群中外优秀男女运动员的身高和体重指数没有明显差异，男子平均身高约为 1.88 米，平均体重约为 84 千克；女子平均身高约为 1.74 米，平均体重约为 63 千克。男女运动员的指距/身高指数分别为 5.26±2.8 和 4.20±3.8，男女运动员的胸围/身高指数分别为 52.41±1.8 和 48.78±2.2；男子髂宽×100/肩宽指数和髂宽×100/髋宽指数分别为 69.89±3.5 和 88.00±2.9，女子分别为 72.80±3.8 和 86.40±3.6，男女体内脂肪百分比分别为 11.17% 和 15.41%。

（2）身体机能

组合项群男子的肺活量指数和肺活量/体重指数分别为 4250～4260 毫升/千克和 65～67 毫升/千克，女子分别为 3250～3780 毫升/千克和 57～61 毫升/千克，由于该项群是由多个单项组成的，耐力水平的高低还不足以影响总体竞技水平和比赛成绩，这可能是该项群运动员在训练过程中很少进行耐力训练的主要原因。

（3）身体素质

第一，以全面发展身体素质为基础，突出训练效应的整体性。以一次身体素质训练课为例，其整体效应表现在重视将多项运动技术与身体素质结合起来进行训练，尤其是发展专项身体素质时，不仅将速度、速度力量与绝对力量结合起来，突出力量素质对技术运用和速度的提高与转化，而且在跑、跳、投练习时，也十分重视选择一些与专项技术动作一致的练习手段，强调专项技术动作的用力结构、时机、方向和路线以及动作的速度，因而加深了训练的整体效益对机体的刺激强度。从一次训练课的负荷强度控制来看，其全面性与整体性体现在更加重视每次训练课的负荷强度累积效应上。由于该项群的大多数单项都属于技术性较强、运动时间较短、负荷强度相对较大的项目，所以，运动负荷的控制必然要以高强度为主，因此，多项练习负荷强度的累积效应也就十分明显。

第二，身体素质训练内容与结构具有阶段性和针对性。世界优秀运动员在基础训练阶段是以一般身体素质为主，以专项身体素质和技术训练为辅，三者比例分别为 6：2：2；初级专项训练阶段则是以多项运动技术和一般身体素质训练为重点，以专项身体素质训练为辅助，三者比例分别为 4：4：2；而在专项提高阶段和高级专项阶段则是以专项技术训练为核心，以专项身体素质训练为重点，以一般身体素质训练为基础，三者比例分别为 6：3.5：0.5。可以看出，随着训练阶段的深化，专项身体素质和技术训练呈递增趋势，而一般身体素质训练则呈递减趋势。

第三，身体素质训练内容的选择与发展具有优先性和顺序性。由于全能比赛项目具有顺序性，这也就决定了单项之间的衔接具有相对稳定的结构。与此同时，又由于该项群在跑、跳、投的竞赛项目分布上存在着不平衡性，所以，训练时还需要教练员有针对性地根据运动员已有的身体素质特点和各项素质发展敏感期的先后顺序进行选择性训练。研究表明，不同年龄和不同训练阶段的身体素质训练都是以优先选择几个项目作为训练重点，当运动员牢固掌握重点训练内容后，才将那些原来属于次要地位的单项提升到重点训练的位置，有时某个单项技术由于运动员掌握的情况不理想，则有可能将该项目在两年内都始终作为重点内容进行强化训练而不去改变。

第四，优化各专项主导素质结构是提高训练整体效应的重要途径。现代训练方法可使某些身体素质在相当短的时间内得到快速提高，但过分发展某种身体素质则会影响其他身体素质的发展。例如，最大力量练习可以发展肌肉最大力量，特别是对大肌肉群的力量作用更为明显，反过来，过分突出大肌肉群力量训练却会对 400 米、800 米、1500 米和跳高项目产生消极影响，而单纯发展耐力素质，又会影响投掷成绩的提高。因此，协调发展各项身体素质并使之得到适度发展，而不是最大限度地发展各项身体素质是该项群训练的基本指导思想。

第五，各项身体素质与技术训练在项数安排上具有特定的时间变化节奏。全能运动员的训练不能像田径其他单项运动员一样每周都安排 1～2 次单独的身体素质训练，而只能在每次训练课中对身体素质与单项技术进行组合训练。尽管在身体素质的具体练习方法和手段上与田径其他单项存在一定的相似性，但在负荷量与强度的控制方面却存在显著差异，具体表现在身体素质训练在负荷量和负荷强度控制上只要求适度，而不追求最大负荷量和负荷强度，而且技术训练一般安排在精力充沛、体力较好的条件下进行。

第六，身体素质与技术训练的组合结构具有顺序性和针对性。速度训练一般安排在每周的前两天或体力较好的时候，而在一次训练课中速度训练则安排在训练课的前半部分或体力较好的时候，即使是在一次训练课中，速度训练也总是与其他单项所需的助跑练习结合起来进行，并以助跑节奏和改进助跑技术作为重点。在一次训练课中速度耐力和一般耐力训练通常安排在训练课的后半部分，一般耐力训练主要是通过延长训练课时间和进行长距离越野跑练习，有时也在训练结束后进行 2000 米跑来发展一般耐力；力量素质、弹跳力、柔韧性和灵敏性训练与田径其他项群所采用的方法和手段基本相同，只是在负荷强度和负荷量的控制方面存在一定差异。由于该项群训练内容较多，所以，在训练中对单纯的身体素质训练基本上不作单独安排（伤病期间除外），而是将身体素质与单项技术结合起来进行组合训练。

第二节　田径运动员竞技状态调控

一、田径运动员竞技状态调控概况

田径运动员竞技状态调控的基本宗旨是根据人体对于各种性质训练负荷刺激的适应和恢复规律，科学地设计和安排训练内容和时间结构，力争在重大比赛中发挥出运动员的理想专项能力和运动技术水平，创造最佳运动成绩。

田径运动员竞技状态调控的研究内容，主要涉及围绕奥运 4 年周期、年度训练大周期、阶段训练中周期，以及周训练小周期训练结构和内容的设计与安排。

合理安排赛前训练，保障田径运动员在重大比赛中表现出理想成绩一直是广大教练员和运动员训练实践中长期追求的目标，同时也是运动训练科研领域面临的重要前沿性课题。目前运动员面临的比赛逐渐增多，而且由于比赛报名人数的日益增加，及格赛的赛次和难度也随之增加，直接导致及格水平和淘汰率也日渐提高。

（一）田径运动员训练与比赛之间固有的联系和差异

近年来，针对田径运动员竞技状态的调控问题，有学者提出训练与比赛之间具有固有的联系和差异：训练是运动员竞技能力各要素自身强化和相互协同的充实过程，注重系统连贯、内向积累、强化完善和整体竞技能力各个决定因素协调发展。比赛则是竞技能力各要素在自身稳定和相互协同基础上适时调整的发挥过程，强调适宜时机、外向表现、集中控制和运动成绩独立指标的非衡突破（见图 7-6）。

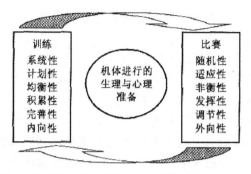

图 7-6　训练和比赛中田径运动员机体身心准备的特点

在田径运动比赛中，我们经常看到有的选手在身体不适甚至患病情况下仍然能够凭借顽强意志和拼搏精神取得较好成绩或名次，但这种情况决不适用于继续坚持系统训练。诚然，训练与比赛二者之间存在密切联系，但仍然具有本质区别。

（二）田径运动员竞技状态调控阶段的划分

田径运动员赛前竞技状态调控阶段是围绕比赛主要目标而划分的。可以采用以主要比赛日期为标定点，采用"倒数时"的方法，向回程方向依次确定赛前训练阶段和安排测验或热身赛，进而安排整个年度或阶段训练的大周期，请参见如下优秀运动员采用的训练阶段划分操作程序（图 7-7）。

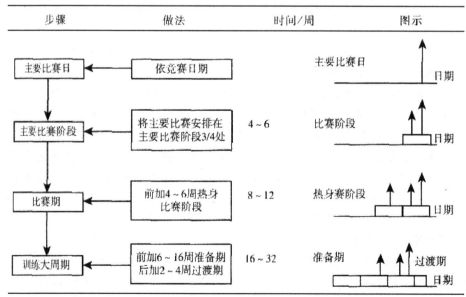

图 7-7　优秀运动员训练阶段划分的操作程序

赛前竞技状态调控训练虽然只占年度训练时间的一小部分，但它起到将运动员训练水平转化为运动成绩的重要衔接作用。青少年运动员的赛前训练一般为6～8周，优秀选手则需要8～10周。赛前竞技状态调控训练通常可以分为赛前全面准备和赛前直接准备（通常为赛前最后两周）两个阶段，各自具有不同的特点（表7-3）。

表 7-3　田径运动员赛前训练的阶段与特点

	赛前全面准备阶段	赛前直接准备阶段
大致时间	4～6 周	1～2 周
主要特点	1. 基本完成完善技术工作，使专项技术训练强度达到较高水平	1. 技术稳定、熟练、整体效果好，强度控制准确
	2. 专项素质达到最高水平	2. 主要素质训练保持在较高水平
	3. 负荷较大，整体训练水平提高	3. 训练安排合理、细致，训练后得到及时恢复
	4. 合理安排训练节奏，阶段结束时运动员进入最佳竞技状态	4. 心理状态稳定
	5. 融入心理训练，心理状态良好	

（三）田径运动员竞技状态调控特点和规律的研究

近来的研究成果中，有学者提出了田径运动员的竞技状态调控特点和规律。

1. 关于训练课次和时间

一般来说，绝大多数运动员一天一次训练课，每次1.5～2个小时就够了；对于一天将要参加两个赛次的运动员，则有必要上下午各安排一次训练，但每次的训练时间可适当缩短。训练时间短了，但每次训练课的目的和要求必须十分明确，训练的质量和效果必须得到保证。

2. 关于训练量和训练强度

由于大赛前的训练任务主要是培养良好的竞技状态，因此在这一阶段中训练负荷量的总趋势是在波动中逐渐下降，而且下降的主要因素是训练量的减少，同时训练强度却呈逐渐上升的趋势，要注意提高突出的强度，避免每次跑、跳、投都要求大强度以及总不满足的倾向；在训练中要特别注意安排好量和强度的组合和搭配。

3. 关于训练内容

此阶段训练内容的特点是面较窄，训练手段相对少，主要集中在与专项关系密切的重要专项素质和完整专项技术上，特别要抓好专项技术中的关键环节的完善和熟练，如助跑、起跳或最后用力等。此时不要力图对技术作较大的改动。

4. 关于训练密度

大赛前训练的密度要尽量与比赛时的密度相似（主要指田赛项目），使运动员在每次跳和投的准备方面适应比赛的要求。

5. 关于实战性训练

实战性训练对运动员在比赛中发挥水平能力的提高有着重要作用，必须在训练时间，准备活动，赛次的训练要求，田赛第一、二次跳或投的成功率，战术训练，适应时差，以及全面演练等方面严格要求。

二、田径运动员竞技状态调控的基本内容与方法

（一）田径运动员竞技状态调控的基本内容

形成竞技状态是田径运动员竞技状态调控的基本内容之一。大赛来临时，运动员的竞技状态如何，对运动成绩有很大的影响。赛前训练的最根本目的就是在运动员参加比赛时达到最佳的竞技状态，为他们在比赛中发挥最佳的竞技水平创造条件。

1. 竞技状态调控的任务

（1）使运动员的专项技术、专项素质、心理状态和身体健康水平在比赛时基本同步地达到最佳状态。

（2）完善、熟练和稳定完整技术。

（3）在保持全面身体素质水平基础上，提高专项身体素质水平。

（4）有针对性地安排训练负荷和阶段。

（5）加强参赛的心理准备。

（6）赛前慎重安排训练负荷和加强恢复措施，跳跃、投掷、短跑和跨栏项目应尽量使运动员的机体在训练后当天就能得到充分恢复。

2. 组成竞技状态的因素

严格地说，竞技状态是比赛时运动员各方面能力的一种综合体现，它不是由单一因素决定的，而是由多方决定的，这些因素相互影响，相互补充，形成了运动竞技状态。概括起来，竞技状态调控的内容主要包括以下几个方面：

（1）技术。关系到运动员能否充分发挥和利用已具备的专项身体素质和能力。

（2）素质。是运动员正常发挥技术水平、创造优异成绩的基础。

（3）心理。是运动员良好表现技术和素质水平的重要保证。

（4）体力。是技术水平和素质能力的添加剂。

在比赛中，以上任何一个因素不佳，都会对运动员的竞技状态产生消极的影

响，从而难以创造出最佳的成绩。以前有许多人片面地将运动员自我感觉体力如何作为判断竞技状态好坏的唯一因素，这是很不全面的。在实践中，常常出现运动员在比赛中感觉体力很好，却不能创造好成绩的情况，这往往是因为其他几个因素中有的不佳而影响了竞技状态。因此，在大赛前的训练中，教练员要在以上四个方面有针对性地对运动员进行培养和训练。

3. 田径运动员良好竞技状态的特征

（1）专项技术。专项技术动作熟练完善，稳定性和自动化程度高，动作时机掌握准确，协调放松，没有明显的问题。

（2）专项素质。专项素质在赛前一周达到甚至超过自己的最高水平，并能在专项技术中充分地表现出来。

（3）心理状态。运动员渴望比赛的到来，情绪高涨，跃跃欲试，充满自信，容易兴奋和调动自己，但同时又能保持沉着冷静，没有焦虑和紧张害怕的表现。

（4）体力。训练后体力恢复快，自己感觉精力充沛、旺盛，无疲劳感，睡眠质量高，没有沉睡不醒的情况。

赛前训练中竞技状态的培养要紧紧围绕以上四个方面进行，如果运动员在比赛前能够在这四个方面达到要求，则说明最佳竞技状态已经形成，在这种情况下参加比赛的成功率就会大大提高。

最佳竞技状态的形成需要一定的时间，它与赛前训练的质量、效果，以及训练强度、训练量的掌握有密切的关系。这种状态形成后可以保持一段时间（因人和训练情况而异，一般至少可以保持 10 天至两周）。因此，根据运动员的特点和具体训练情况准确和有针对性地安排好赛前训练的内容、控制好训练强度和训练量，同时帮助运动员做好必要的心理准备，对保证最佳竞技状态的出现与比赛的时间相吻合是十分重要的。教练员一定要在这方面认真观察、学习、分析和总结。

（二）田径运动员竞技状态调控的基本方法

1. 田径运动员竞技状态调控的训练要点

（1）完善田径运动专项技术和强化专项能力处于训练内容的核心地位。由于田径运动大多数专项技术需要把力量、速度、协调、灵敏和柔韧等多方面的专项能力集中到技术动作中。因此，在主要比赛前系统地完善和稳定技术、强化和保持各种专项能力，并把它们融入技术动作中，对于田径运动员做好赛前训练至关重要。对于所采用的主要训练内容也需注意一些特殊要求。

①较多采用完整技术跳跃或投掷来完善和稳定技术：赛前技术训练重点进行完整技术训练。例如，根据我国高水平投掷运动员赛前训练经验，完整技术投掷

次数约占技术总掷技术的 2/3 以上。一次训练课完整技术投掷 30～40 次，一周约 200 次左右。赛前最后一周每次技术练习的完整技术投掷在 15～30 次。

②控制好技术训练的强度：赛前最后两周的专项技术训练强度至关重要。例如，根据我国高水平铅球运动员训练的成功经验，赛前最后两周技术训练强度与比赛成绩的关系是赛前直接准备阶段（两周）技术训练平均强度约为比赛成绩的 93%。

计算方法是在技术训练课中，运动员尽自己当时的能力，完成完整技术投掷 10 次，取出其中最好的 5 次成绩相加，再除以 5 进行平均，得出的平均数为课平均强度，即：

（第一个好成绩＋第二个好成绩＋……）÷次数＝课平均强度

用上述方法计算出阶段平均强度，即：

（课平均强度＋课平均强度＋……）÷课次＝阶段平均强度

再将阶段平均强度除以比赛成绩即可得出其系数。

另外可以根据运动员的实际情况和比赛要求，制订出比赛成绩指标，用预期的比赛成绩乘以 93%，用来控制赛前两周技术训练的平均强度。在采用上述方法时，允许成绩的变化幅度为 1% 左右。

③对于技术训练中出现的问题分清主次：技术训练应抓住主要问题，如全程的速度节奏、用力顺序和全力跑、跳跃、投掷时技术的稳定程度等。对于对整体技术影响较小的局部问题，只作一般性的要求和改进，不要过分强调细节而影响主要技术任务的完成。

④增加技术辅助手段的利用来改进技术和提高专项能力：采用技术模仿练习、心理演练和借助录像手段强化技术，分析和改进自身技术。采取增加专项和专门的跑、跳跃、投掷训练内容的比重等方式加强专项能力。

⑤赛前技术训练中强调协调、放松和完成大幅度动作的重要性：注意要求和提醒运动员完成动作的协调、放松和伸展程度，这是保证运动员在比赛中发挥技术水平的重要前提。

（2）注重赛前力量训练手段的优化，训练负荷中运动量和强度的合理组合

①速度和力量训练手段相对集中，主要手段基本保持不变：对于田径运动大多数速度力量性项目来说，在赛前竞技状态调控阶段，使速度和力量训练的主要指标达到最高水平是必要的，但主要力量训练手段需要相对固定和集中，这是稳定控制训练效果的重要措施。

②总结运动量和强度合理组合的成功经验：根据我国高水平田径运动员，特别是投掷训练的成功经验，主要手段（卧推、全蹲、高翻）的最后一次高强度训练，

适宜安排在赛前三周（或 20 天左右）进行。这次最高强度的训练，应使运动员能够达到自己最高成绩或提高成绩。最高强度一次课安排 1～2 个手段，主要手段可安排在 2～3 次课中完成。此后，上述手段的最高强度维持在最高成绩的 70％～80％，负荷量（3～5）次×5 组，以达到保持最大力量水平、保证动作速度和协调，以及为专项技术训练创造良好条件的目的。一般来说，到赛前最后一周力量训练主要手段的负荷强度下降到最高水平的 60％～70％，负荷量再减少 1/3，保障运动员有充沛的体力和高质量的心理能力参加比赛。

（3）适宜减少一般性练习负荷量和增加专项练习负荷强度，强化训练的医务监督和恢复措施。田径运动员的赛前竞技状态调控和训练必须在人体生理和心理机能能够得到充分恢复的前提下进行，以保证以最佳竞技状态投入比赛。因此，训练负荷的控制和训练过程的监测在这时就显得尤为关键。需要注意的主要问题包括：

①不同性质练习比重的控制：田径运动员的赛前竞技状态调控和赛前训练需要适当减少训练负荷量和一般性练习（如一般性跑、跳、投练习）的比重，增加专项练习负荷强度和专项性、速度性练习的比重。这要依运动员年龄、训练水平和营养状况和恢复条件而定。

②把握好调整训练负荷的时机：青少年田径运动员机体新陈代谢旺盛、训练负荷量较小、恢复周期较短，赛前训练减少负荷量时间和幅度不宜过早和过大，一般只是在赛前几周稍做调整，以免导致全面身体能力的降低。由于负荷量的减小，强度的增加一般为自然出现的过程，但要注意临近比赛数天中不宜尝试练习的最大强度，以保证比赛中神经机能处于最佳状态。

③注意加强教练员的指导和与运动员的沟通：利用多种手段获得多方面关于训练和身体状况信息，获得运动员的技术感觉和身体反应的反馈信息。

④加强恢复和医务监督：在可能条件下加强恢复和防止伤病，注意在训练过程中调节练习和休息的节奏，日常监测脉搏、血压、血色素等简易生理指标，选择安全练习手段和加强保护等。

（4）针对主要比赛和运动员竞技能力变化特点安排赛前训练的周期和阶段。田径运动员的赛前训练是围绕全年或阶段的主要比赛而展开的，包括一般和专门训练内容、定期测验和一些热身赛。通过训练实践和对于人体竞技能力变化规律的探索，人们认识到不同运动员竞技状态的获得、保持和下降周期存在较大的个体差异，随着运动员训练水平的提高，这个差异也更加明显。这就需要注意不同运动员的赛前训练安排的区别对待，做到有的放矢，同时做到训练和比赛有记录，不断总结经验，探索出适合自身的赛前训练计划。

（5）灵活运用赛前模拟、实战演练和适宜的心理训练手段。田径运动员赛前训练主要内容包括：训练中按照规则要求模拟比赛的大强度跑、跳跃或投掷；创设和适应比赛环境和条件，组织测验、参加检查性比赛或热身赛；采取增强自信心、集中注意力、心理动员和放松、强化运动表象等心理训练手段。赛前训练与平时日常训练的显著区别在于，训练任务由竞技能力"全面发展和积累"转移到"重点保持和发挥"。这需要运动员在生理和心理方面作出特殊准备，并使赛前训练过程更加适应比赛实战的客观要求。

2. 优秀田径运动员赛前两周竞技状态调控的训练计划示例

我国在高水平女子铅球运动员的培养中积累了许多值得借鉴的成功经验。现提供一个我国优秀女子铅球运动员重要比赛前两周训练计划供大家参考（据阚福林资料）。

（1）运动员基本情况。女子运动员，训练年限 8 年，铅球专项最好成绩 21.10 米。力量素质主要手段最好成绩：握推 140 千克、下蹲 200 千克、高翻 120 千克。采用背向滑步推铅球技术。

①赛前第一周

星期一

力量练习：

卧推：60 千克×5 次，80 千克×5 次，100 千克×5 次，
　　　110 千克×5 次×5 组，80 千克×5 次

体前快推：40 千克×8 次×5 组

下蹲：100 千克×5 次，120 千克 x 5 次，140 千克×5 次×5 组

半蹲：100 千克×7 次×5 组

滑步推铅球：30 次（5 千克 20 次、4 千克 10 次）

星期二

滑步推铅球：30 次（4.5 千克 20 次、3.5 千克 10 次）

高翻：60 千克×5 次，80 千克×5 次，90 千克×5 次×5 组

双手推壶铃：（20 千克＋20 千克）x 10 次×5 组

肩负杠铃体侧屈：20 千克×10 次×5 组

轻松跨步跳：100 次

星期三

卧推：80 千克×5 次×5 组

半蹲：100 千克×5 次×5 组

滑步推铅球：20 次（3 千克）

加速跑：60 米×5 次

星期四

滑步推铅球：30 次（4.5 千克 20 次、3.5 千克 10 次）

高翻：60 千克×5 次，80 千克×5 次，90 千克×5 次×5 组

双手推壶铃：（20 千克＋20 千克）×10 次×5 组

肩负杠铃体侧屈：20 千克×10 次×5 组

轻松跨步跳：100 次

星期五

卧推：80 千克×5 次×5 组

半蹲：100 千克×5 次×5 组

滑步推铅球：20 次（3 千克）

加速跑：60 米×5 次

星期六

滑步推铅球：30 次（4.5 千克 20 次、3.5 千克 10 次）

高翻：60 千克×5 次×5 组

双手推壶铃：（20 千克＋20 千克）×10 次×5 组

肩负杠铃体侧屈：20 千克×10 次×5 组

轻松跳：100 次

星期日

卧推：60 千克×5 次，80 千克×5 次，100 千克×5 次，
110 千克×5 次×4 组，80 千克×5 次

体前快推：40 千克×10 次×5 组

下蹲：100 千克×5 次，120 千克×5 次×5 组

半蹲：100 千克×5 次×5 组

滑步推铅球：20 次（4 千克）

加速跑：60 米×5 次

②赛前第二周

星期一

旅途中。

星期二

滑步推铅球：20 次（4 千克）

肩负杠铃体前屈：40 千克×5 次×5 组

负杠铃转体：40 千克×10 次×5 组

负杠铃前后交换腿跳：40千克×10次×5组

星期三

卧推：60千克×5次，80千克×5次，100千克×5次×4组

半蹲：120千克×5次×5组

滑步推铅球：20次（4千克）

加速跑：30米×5次

星期四

滑步推铅球：20次（4千克）

肩负杠铃体前屈：50千克×5次×5组×4组

负杠铃前后交换腿跳：40千克×10次×5组

星期五

卧推：80千克×5次×4组

半蹲：100千克×5次×5组

滑步推铅球：15次（4千克）

加速跑：30米×5次

星期六

滑步推铅球：10次（4千克）

一般性活动：体操和伸展练习30分钟

星期日

比赛（成绩20.56米）

三、田径运动员赛前竞技状态的诊断与调整

对于田径运动员来说，专项身体和技术训练构成了他们训练过程的主体内容。尤其是在高水平田径运动员的系统选材、多年训练、参加比赛和运动成绩的不断提高进程中，专项体能和技能训练更是奠定了田径运动员运动技术水平取得不断突破的重要基础。其中，在田径运动员赛前竞技状态的诊断与调整过程中，强化和调控竞技能力、提高竞技能力效率，对于田径运动员形成体能、技能和心智优势冲击跑、跳投项目的成绩障碍，突破个人成绩极限和达到运动成绩新目标，具有极其重要的支持作用（图7-8）。

这里列举一些田径运动训练和比赛水平较高国家运动员所采用的大周期训练结构的例子，来说明田径运动员赛前竞技状态的诊断与调整问题。

（一）"三条线"训练结构

"三条线"训练结构（图7-9），在培养出众多世界级优秀掷铁饼选手的德国采用了近20年，并且一直沿用到现在统一后的德国。"三条线"训练结构的操作特征

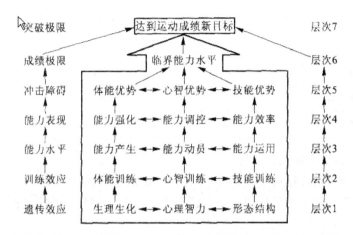

图 7-8　田径运动员训练水平不断提高和突破极限的七级渐进层次

是：围绕实现提高短跑、跳跃或投掷器械出手速度这个主要目的，根据竞技状态诊断所确定的专项身体训练与技术训练多种练习手段密切联系、相互协同、互为补充；而且专项力量手段所占的比重逐渐加大。越是接近比赛期，不同层次的专项速度力量练习内容越是占有重要的支配地位，依运动员个人特点合理地设计和实施专项力量训练内容对于取得投掷优异成绩有极其重要的作用。这种结构也适合于各级水平运动员的训练。在"三条线"训练结构大周期中，专项短跑、跳跃或投掷训练本身，也是专项力量训练衔接比赛期训练内容的重要组成部分。"三条线"训练结构大周期中不同训练阶段三部分训练内容的比重如表 7-4 所示。

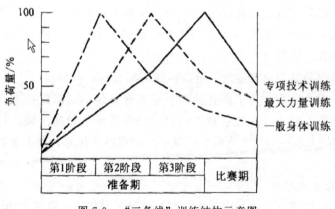

图 7-9　"三条线"训练结构示意图

表 7-4 "三条线"训练结构大周期中不同训练阶段三部分训练内容的比重

内　　容	第一阶段	第二阶段	第三阶段
一般身体训练	50	20	10
最大力量训练	30	50	30
专项投掷训练	20	30	0

（二）高强度专项训练结构

高强度专项训练结构（图 7-10）是自 20 世纪 80 年代以来起源于欧洲的一种训练思路，注重追求训练的高质量。由于对人体机能、素质，特别是神经系统工作状态要求很高，所以只适合于高水平田径运动员。

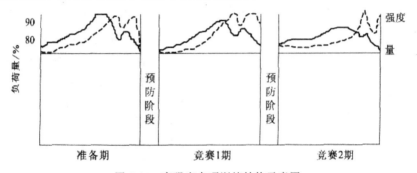

图 7-10　高强度专项训练结构示意图

这种训练结构更加注重各种专项速度力量训练内容的专项强化作用，专项训练内容与负荷要求更加融为一体，训练效应更加集中。负荷量与强度几乎是平行发展的，只是在竞赛期才有所交叉，训练量约下降 20％，训练强度上升 10％。由于神经系统很容易首先出现疲劳，所以训练周期较短，一般以三个星期为一周期，运动量为大、次大、小。为了防止神经系统疲劳和伤病，需要在实施过程中采取必要的保护和恢复措施。往往在训练过程中增设若干个预防阶段，每个预防阶段 7～10 天，期间采取一定行之有效的恢复手段和积极性休息，仍不会降低运动员的竞技能力。

（三）单项训练结构

单项训练结构理论是由苏联著名投掷教练和学者邦达丘克在 20 世纪 70 年代末提出的。这种训练结构是以不同类型的生物适应为依据的，一个运动员通过一段时间训练达到竞技状态后要将原训练计划中的训练手段改变 20％～25％，以防机体对原有训练组合的适应使竞技能力停滞不前，其中不同阶段内专项力量训练内容也始终占有着极其重要地位。例如，俄罗斯优秀男子铅球运动员的主要专门训练手段全年分配与周负荷变化，基本上也是遵循单项训练结构的模式，一般以四个星期为一个中周期。

（四）整体训练结构

整体训练结构的观点主要是由苏联著名运动训练学家沃可尚斯基提出，在 20 世纪 80 年代逐步趋于成熟和推广。其训练安排的特点是，在年度训练主要阶段中再进一步层次清晰地划分成达到不同训练目的和完成专门任务的区段，并且在其中设计和安排对运动员机体施加某一性质负荷的整体化训练内容，利用运动训练学负荷、恢复、诊断、评价和调节的动态过程中所出现的痕迹效应和延迟效应的原理，分步骤地取得田径运动员整体竞技能力水平的提高（图 7-11）。

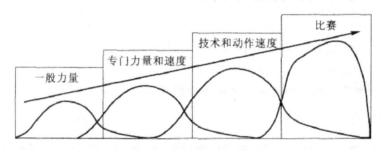

图 7-11 整体训练结构的不同负荷内容专门区段

这种负荷安排不容易造成机体广泛的过度训练。由于专门区段内训练负荷的性质和所需运动供能方式相对集中，对运动员机体施加了较深刻的刺激，加强了训练的实效性。训练过程前一专门区段的训练效果构成其后专门区段的基础和准备条件，如在前一专门区段中实施的一般力量，为后一专门区段的专门力量和速度训练做好了准备；而后一专门区段的专门力量和速度训练，又为下一个专门区段的技术和动作速度训练产生了促进性的痕迹效应和延迟效应，进而直接促成了后续专门区段中技术质量和运动成绩的提高。在对运动员竞技能力的诊断和调控过程中，利用各个专门区段训练效果的有序衔接、补偿和转化促进作用，是整体训练结构负荷安排的主导思想。

（五）年度周期组合训练结构

年度周期组合训练结构以训练周期的负荷和恢复调控原则为理论基础安排内容，将年度训练分成四个阶段或周期。每个阶段都根据由一般训练过渡至专项训练的模式，下列程序安排训练内容：一般性训练——绝对力量训练——动力性力量/速度训练——专项速度/灵敏性和技术训练。通过这个程序将田径运动技能的 4 个主要组成部分——力量、速度、爆发力和技术有机地结合起来，使运动员形成一种高质量运动技能的生理和心理痕迹，并集中训练效应实现运动员竞技能力有序地定向转化（表 7-5）。

表 7-5　年度周期组合训练结构各种训练内容分布与负荷量特点

内容	年度训练			
	第 1 阶段	第 2 阶段	第 3 阶段	比赛期
一般性训练	大量	适量	少量	少量
绝对力量训练	适量	大量	少量	少量
动力性力量/速度训练	少量	适量	大量	大量
专项速度/灵敏性和技术训练	适量	大量	大量	大量

　　依照年度周期组合训练结构，组织训练过程要注意训练周期的时段特性和各种训练内容的适宜比重，如绝对力量训练比重不可超过速度、爆发力和技术训练的比重。而年度中每个训练阶段又将不同的周训练内容有机结合，构成完成特定目的的统一整体。

第三节　田径运动员竞技营养补充与机能恢复

一、田径运动员竞技营养补充

（一）速度型项目的营养补充

1. 合理的营养补充

（1）充足的蛋白质、磷以满足肌肉力量和神经活动的需要。

　　充足的蛋白质是合成肌纤维的基础，肌肉越粗大，可储备的糖原越多，蛋白质供给 2～2.4 克/（千克·小时），占总热能的 15%，优质蛋白质占 1/3。

（2）糖、维生素 B_1、维生素 C 要充分，充足的糖原是速度力量的基础。

　　维生素 B_1 是糖供能代谢不可缺少的辅酶，既可促进糖原在肌肉中积蓄，又可加速糖原和磷酸肌酸的分解。

　　维生素 C 可增加大脑中氧的含量，激发大脑对氧的利用，从而减轻疲劳感，还能增强机体对缺氧的应激能力，提高无氧耐力。

（3）增加蔬菜、水果以增加碱储备，中和酸血症。

2. 训练期的营养

　　这类运动项目在运动中高度缺氧，运动时的能量来源主要依靠高能磷酸系统和无氧糖酵解供能，为了使能源物质迅速被动员，使 ATP 及磷酸化合物的合成加速，改善内环境，因此，膳食中应含较多易消化吸收的单糖、维生素 B_1，和维生素 C 及磷、钙。为了肌肉和神经代谢的需要，还应供给含蛋白质和磷较丰富的食物。蛋白质的供给量最好为每日 2 克/千克体重以上，占一日总热量的 15% 以上，优质蛋白质至少占 1/3 以上。为了增加体内碱储备，应多吃蔬菜、水果等碱性食物，其供给量最好达到一日总热量的 15%～20%。

3. 比赛期的营养

包括比赛期前、赛前一餐、比赛过程中及比赛期后四个阶段的营养安排。

(1) 比赛期前的营养

指的是比赛前 10 天左右的营养，为比赛训练调整期。此期运动员的营养任务是保持适宜体重，增加体内维生素储备、碱储备及糖原储备。具体要求是：

①随运动量的减少相应减少能量摄入，以免热量过多增加体重。Popowa 主张减轻体重应在比赛前 2～7 天之间，减轻体重的饮食比例为：蛋白质 2.4～2.5 克/（千克·天），脂肪 1.0～1.2 克/（千克·天），糖类 4.0～4.5 克/（千克·天）。如按 60 千克体重计算，每日食用蛋白质为 140～150 克，脂肪为 60～70 克，糖类为 240～27 克，总合能量为 2000～2200 千卡。

②适当减少蛋白质和脂肪摄入量，以免增加其在体内代谢酸性产物积累，对运动不利。饮食的限制必然会引起一定的饥饿感，因此必须制订一个热量低而又不产生饥饿感的食谱。水和盐的限制也可减轻一些体重，但应以不影响生理功能为前提。对脂肪并不能极端限制，应考虑到脂溶性维生素的摄入量。

③增加糖类以提高糖原储备。

④增加水果蔬菜摄入量，以提高碱储备。

⑤增加维生素供给量，除膳食外，可补充维生素制剂，达到维生素 A 每日 2 毫克，维生素 B 每日 10～15 毫克，维生素 C 每日 200～250 毫克。

⑥按比赛时的情况调整进餐时间与食物组成，使运动员逐渐适应比赛时的膳食。

(2) 赛前营养

指的是赛前一餐的营养。

比赛当天的饮食特点是速效和高能量。具体要求是：

①食物量不要太多，热量 500～1000 千卡，以七八成饱为宜。

②食物要易消化吸收，不含粗纤维多和易产气的食物，如芹菜、韭菜、大豆等。

③高糖，低脂肪、低蛋白质。

④用平时已经习惯的食物。

⑤于赛前 2.5～3 小时进餐。摄入食物量较少且属于易消化性食物时，可缩短至 1.5 小时，不允许运动员空腹参加比赛，因为空腹易发生低血糖症。

⑥低盐。摄入过多会增加机体排水。

⑦赛前可吃糖。这对节省体内糖原，防止低血糖和延迟疲劳发生有一定的意义。一般在赛前 2 小时吃糖，避免在赛前 30～90 分钟内吃糖，目的是避开胰岛素低血糖效应时间。吃糖以 1 克/千克体重为好，若过多会引起循环血量和血液黏稠度增加，血钾下降，胃部不适等反应，补糖的种类以复合糖（淀粉、糖原和食物纤维）或低聚糖（又称寡糖，是由淀粉通过酶的催化作用生成的新型淀粉糖，主要有两类，一类是低聚麦芽糖，具有易消化、低甜度、低渗透等特性，可延长供能时间，增强肌体耐力，抗疲劳等功能；另一类是被称之为"双歧因子"的异麦芽低聚糖，能有效地促进人体内有益细菌——双歧杆菌的生长繁殖，抑制腐败菌生长，提高营养吸收率，特别是对钙、铁、锌等离子的吸收）。

⑧赛前还可服用维生素 C，用量为 150～200 毫克。赛前 30～40 分钟服用。

（3）赛中营养

比赛过程中一般不再进食，运动过程所需的能量与其他营养素是靠比赛期前及赛前一餐的储备。如果两场比赛中间间隔时间比较短，可以选择一些易消化的含水和糖类比较充足的食物作为加餐，例如运动饮料和能量棒等，在炎热的天气下比赛时应确保饮用足够的液体。运动过程若要摄取食物，特别是固体食物对运动不利，机体消化吸收能力也极低。只能是摄取水或易被吸收的糖饮料。

（4）赛后营养

若赛后短时间（2～3 天）内还需进行比赛，赛后应注意体力恢复的营养问题。

运动员在进行紧张剧烈的比赛后，及时而合理地补充营养，有助于消除疲劳和恢复体力。

①赛后即刻补糖。赛后 2 小时内，机体肌糖原合成速率比安静时快 20％～30％。在大强度比赛后即刻服用 100～150 克葡萄糖，或 2～3 片蛋氨酸与 50～100 克葡萄糖，对补充运动员热量消耗，促进肝糖原储备，预防肝的脂肪浸润，恢复血糖水平及减少血乳酸含量，均有良好作用。

②应为高糖膳食。比赛后 2～3 天内的膳食应维持较高热能，含易消化吸收的糖类和蛋白质，脂肪含量要低。据研究，大强度运动后肌糖原的恢复一般需 2～3 天，一场足球赛后肌糖原可减少 50％左右，一般需 48 小时才能恢复，用高糖膳食可缩短为 1 天。

③充分补充各种维生素和矿物质。

④有利于体力恢复的食物，如葡萄糖、磷酸盐、钙制剂、麦芽油、蛋白制剂、天门冬氨酸盐、咖啡、碱性饮料等。

中药有：人参、鹿茸、当归、阿胶、田七、蜂王浆、花粉、虫草、红景天、沙棘精等。

（二）耐力型项目的营养补充

1. 合理的营养补充

（1）充足的糖。增加糖原储备平时糖占总热量为 $50\%\sim60\%$，大运动训练或比赛前可采用高糖膳食，提高到 70%。

（2）充足的 B 族维生素、维生素 C 和铁。充足的 B 族维生素、维生素 C 可使呼吸酶处在较高水平，供能效率提高。充足的铁和蛋白质可使血红蛋白维持在较高水平，提高输氧能力，保持耐力。

（3）适当增加脂肪，适量蛋白质及磷脂。耐力运动消耗热能大，可适当提高脂肪比例，占总热量 $30\%\sim35\%$。血液氨基酸对维持血糖水平稳定有十分重要的作用，蛋白质应占总热量 $12\%\sim14\%$。磷脂可改善血液循环功能。

（4）途中补充含糖、盐饮料。

2. 训练期的营养

运动员能量消耗大，1 小时运动的能量即可达到 628～7531 千焦（150～1800千卡），膳食应首先满足能量的消耗。当三餐摄入的能量不能满足需要时，可在三餐外安排 1～2 次加餐。糖原储备量对耐力运动极为重要，推荐摄取 8～10 克/千克体重。耐力运动中出汗量大，容易发生脱水，应在运动前、中、后适量补液。另外，B 族维生素、维生素 C 及铁离子、钾离子、钠离子等容易缺乏和丢失。

3. 比赛期的营养

（1）比赛期前营养

临近比赛的一系列训练会积累起一定的疲劳，因此，到正式比赛的时候需要将身体调整到竞技的最佳状态。这种调整包括训练的适度，休息和睡眠的时间分配，饮食的调整等，一切要与比赛状态相吻合。

运动员在临近比赛时，常减少训练量，能量消耗也随之减少，因此，能量摄取量也应相应减少。但已适应了高强度训练的运动员，此时有一定的惯性，食欲非常旺盛，容易造成过食而影响身体状态的调整。在比赛前 3 天，不宜进食大量脂肪和蛋白，否则会增加消化系统的负担，同时使体液酸化，不利于身体功能的发展。蛋白质的补充应在体力、体能训练中进行。

耐力型运动项目持续时间长，耗能多，在血液、肝脏尽可能多地储存糖原对比赛是有利的。赛前 3 天保证每日糖的摄入量应达到 10 克/千克体重，尽可能使糖原储备达到最大。早先有人报道在比赛前数日给马拉松运动员补充大量糖质，到达终点时身体情况好。但过多地摄入糖质又存在会转化为脂肪的问题。本来就以食取糖类物质为主的群体，除了少数特殊情况外，就不必强调多摄入糖类物质。

充分地恢复训练期积累的疲劳，全面地调整机体的状况，以最佳状态参加比赛是调整期的目的。除了以上提到的以外，无机盐和维生素也应加以合理补充。Jakowlew 主张从比赛前 5～7 天开始补充维生素 A 每日 2 毫克，维生素 B_1。每日 8～10 毫克，维生素 B_2 每日 2～25 毫克，维生素 C 每日 200～250 毫克。

（2）赛前营养

耐力型项目消耗大，赛前一餐的营养十分重要。总的原则是，赛前一餐要不妨碍比赛时的各种生理应激，有利于体内代谢进行。具体要求是：

①赛前一餐的食物体积要小，质量轻，热能与运动所需能量相适应，以七成饱为宜。

②饮食的主要部分应是糖类。可适当增加不饱和脂肪，以免过早发生空腹感和血糖水平下降。

③比赛当日不宜换食新的食物或改变习惯饮食的时间，换食物有发生过敏、胃肠道不适或腹泻的可能。运动员宜食用适口的并且是富于营养的食品，勿勉强吃不爱吃的食物。

④于赛前 3.5 小时进餐，如果离比赛时间短，可因食物滞留在胃内而引起腹痛和呼吸困难。不允许运动员空腹参加比赛，因为空腹易发生低血糖症。

⑤赛前补液 500～700 毫升。

⑥赛前一般不宜服用咖啡或浓茶，以免引起赛中的利尿作用。赛前不可服用含乙醇（酒精）的饮料，因为乙醇会延缓反应时间，产生乳酸盐而影响细微的协调能力。

⑦赛前补糖。为避免胰岛素效应，补糖的时间应在赛前 15～30 分钟内进行。目前，国外不强调赛前补糖的时间，因为运动一开始，除胰岛素外的多种激素，如肾上腺素、去甲肾上腺素、生长激素、胰高血糖素等的分泌都会增加，使血糖升高。常用的补糖种类有葡萄糖、蔗糖、果糖和低聚糖。虽然不同的糖对比赛能力或血糖水平无明显的差异，但以低聚糖的效果为好，低聚糖的渗透压约为葡萄糖的 1/4，吸收较快，因此可通过补充低聚糖使运动员获得更多的糖。低聚糖甜度低、口感好，但个体对该糖的吸收效率却差异很大，建议应在比赛前试用。补糖量应控制在每小时 50 克，或每千克体重不大于 1 克左右。

（3）赛中营养

耐力项目比赛时间长，可在运动过程中补充含糖的饮料，但糖的浓度不宜高于 6%。这些饮料可以是葡萄糖、果糖这样易于消化吸收的高能量物质，再加入适量的磷酸盐、柠檬酸、维生素 B_1、维生素 C 等，当然摄取量也不宜过多，以免加重胃的负担。15% 的低聚糖饮料在比赛中能收到良好的效果。饮料的温度对胃排空的影响不大，但温度较低的饮料（5～13 度）口感好。饮料中应含少量的钠盐，一般为 18～25 纳摩尔/升。

（4）赛后营养

运动后即刻补糖有利于加速糖原恢复，最佳时间在运动后 30～45 分钟，但是糖原储备完全恢复仍需要 10～36 小时。

运动后每 2 小时补充 50 克糖可满足最大糖原合成率的需要。由于运动后食欲抑制，建议采用运动饮料和易消化的食物，如香蕉、蛋糕和小点心，在运动后 24 小时内补糖 10 克/千克体重；睡眠中无法补糖，应在睡前补好，每小时 25 克（睡眠 10 小时，总量为 250 克糖）。

建议摄入中到高血糖指数的糖以加速恢复。

建议运动后补充含钠 25～100 纳摩尔/升的饮料，可以增加液体储备，促进液体平衡的恢复。因为矿泉水、果汁饮料、白开水在体内的保存效果都不如含糖—电解质的饮料。

赛后 2～3 天的膳食应保持较高热能，含易吸收的糖类和蛋白质，脂肪含量要低，补充维生素 B、维生素 C 以及充足的水和无机盐，特别是钾。

此外，有研究认为，赛后服用胆碱与乳清酸钾，可以消除肝的缺氧状态和抑制脂肪浸润。

（三）力量型项目的营养补充

力量型项目要求力量和速度，包含的运动项目非常广泛：如短跑、自行车、短距离游泳、皮划艇等水上项目；举重、投掷、摔跤等重竞技项目以及冰球、足球、橄榄球等球类项目。

1. 合理的营养补充

（1）能量需求

运动员训练比赛期间每日的热量摄入至少要达到推荐的日供给量才能满足运动训练的需要，不同的运动项目训练期间能量摄入推荐的标准也不尽相同。根据由国家体育总局颁布的《优秀运动员营养推荐标准》显示，大部分力量型项目的运动员每日能量摄入推荐值应大于 4700 千卡或 65 千卡/千克体重，如男子投掷、摔跤、公路自行车、举重（75 千克以上）、橄榄球等；某些力量型项目的运动员每日能量摄入推荐值应为 2700～4200 千卡或 60 千卡/千克体重，如皮划艇等水上项目，男子短跑，足球等。当然，运动员的能量消耗因运动负荷、体重和运动的力学效率不同而有很大的差别，因此我们在指导运动员摄入适宜能量时要考虑到这些个体差异，不能千篇一律。

（2）营养补充特点

对于任何项目而言，都必须提供充足的能量来满足机体的需要。能量摄入不足将导致机体不能维持足够的运动强度和训练时间。力量型项目的运动员蛋白质代谢加强，对蛋白质的需要量增加。国外建议力量型项目的运动员蛋白质供应量应达到1.4～1.8克/千克。我国建议蛋白质的供给量应提高到2克/千克，其中优质蛋白质至少占1/3。与其他项目一样，力量型项目运动员也应采用平衡膳食，必须保持不同的必需营养素之间的平衡，其中糖类、蛋白质和脂肪的供热比例分别占55％～65％、15％～20％和25％～30％。力量型项目的运动员为了防止因蛋白质摄入过高而引起的体液偏酸，还应增加体内的碱储备。大多数维生素和矿物质都发挥着重要的作用，在训练和比赛中，如果膳食中的任何一种物质缺乏，都将会损害运动员的运动能力，力量型项目的运动员的食物还应含有丰富的钾、钠、钙、镁等矿物质，并增加蔬菜和水果的摄入量。对于某些力量型运动项目，当运动需要增加体重，通常是瘦体重，膳食中必须包含充足的蛋白质和其他营养素以确保满足机体更多的需要；而对于需要降低体重和低体脂的运动员来说，必须特别注意膳食的成分，以确保满足限制总能量摄入的运动员对各种营养的需要。

2. 训练期的营养

力量型项目的运动员能量的需要量较大，而大量高强度的训练经常会造成运动员肠胃道功能的下降，食欲减退，因此，对于运动员单纯通过一日3餐的膳食补充来满足这种大量的能量需求有一定的困难，这就需要合理加餐以及使用一些运动营养食品来进行合理补充。

（1）膳食营养

①合理的膳食调配

力量型项目运动员合理的膳食补充应为高能量、高糖和高蛋白膳食。

糖的补充。为了保证充足的糖原储备，力量型项目的运动员糖的摄入水平必须达到8～10克/（千克·天）。膳食中摄入糖类含量丰富的食物，如面包、谷类、面食、稻类，水果、蜂蜜等，并且运动前、中、后均应补糖。一般而言，持续30～45分钟的运动，途中一般不用补糖。在超过45分钟的运动中，每小时补充60～70克糖，摄入含糖的运动饮料效果更佳。运动中避免饮用高糖和（或）高渗透压（含糖量高于15％～20％）饮料。原则上摄入液体的量与预计的液体丢失量相等。

蛋白质的补充。力量型项目的运动员较之其他运动项目的运动员而言，膳食中应包含更多的蛋白质供能比例。这些蛋白质应由生物价高、容易吸收的蛋白质组成，包括瘦肉类、豆类、鱼虾、牛奶和鸡蛋等。有一点需要注意的是，猪肉、烤鸭等食物蛋白质含量虽然不低，但是这些食物含有较多的脂肪，过多地摄入会导致脂肪摄入增加，不利于运动能力的提高及训练的正常进行。并且在训练课前和课后加餐高蛋白食物对需要增加瘦体重的运动员效果较好，一般而言，每天进食高蛋白餐不少于 5 次。训练后，肉类食物应与蔬菜一起摄入；在训练课的间歇期，可服用高效的各类蛋白粉（如乳清蛋白、肽类）。

　　然而在许多力量型项目的运动员心中都有"肉等于营养"的错误观念，并且我国运动员往往采用自助餐的就餐形式，许多运动员就餐时把吃肉放在首位，导致蛋白质摄入过多。从而造成很多不利影响，首先是引起体液酸化，体内酸性代谢产物堆积，疲劳过早出现；其次是导致肝肾负担加重，影响身体健康；再次会导致同时摄入过多脂肪，影响运动能力的提高；最后，在摄入过多肉的同时，不可避免会导致主食、蔬菜、水果等摄入减少，引起其他营养素摄入不足。因此，在补充高蛋白饮食的同时，也要注意量的问题，蛋白质的摄入量应占摄入总热量的 15％～20％。

　　脂肪的补充。力量型项目的运动员，需要控制饮食中脂肪的含量。脂肪摄入量为 2 克/（千克·天），其中不饱和脂肪酸应占到 50％～60％。但对于有些项目，例如游泳等，膳食中略微增加脂肪摄入比例是适宜的。

　　其他营养素的补充。力量型项目的运动员必须保证充足的维生素的摄入，它们可促进蛋白质的合成和肌肉重量的增加，尤其是 B 族维生素对于运动员运动能力的提高具有重要的意义。如维生素 A、维生素 B、维生素 C 和维生素 PP。为了保证神经肌肉的正常收缩功能，钠、钾、钙、镁等矿物质的补充也很重要，尤其是铁的摄入，因为大负荷的运动训练会导致体内铁消耗的增加。国外研究表明，在大运动量训练期间，少量补充铁营养有利于预防血红蛋白以及铁蛋白下降。故在大运动量训练期间，应该定期检测体内铁的含量，饮食中也应该增加铁的含量，比如增加瘦肉以及铁强化的谷物早餐摄入等。并且为了提高铁的吸收效果，食物来源的铁可以和维生素 C 结合使用，还可以适当服用铁剂。

　　②合理的膳食制度

　　日常训练的膳食一定要根据训练课计划来安排。如果在早晨进行训练，建议训练前食用少量面包和一片水果，运动中补充一杯运动饮料，然后在训练后进食早餐；如果在上午进行训练，早餐的营养配给就相对重要一些；如果晚上安排训练，那么就要在晚餐上下工夫。如果晚上训练时间较长，训练后用餐会影响睡眠休息，因此训练后用餐可适当控制食量，吃些易消化的食物，否则可能会引起消化系统疾病。另外有些运动员经常在训练途中的车上进食，因此运动员可根据自身习惯携带适宜训练前后食用的食品和饮料。常规训练时，还应在训练的间歇中加餐，但加餐的热量不要超过一天摄入量的10%。对于力量型项目的运动员而言，每天进食高蛋白餐应不少于5次。

（2）营养补剂

①肌酸（Creatine）

肌酸是一种类似蛋白质的化合物，从肝、肾和胰中的氨基酸的甘氨酸、鸟氨酸和蛋氨酸中产生，基本上储存在肌肉细胞里。它可以在肌肉中以磷酸肌酸的形式在剧烈运动的过程中产生能量并且在不断的运动中快速恢复能量。研究表明，补充肌酸能够提高高强度、重复性运动的成绩，比如划船、短跑、自行车、游泳和举重（仰卧举重和蹲举）等项目。可见对于力量型项目的运动员，适当补充肌酸是有好处的，但需要注意的是，并非每项研究的结果都是如此。事实上，在摔跤、举重运动员快速减重的过程中，补充肌酸会导致成绩的下降。

为保证肌酸的使用效果和不出现副作用，必须遵从几条原则：

a. 严格掌握肌酸使用的剂量，即冲击量：每日20克，服5～7天；维持量：每日2～5克。训练后即刻肌肉摄取肌酸的能力增加，这时服用吸收率较高。

b. 使用肌酸的同时服用含糖饮料将有助于肌肉摄取更多的肌酸，从而提高肌酸补充的效果。

c. 使用肌酸的运动员，尤其是在热湿环境下训练的运动员要注意液体的补充，以保证肌肉的水合，防止肌肉痉挛和拉伤的发生，一般建议运动员服用肌酸时同时服用水（1～2升）、蛋白质（50克）、糖类（50克），可以增强效果。

②其他营养补剂。某些氨基酸和中链脂肪酸可提高运动能力，可适当补充。如精氨酸、鸟氨酸每日1克，连续5周，可使瘦体重和力量增加，脂肪体重减少。外源性生长激素的肌肉合成作用至今尚有争议，冲刺、爆发用力和重复的离心性运动本身就可有效增加体内生长激素水平。

3. 比赛期的营养

（1）比赛前的营养补充

赛前合理营养的基本要求是保持和提高专项运动能力，以及与其专项相适应的最佳体重和体脂百分比，因此赛前饮食与营养补充特点是保持原有的饮食习惯及饮食制度，在此基础上适当增加或者减少营养成分。

而对于力量项目的运动员而言，体内蛋白质代谢速度相当快，加之骨骼肌中蛋白质成长的需要，运动员营养补充可以适当增加蛋白质的量，但要注意的是，食用优质蛋白质，以确保有机体对蛋白质的需求和不摄入过多的脂肪，从而保证运动员在比赛中获得优异的成绩。

比赛当日。进食赛前餐时应注意：赛前餐应该在赛前 2～3 小时完成，食物应易于消化和吸收。热量能满足比赛需要，而且体积和重量要小；赛前餐要求高糖、低脂肪和低蛋白质，富含维生素和矿物质。可选择的食品包括早餐麦片、果酱面包、果仁饼干、酸奶、水果、面条和米饭等；赛前应适当补充水分以预防赛中脱水，最好选择运动饮料；赛前采用糖原超量恢复方法使运动员肝糖原和肌糖原储备应达到最大化。而对于举重等项目的运动员由于赛前常使用快速减重法，严格限制摄入食物和水分，从而造成脱水，矿物质和电解质的大量丢失会严重损害循环系统和肌肉系统的功能。所以，在称重完毕后应补充一些富含糖、电解质、维生素的饮料或流食，以快速补充降体重时过量消耗的能量物质，使机体尽可能达到最佳竞技状态。称重 2 小时后进行比赛，期间间隔时间较短，尽量不要摄入固体食物或难以消化的食物，以免比赛时胃部不适。当然也要避免空腹参赛。

（2）比赛中的营养补充

比赛期间应优先考虑补液，在比赛较短的间歇内要想办法增加液体的摄入量。如重竞技项目的运动员在间歇时间按照少量多次的原则补液，一次喝 4～8 口水，是 100～200 毫升，液体温度以 15 度～20 度为宜。而自行车等项目的运动员比赛中每隔 15～30 分钟补液 100～300 毫升，每小时补液量以不大于 800 毫升为宜。一般认为，比赛中补液量为出汗量的 $1/3～1/2$，低聚糖饮料效果比较好。

比赛期间如果间歇时间较长，还可以在比赛过程中适当加餐。运动员携带一些自己喜爱的方便食品和饮料，如面包、饼干、点心和三明治等，在比赛间歇摄入一些以获得必需的能量，消除饥饿感，维持血糖水平和体液平衡。比赛间歇时间超过 2 小时，可补充一顿含糖类丰富的正餐。

（3）比赛后的营养补充

机体快速恢复对于比赛，尤其是频繁的比赛来说相当重要。由于力量型项目的比赛体力消耗较大，故赛后要及时补充热量和水分，以促进体力的恢复。

赛后饮食应是含高糖、低脂肪、适量蛋白质和容易消化的食物。掌握的基本原则是补充糖类食物或含糖饮料的时间越早越好。因为在运动后 30～45 分钟的"窗口期"内糖原合成酶活性最高。可选择的食物有面条、全麦面包、麦片粥、煮玉米、米饭、香蕉等，运动后每 2 小时补充 50 克糖可满足最大糖原合成率的需要。在随后的 24 小时内，还应该再吃一定的、易消化的含糖食物，补糖量应为 10 克/千克体重，补糖种类一般为豆类、奶类制品、香蕉和甜点等。而睡眠中无法补糖，应在睡前补好，每小时 25 克（睡眠 10 小时，总量为 250 克糖）。另外，还应该补充电解质、维生素、微量元素和碱性食物。大强度运动后运动员的食欲降低，运动后即刻选择流体或饮料（采用含电解质运动饮料）比较适宜。当运动员的食欲恢复时，赛后 2～3 天内还应该注意补充含有能量、蛋白质、无机盐和维生素的平衡膳食，以加速肌肉和糖原的恢复。

（四）灵巧型项目的营养补充

灵巧型项目要求灵敏和技巧，包含的运动项目非常广泛，如击剑、体操、跳水、跳高以及乒乓球、羽毛球等持拍类项目。

1. 合理的补充营养

（1）能量需求

运动员训练比赛期间每日的能量摄入至少要达到推荐的日供给量才能满足运动训练的需要。根据由国家体育总局颁布的《优秀运动员营养推荐标准》显示，国内优秀乒乓球、羽毛球和击剑项目运动员每日能量供给推荐值均为 2700～4200 千卡（平均 3500 千卡）。而国内跳水和女子体操等项目运动员每日能量供给推荐值为 2200～3200 千卡（平均 2700 千卡），男子体操运动员每日能量供给推荐值为 2700～4200 千卡（平均 3500 千卡）。

（2）营养补充特点

某些灵巧类项目（如体操、跳水和跳高等）的运动员为了完成复杂的高难度动作，经常需要控制体重和体脂水平，运动员常采取控制饮食措施来控制体重。一般来讲，此类项目运动员的膳食能量不宜过高，应略低于实际需要。膳食中能量物质分配比例是：总能量的 20％～25％来自脂肪，15％来自蛋白质，60％～65％来自糖类。

灵巧类项目的运动员因为在运动过程中神经活动或视力活动紧张，故对维生素和矿物质等营养素的需求量比其他项目的运动员要大。为了保证紧张神经活动的需要，食物应提供充足的 B 族维生素、维生素 C、钙、磷等，如维生素 B_1 的供给量应达到 4 毫克/天，维生素 C 的供给量应达到 140 毫克/天，而钙的供给量应达到 1000～1500 毫克/天。此外，乒乓球、羽毛球和击剑等项目运动员运动中视力活动紧张，应保证充足的维生素 A 供应，应达到 1800 微克视黄醇当量/天（6000 国际单位/天），其中 1/3 应来自动物性食品（鱼肝油、动物肝脏等）。

2. 训练期的营养

（1）膳食营养

灵巧类项目的运动员在训练期间要想得到合理的膳食营养，应从两个方面入手逐渐形成良好的饮食习惯。

①合理的膳食调配。坚持膳食多样、全面、适量的基本原则，合理的膳食方案以增加摄入复合的糖类为起点。需要特别注意的是，组织中糖原过多时，水的潴留也会增加（每增加 1 克糖的同时增加了 2.7 克水），可能会使肌肉发僵，感觉

沉重，这对柔韧性影响较大。因此，运动员必须在日常养成摄入复合糖类的习惯，而不是仅仅在赛前才使用糖原填充法使组织中的糖类得以超量补偿。适量地摄入食物中的肉类蛋白使肌酸储存量增加。限制总的脂肪摄入。要限制吃油炸食品，肉眼可见的脂肪（黄油、人造奶油、肉食脂肪等）和油腻的奶制品。多吃水果、蔬菜以增加维生素和膳食纤维的摄入。应该主要依靠食物而不是维生素和矿物质制剂来获取必需的营养素，但在某些情况下，建议摄入某些矿物质补充品（特别是钙和铁）。按照"金字塔"食物结构坚持四多：主食、蔬菜、水果、奶制品（或豆制品）多；三少：油脂、肉类、油炸食品少的原则。谨慎食用高能量的食物，如巧克力、乙醇（酒精）及西式快餐等。限制肉类食物中过多的脂肪摄入，如猪肉、烤鸭等。同时应不断摄入液体以维持最佳的水合状态，避免口渴是最重要的，补充液体以运动饮料为宜。

②合理的膳食制度。注重早餐和训练中加餐。大多数运动员早上都要训练，因而要特别注意吃早餐。在对国家乒乓球队的调查中发现，不少运动员忽视早餐的存在，造成很严重的问题，就是全天的能量供应不足，在上午的训练课中经常进行到过半时，就有运动员出现头晕眼花、恶心等现象。进餐间隔时间不宜过长，也不宜太短。因一般混合性膳食胃排时间为4～5小时，因此三餐间隔以4～5小时为宜。注意一日三餐的分配。通常早餐摄入的能量应占全天总能量的25％～30％，午餐占40％，晚餐占30％～35％。

（2）营养补剂

①肌酸（Creatine）。补充肌酸对从事高强度无氧训练的运动员是有益的，肌酸对快速力量和爆发力有较高要求的运动项目也有较好的促进作用。灵巧类项目同样也需要补充肌酸。

②支链氨基酸（BCAA）。补充支链氨基酸的主要作用是：提高耐力，改善中枢的抗疲劳能力；促进肌肉力量增长。BCAA的安全补充量为5～20克/天，可添加在含糖运动饮料中服用，剂量为1～7克/天。一般多采取小剂量服用，这样口感好，不易刺激胃。运动员应避免高剂量摄入BCAA，因为可能会对其他氨基酸的吸收产生竞争抑制，加大胃肠危险。补充支链氨基酸过量的副作用有：引起血氨升高；引起丙酮酸消耗，影响有氧代谢合成ATP；刺激肠胃，使水吸收能力下降；促进蛋白质合成，但是抑制糖异生。

③其他营养补剂。补充松果体素、刺五加可促进运动员缓解紧张、抑郁的心理状态，帮助提高运动员的睡眠质量，促进运动员的恢复。

3. 比赛期的营养

（1）比赛前的营养补充

①赛前应提供以淀粉为基础的高糖类（面包、面食、米饭）和液体。

②赛前的膳食中应注意减少蛋白质和脂肪等酸性食物的摄入量，增加蔬菜水果等食物的摄入量以增加碱储备。脂肪的含量要尽可能地低，以便快速让胃充分排空。如果正餐食物体积较大，应在赛前 3.5～4 小时完成；如果正餐食物体积较小，应在赛前 2～3 小时完成；赛前 1 小时可以吃少量的点心（如饼干等），但是吃固体食物时应该同时饮入液体。如果出现以下情况：在训练或比赛前没有食欲或者感觉有短暂的恶心；在比赛期前或其间有短暂的腹泻、紧张；在热的环境中运动。参加奔跑或跳跃的高强度运动时，要求在吃饭和比赛之间至少间隔 3～4 小时。

③胃肠过敏的运动员在比赛前对固体食物不能忍受，解决的方法是在赛前一天摄入大量的糖类，而在比赛当天仅少量分次摄入点心和液体。

④赛前 2 小时摄入 240～480 毫升液体，然后在赛前即刻再饮入 120～240 毫升液体。

（2）比赛中的营养补充

每场比赛之间的较短间歇中应补充富糖饮料（如运动饮料、果汁等），不可饮用含咖啡因或者乙醇（酒精）的饮料，因为这样会降低反应速度。较长的比赛间歇可以补充一次加餐，吃一些甜点，例如酸奶、水果、面包、能量棒等。若中间有午餐时间可以补充一顿含糖类丰富的午餐。

（3）比赛后的营养补充

赛后恢复阶段的膳食对于大多数灵巧型项目的运动员来说，其重要性在于帮助运动员在比赛后尽快恢复体能，并为下一次的运动做好准备。补充原则还是以高糖、低脂肪、适量的蛋白质、容易消化的食物为主，以消除疲劳，尽快恢复体液平衡和体能平衡，尽一切努力使水合恢复到赛前状态。为促进赛后的恢复，适量补充运动饮料有一定的帮助。在比赛后的头一个小时里采取措施促进糖原的恢复。最好的效果就是在比赛后即刻摄入 100 克糖类，这时糖原合成酶的活性最高，补糖效果最佳。运动员应该在随后的阶段每一小时摄入 25 克糖类。在 24 小时内应该摄入糖类的总量为 10 克/千克体重。

二、田径运动员机能恢复

在竞技体育运动不断发展的今天，运动训练计划的安排愈来愈系统化、科学化，而恢复手段是必须考虑在内的一个重要组成部分。疲劳在竞技体育的训练或比赛中是客现存在的普遍现象，没有训练就没有疲劳，而没有恢复就没有提高。只有解决好训练疲劳恢复对立统一的矛盾，才能不断提高运动员的体能和运动技术水平。

科学合理的恢复手段是"有的放矢"，针对运动性疲劳产生的具体原因，运动性疲劳是由于活动使工作能力及身体机能暂时降低的现象。自 19 世纪意大利生理学家莫索（Mosso）研究人类的疲劳以来已有近 130 年的历史，但至今关于运动性疲劳产生的机制仍无统一的说法。各国学者提出了多种假说。"衰竭"学说认为，运动性疲劳产生的原因是体内能源物质的耗尽。"堵塞"学说提出，肌肉收缩所需能量的唯一来源是 ATP，当人体进行极大强度的运动时，体内存在的 ATP CP 的数量仅能维持大约 6～8 秒的运动时间，超过这段时间，人体就需要糖原的无氧糖酵解来供能．在这一代谢过程中将有大量乳酸产生并积累，因此速度耐力训练疲劳的主要元凶是由于组织中大量乳酸堆积造成的。苏联专家对中枢神经系统疲劳的发生从生物化学方面提出两个假说：第一个假说是以疲劳大脑中 ATP—CP 水平下降为基础，当 ATP 的含量降低时将导致大脑抑制的发展；第二种假说是长时间肌肉活动引起脑抑制物氨基酸含量升高，因此提出了运动性疲劳的"保护性抑制"学说。"突变"学说认为，运动疲劳的出现是一个突然变化过程，即突变，而不是一个渐变过程，就是说身体产生疲劳的运动过程是能源物质消耗、神经肌肉的兴奋性下降和肌肉力量的下降，当这些变化达到一定程度时，会突然以疲劳的形式表现出来，保护机体避免发生肌肉僵直或细胞受损。"自由基"学说认为，疲劳的产生是由于长时间的大负荷运动引起机体内各基本单位——细胞内的自身氧化过程增强，产生大量的活性氧自由基，同时伴有细胞内的抗氧化能力下降，这些活性氧自由基以及细胞内抗氧化能力的下降使细胞的结构和功能遭到破坏，不能维持正常的生理功能，产生了运动性疲劳的各种表现。

根据运动性疲劳产生的机制和疲劳的分类，消除疲劳的途径和方法如下：

（一）人体的自然恢复过程

休息是消除运动性疲劳的最基本方法，也是最好的自然恢复手段。其目的是排除剩余的代谢物质，补充运动过程中的消耗。人体最好的休息方式就是睡眠。良好充足的睡眠是消除运动性疲劳的一种最直接、最有效且经济的方法。人体睡眠时大脑皮层的兴奋过程降低，体内分解代谢处于最低水平，而合成代谢过程则相对较高，有利于体内能量的蓄积。疲劳后机体最需要的是休息，睡眠不足会妨碍身体恢复。所以．建立良好的睡眠习惯将有助于更快恢复。成年运动员在平时运动训练期间，每天应有 8～9 小时的睡眠；在大运动量和比赛期间，睡眠时间应适当延长。青少年运动员的睡眠时间应比成年运动员的长，必须保证每天有 10 小时的睡眠。

（二）教育学恢复措施

教育学恢复手段是运动员恢复的基本措施之一，它包括了在训练的各个阶段确定的生活制度、负荷安排、休息时间等。教育学恢复措施首先是各练习项目之间、各训练课之间、各不同运动负荷时期等休息间隔时间的变化，主要表现在无论是在一次训练课中还是在单元训练计划中、单元训练计划之间和年训练计划等周期中，都应该是波浪式安排运动负荷，及时调整运动训练的量和强度，变换练习内容，改变训练环境和手段。

（三）运动训练学恢复手段

1. 动态休息

动态休息是相对静态休息而言的，通常情况下动态休息是安排在间歇训练的各个练习之间或持续时间在十几到几十分钟的运动之后。动态休息能够有效地维持机体的血液循环速度，加快代谢产物的消除，从而有效地促进身体机能的恢复。研究发现，动态休息的生理学作用与动态活动的强度大小有关，动态休息的活动强度在 $30\% \sim 45\% VO_{2max}$ 之间消除血乳酸的效果最好。

2. 整理活动

整理活动是一种常用的积极性恢复手段，是指在正式身体练习后所做的一些加快机体功能恢复的较轻松的练习。整理活动是消除疲劳，促进体力恢复的一种良好方法。剧烈运动后进行整理活动可减少肌肉的延迟性酸痛，有助于消除疲劳；可使肌肉血流量增加，加速乳酸利用；可使心血管系统、呼吸系统仍保持在较高水平，预防激烈活动骤然停止可能引起的机体功能失调。

做整理活动时量不能大，尽量缓和、放松，使身体逐渐恢复到安静状态。整理活动的内容主要包括一些深呼吸运动和全身性放松练习，且要有针对性，使运动中主要负荷部位的肌群得到充分放松。整理活动应包括慢跑、呼吸体操及各肌群的伸展练习。整理活动的时间应该根据运动中的负荷量与强度来安排，一般为 5～15 分钟。

（四）理疗恢复手段

1. 水疗法

水疗包括蒸汽浴、热水浴、桑拿浴、空气浴和旋涡浴等多种形式，通过提高体温，促进血液循环，消除代谢产物以达到尽快消除疲劳、恢复体力的作用。水疗的水温以 40℃ 左右为佳，持续时间以 10～20 分钟为宜。

（1）温水浴

训练后进行温水淋浴是最简单易行的消除疲劳的方法。温水浴可促进全身的血液循环，调节血流．加强新陈代谢，有利于机体内营养物质的运输和疲劳物质的排除。水温为 40℃ 左右为宜；时间为 10～15 分钟，勿超过 20 分钟。训练结束半小时后，还可进行冷热水浴。冷水温度为 15℃，热水温度为 40℃。冷水淋浴 1 分钟，热水淋浴 2 分钟，交替 3 次。

（2）桑拿浴

桑拿浴是指利用高温干燥的环境．加速机体血液循环，使人体大量排汗，从而能及时排出体内的代谢产物。桑拿浴一般不要在运动结束后即刻进行，以免造成脱水和加重运动疲劳。

2. 吸氧疗法

短时大强度运动项目训练或比赛后，利用高压氧舱，在 2～2.5 个标准大气压下，吸高压氧 5～10 分钟，从而使血氧含量增加，血液中二氧化碳浓度降低，pH 上升，提高组织氧的储备量，对疲劳的消除有显著的作用。

3. 电磁疗法

电磁疗法是利用电磁刺激振动肌肉放松的方法，改善血液循环，促进能源物质和电解质等功能物质的合成与转运，减少能量消耗和加速代谢产物的消除，促进机体的恢复。

（五）营养学恢复手段

1. 合理膳食营养

产生运动性疲劳的一个很重要原因是能源物质的大量消耗。恢复机体能源物质储备的最根本方法是根据不同运动项目的能源物质消耗特点进行合理的饮食营养安排。合理膳食营养指的是运动员饮食中的各种营养素数量充足，种类齐全，比例适当，且与运动训练和比赛对机体营养的需要保持动态平衡。运动员日常的饮食营养是其恢复过程的物质基础。青少年及儿童运动员在训练或比赛期间通常要大量消耗能源物质和其他营养素，这些物质在训练或比赛后如果长时间不能得到充分合理的补充，将会造成体内的能源物质、维生素等营养素储备减少，从而影响其身体的生长发育和运动能力的发展。

（1）补充糖

糖是人体运动中的主要燃料。一般情况下，运动员每天训练所消耗的糖大约占其总能量消耗的 50%～90%，总量约为 250～450 克，加上日常生活所需要的 300～350 克，一个运动员每天消耗的糖总量约为 550～800 克。

运动员训练或比赛后糖的补充首先应保证饮食中糖的数量。如表 7-6 所示，食用含糖数量不同的饮食会对肌糖原含量和耐力运动的成绩造成明显的影响。其次是补糖的时间越早越好，最佳的补糖时间是在运动后前两个小时内。此外，大运动量的训练或比赛以后，应当安排适当时间的休息（一般为 45～60 分钟），然后开始用餐。在长时间大负荷运动后至进餐之间的这段时间可以通过运动饮料补充糖。

表 7-6　膳食对肌糖水平的影响及其耐力关系

膳食	肌糖原/（克/100 克湿肌肉）	运动至力竭的时间/分钟
高脂肪、高蛋白质膳食	0.63	56.9
混合膳食	1.73	113.6
高碳水化合物膳食	3.31	166.5

（2）补充蛋白质

蛋白质是人体的一种重要营养素，具有多种重要的生物学功能。一般成年人的蛋白质需要量为每天 1.0～1.2 克/（千克体重）。儿童正处于生长发育阶段，蛋白质供给量应适当增加，达到每天 2.5 克/（千克体重）。少年运动员应增至每天 3.0 克/（千克体重）。日常生活食用的豆腐、豆浆等豆制品、瘦肉、鱼、蛋、奶等都含有较丰富的蛋白质。

（3）补充脂肪

脂肪的主要生物学功能是供给人类所需要的能量、必需脂肪酸以及促进脂溶性维生素的吸收。膳食中适宜的脂肪量为总热量的 25%～30% 即可。游泳及冬季运动项目（如滑雪、滑冰等）因机体散热量较大．食物中脂肪可比其他项目高些，但也不宜超过总热量的 35%。运动员没有必要专门补充脂肪。最普通的脂肪就是烹调用的各种油脂，如猪油、豆油、花生油和麻油等。各种食物，特别是肉类都含有或多或少的脂肪，但来自植物的各种脂肪相对含有较多的必需脂肪酸和脂溶性维生素，因此具有更高的营养价值。

（4）补充维生素

维生素是多种辅酶的重要组成成分，因此对于代谢过程的调控有极其重要的作用。维生素缺乏或不足时即可对运动能力产生不利的影响，其表现为做功能力降低、肌肉无力、疲劳症状加重等。补充运动员缺乏的维生素可以提高其运动能力。各种维生素的摄入量应当充足，但摄食过多也不合适。过量的脂溶性维生素在人体内会产生毒性。虽然通常情况下维生素 C 和维生素 B 族无毒性，但是超出机体所能利用和储存的量后其会通过尿液和其他体液排泄出体外，造成浪费。

（5）补充充足的水分和电解质

在运动训练或比赛后，机体恢复所必需的另一种重要的营养素是水。不同运动及职业活动的出汗量是不同的，由于影响因素众多而变化极大。在环境温度很低时，若能量需求很大（如马拉松跑），出汗量也很大，所以不能说只有在高温、高湿情况下才有脱水现象。马拉松运动员在 10℃～12℃ 的温度条件下比赛，出汗量在 1％～5％体重之间。尽管这样，出汗量仍与环境条件有很大关系，在夏季和热带气候中，出汗量远远多于平常。有报道说，在热环境中进行马拉松比赛，运动员出汗量高达 6 升甚至更多。人体对食物的耐受能力要比对水的耐受能力强。运动员体内水分的大量丢失将破坏血液循环的运输功能，阻碍营养物质、氧气和代谢废物的运输，同时会影响运动员的体温调节功能。事实上，脱水导致机体对缺氧的耐受能力、肌肉耐力、体力活动能力和最大有氧能力下降。总的体液只损失 1％～2％体重时，对于在温度适中环境中的静坐者几乎没有立即出现的后果，但是可以降低正在进行体育运动而产生热负荷的运动员的运动能力。无论有无热负荷的存在，机体脱水 4％将引起运动能力的严重降低（下降 20％～30％）。

汗液中含有多种有机盐和无机盐，当人体大量流汗时，一些重要的电解质物质（K^+、Na^+、Mg^{2+}、Ca^{2+} 等）的含量会下降，甚至达到很危险的水平。体内电解质含量的减少将直接影响 RT 和肌肉收缩力量。由于体液大量丢失导致血液浓度增加（黏滞性加大），人体会产生疲劳、运动的动机水平较低等症状。对于一次训练或比赛来说，饮水或者饮用运动饮料足以恢复体内所需要的水分和营养物质。

运动员补液主要选用含糖和电解质等渗透压或者低渗透压的运动饮料，以少量多次补充为原则。一般运动前可补充 400～500 毫升，比赛中休息或暂停时可补液 150～300 毫升，运动后补液也要遵循少量多次的原则，以免造成胃部不适。补充水要及时和适量，不能等到口渴时再喝水，由于这时体内脱水已达体重的 2％～3％左右．运动能力已经受到影响。

由于运动员大量排汗使身体对 K^+、Na^+、Ca^{2+}、P、Mg^{2+}、Fe^{2+} 的需要量增加，特别是对 K^+ 和 Na^+ 的需要量明显增加，因此除了通过运动饮料补充外，还必须通过食物补充。

2. 强力营养补剂

强力营养补剂是指除了典型的平衡膳食外可以提高运动能力的物质。针对运动人群的这类物质主要包括大剂量的必需营养素，如 100 毫克维生素 C；基本营养素的中间代谢物，如赖氨酸的代谢产物 β—羟基—β—甲基丁酸盐；在植物中发现的可影响代谢的营养素或非药物质，如人参；非必需营养素，如肌酸；食物和饮料中合法的药品类营养素，如酒精和咖啡因。这些强力营养补剂分类如下：

（1）大剂量的必需营养素有氨基酸、维生素和矿物质。其中，氨基酸包括精氨酸、鸟氨酸、赖氨酸和色氨酸；维生素包括 B_{12}、C 和 E；矿物质包括硼、铬和磷酸盐。

（2）必需营养素的中间代谢物有 HMB（β—羟基—β—甲基丁酸盐）、DHAP（二羟基丙酮和丙酮酸盐）、FDP（二磷酸果糖）。

（3）非必需营养素有肉碱、胆碱、甘油和肌苷。

（4）植物提取物有 γ—谷维素、人参、小麦胚芽油。

（5）药物类营养素有酒精和咖啡因。

强力营养素通过不同的途径来帮助提高运动能力。例如，补充肌酸可提高肌肉的能量供应；左旋肉碱可促进肌肉的能量释放；铁元素可增强氧的运输；辅酶 Q_{10} 可提高肌肉氧化利用率；摄入碳酸钠盐可减少疲劳代谢物的产生和堆积；胆碱可促进神经对肌肉收缩的控制。许多特殊的必需营养素与非必需营养素对机体三大能量代谢系统起作用：服用肌酸可增强磷酸原系统的功能；摄入碳酸钠盐可通过乳酸供能系统提高运动能力；糖的补充可促进有氧耐力的提高。合理地选择一些强力营养补剂，抓住关键时间给运动员补充，往往可以收到事半功倍的效果。但不正确地选择使用，特别是滥用营养强力补剂不仅达不到促进运动员疲劳恢复的效果，而且可能带来负面效应。

（六）中医药调理

1. 中医药物调理

应用中医药调理的目的在于提高机体抗病能力，改善代谢调节能力，促进疲劳的消除，改善训练效果。通过中药补剂提高运动员的免疫能力，对加速疲劳消除有良好的作用。目前，消除运动性疲劳的中药主要分为三种形式：复方中药、单味中药与中药单体。复方中药主要依据中医理论以补益、调理、清法为治疗原则，涉及的脏腑主要是脾、肾和肝，其功能侧重于协调平衡身体机能和恢复运动能力。单味药（西洋参、淫羊藿、红景天等）和中药单体（人参皂、淫羊藿皂等）侧重在某一方面作用比较明显，尤其是中药单体的使用上类似于西药，对提高运动能力有一定作用。

2. 按摩疗法

按摩是加速消除运动性疲劳的有效手段之一。目前常用的按摩方法有机械按摩、水压按摩、气压按摩和人工按摩。通过按摩不仅能促进大脑皮层兴奋与抑制过程的转换，使因疲劳引起的神经调节紊乱消失，而且还可以促进血液循环和淋巴循环，加强局部血液供应，促进代谢产物的排出，加速运动性疲劳的消除。按摩的部位可根据运动项目的特点和疲劳程度而定，一般将按摩的重点放在运动负荷最大的部位，采用人工按摩时肌肉部位以揉为主，穿插使用按压、搓和推拉；按摩开始和结束时用推摩和擦摩的手法。按摩可在运动结束时与整理活动一并使用，也可在运动结束洗澡后或晚上临睡前进行。

（七）心理学恢复手段

在训练和比赛之后，采用心理调整措施恢复工作能力能够降低神经精神的紧张程度，减轻心理的压抑状态，加快神经系统能源物质的恢复，从而对加速身体其他器官、系统的恢复产生重大影响。对身体起作用的心理手段种类非常多，其中主要有谈话法、想象放松神经—肌肉的自我心理练习、心理诱导放松训练、催眠、音乐放松等。

1. 谈话法

谈话法主要针对情绪明显低沉或由于人际关系发生冲突而形成心理压抑的运动员，通过谈话帮助他们解除心理障碍，启发他们全面认识和对待各种问题。在谈话中应多鼓励、帮助他们分析有利的因素和自己的希望所在，也可和他们一起回忆过去比赛胜利的情景．这样可使他们的心情得到改善，情绪得以调节。愉快的心情可以大大减少神经能量的消耗。

2. 想象放松

想象放松是指运动员想象自己处在某种使他们感到放松和舒服的环境中。运动员仰卧，四肢平伸，处于安静状态，闭上眼睛，注意力集中在大脑所想象的事物上，如温暖阳光在照射，迎面吹来阵阵微风，海浪在有节奏地拍打或者正在树林里散步。成功利用想象进行放松的关键是：

（1）头脑里要有一种与感到放松相联系的、清晰的处境；

（2）要有很好的想象技能，使这种处境被心理上的眼睛清晰地看到；

（3）先练习想象使人放松的情境，再逐渐用这种方法练习想象使人紧张的情境，并达到放松的状态。

3. 神经—肌肉的自我心理练习

在保护心理免受不良影响、调整心理状态和进行心理恢复的各种方法中，最重要的是自我调整，即借助语言暗示以及与语言一致的思维形象作用于自身，改变情绪反应及各系统和器官的机能状态。词语以肯定的方式影响人的自我感觉和活动能力，是大多数心理自我调整方法的基础。自我心理调整有两个方面，即自我说服和自我暗示。

首先，要通过呼吸调整和语言暗示进入朦胧状态。在这种状态中，大脑对于语言以及与语言相联系的思维形象特别敏感。

其次，要学会高度集中注意于当前正在想的事物上。神经—肌肉心理练习的目的是使运动员学会有意识地恢复体内某些自动化过程。同时，这种练习有利于调节心理状态。通常运用的词语，如我放松了，我想睡，睡意更浓了，眼皮舒服、发热，眼皮发沉了，眼睛闭上了，进入了安静的睡眠。练习者缓缓地、单调地默念每句词语，每句重复3～4次，就可以很快进入放松安静状态。每天坚持这一练习1～2次就可以达到良好的心理恢复作用。

4. 心理诱导放松训练

这种方法主要通过语言暗示诱导进行肌肉和神经的放松训练，如自身放松训练。进行语言诱导时，还可配合播放一些轻松悠扬的音乐，这样可以使运动员的精神和肌肉在语言的诱导和音乐的良好刺激下充分放松，并使大脑安静，从而调节大脑有序化地工作。

5. 催眠

催眠术是通过心理暗示的方法，使受术者的心理活动达到某种境界，呈现一种介于觉醒和睡眠之间的特殊心理状态。在这种状态下，受术者思维狭窄、意识恍惚，能与施术者保持密切的关系，全部接收施术者的每句话、每个字，并绝对服从，对外界的干扰毫无反应。

用于消除心理疲劳的催眠术，可以在运动间歇时或运动后进行。当进入催眠状态时，肌肉会得到充分放松，可采用模拟按摩方法迅速解除疲劳。催眠能起到令人惊奇的解除疲劳的效果，无论在训练后或比赛间歇中使用自我或他人催眠，均能迅速消除疲劳和继续保持充沛的体力。

6. 音乐放松

精心挑选的音乐可以降低不必要的兴奋性，或使人从忧郁状态转到良好的心境中．这是运动员消除心理疲劳的有效手段之一。选择一些轻音乐或抒情乐曲都有助于运动员形成宁静的心情，有助于放松。

用于心理疲劳恢复训练的方法还有很多，如文艺活动、气功等，选择方法可因人而异，并有目的地加以运用。

通过对运动性心理疲劳产生原因、在运动训练中的表现、判断方法和消除措施的综合分析可知，运动性心理疲劳往往是隐性的、渐进的、不易被察觉而极易被忽视的，因此希望教练员和运动员能深刻地认识到这一点，并引起足够的重视。熟练掌握运动性心理疲劳的消除方法和措施，可在平时的训练和比赛中尽快摆脱心理疲劳的困扰，发挥出自己的最佳水平，取得优异的运动成绩。

总之，运动性疲劳产生的原因和出现的部位不尽相同，表现和形式多种多样，不同形式和方法的运动引起疲劳的机制不完全相同。因此，准确把握运动员运动后机体形态、机能、心理和行为的变化情况，正确地判断运动疲劳的出现及其程度，采取有效的手段对运动性疲劳进行辨证论治，对运动员的恢复和保持健康有很大实际意义。运动性疲劳的产生与运动性疲劳的消除是相互统一的，只有真正理解什么是运动性疲劳和疲劳产生的原因，才能够正确地、有针对性地消除运动性疲劳，也才能够实现科学训练的目标。

第八章 我国田径运动可持续发展研究

第一节 我国田径运动发展历史分析

一、90年代以前我国田径运动发展分析

20世纪90年代以前，中国田径运动的发展大致可分为四个阶段：

（一）中国田径运动的引进、初步开展和停滞不前阶段（1910—1948）

旧中国的第一、二届全运会田径赛分别设有11和13个项目，田径运动成绩也相对处于最低点。

1924年旧中国第三届全运会田径赛由中国人自己主办，是中国田径运动的开端。1930年、1933年旧中国的第四、五届全运会田径赛是以省、特别市、特区、华侨团体为单位进行的，并开始设置了女子比赛项目（1930年6项、1933年11项）。男子短跑运动员刘长春在第五届运动会上创造了100米10秒7的好成绩。1935年旧中国的第六届全运会田径赛成绩平平。男女31个项目的比赛中，半数项目成绩稍有提高，半数成绩有所下降。1936—1948年，中国人民先后历经第二次世界大战、抗日战争、解放战争，中国处于社会大动荡的战争年代。旧中国第七届全运会原定于1937年7月在南京召开，因"七七事变"，未能如期举行。直至1948年5月，中国人民解放战争取得节节胜利，国民党反动统治处于全面崩溃的前夕，他们为安定人心在上海举办了第七届全运会，参加这届田径比赛的运动员虽比上届略有增加，但是成绩仍是平平，无所建树。

在这一阶段，旧中国分别派田径运动员参加了第十一、十四届奥运会，均未得分。旧中国田径运动水平低下，比世界田径运动水平整整落后了半个世纪。

（二）中国田径运动迅速普及和提高阶段（1949—1965）

中华人民共和国成立以后，随着国民经济的恢复和建设事业的发展，逐步增建田径场馆，增设田径教学训练器材等。从1952年起，每年都举行较大规模的田径运动会，在全国的六大行政区都建起具有一定规模的体育学院，培养田径教学、训练、科学研究和管理人才，并开始了培养优秀田径运动员的工作。1957年11月，中国优秀女子跳高运动员郑凤荣跳过了1.77米横杆，打破了世界女子1.76米的跳高纪录，轰动了世界体坛。1958年7月，优秀男子短跑运动员梁建勋以10秒

6 的成绩打破了 10 秒 7 的全国 100 米纪录。至此，全部刷新了旧中国的田径纪录，中国田径运动员开始向世界田径运动水平攀登。

1959 年第一届全运会田径赛各项成绩都突飞猛进地增长。1965 年第二届全运会田径赛成绩又有全面的、大幅度的提高，有 8 个项目的成绩达到了世界先进水平。男子田径成绩与 1948 年奥运会的成绩基本相同，将差距缩短为 15～20 年；女子田径成绩与 1956 年奥运会田径成绩基本相同，差距约为 8～9 年。60 年代中期，中国田径运动有些项目的成绩已经达到或接近世界水平。

（三）中国田径运动遭受"文化大革命"浩劫、运动水平显著下降的阶段（1966—1976）

这个阶段，许多田径队伍被解散，许多田径教师、教练员、科学研究人员遭到批判；否定和销毁了一些教材、论著；取消了运动员、裁判员等级制度；很多田径场变成了会场、田地，田径比赛几乎完全停止。一些正向世界田径运动高峰攀登的运动员的运动事业夭折，这给中国田径运动造成了无法弥补的损失。"文化大革命"后期的 1975 年，第三届全运会的径赛只打破了 3 项全国纪录，大多数项目成绩低于 1965 年的第二届。然而，在这 10 年中，世界田径运动却仍在迅速地发展和提高，各国冲击世界纪录的名将迭起，致使我国与世界田径运动水平缩小了的差距又拉大了。

（四）中国田径运动迅速恢复发展，冲出亚洲，走向世界，向世界田径运动高峰攀登的阶段（1977—1993）

1976 年，"文化大革命"结束后，由于广大田径工作者、运动员、教练员和科学研究人员的奋发图强，积极工作，刻苦训练，田径运动水平又迅速提高。1979 年第四届全运会田径赛中打破了 18 项全国纪录，38 项比赛中有 34 项成绩超过了 1975 年第三届的水平。

80 年代，我国开始实行改革开放政策，使中国田径运动员有机会参加较多的世界性或国际性比赛，运动成绩更加喜人，涌现出了一批具有世界先进水平的运动员，如朱建华（跳高 2.32 米）、邹振先（三级跳远 17.34 米）、申毛毛（掷标枪 89.14 米）、女子选手郑达真（跳高 1.93 米）等等。

1983 年 9 月，第五届全运会田径赛有过半数项目成绩超过上届。特别令人振奋的是我国优秀跳高运动员朱建华在预、决赛中分别以 2.37 米、2.38 米的成绩两破世界跳高纪录。1984 年 6 月他又在联邦德国埃伯斯塔国际跳高比赛中创造了 2.39 米的世界纪录。

1993 年 8 月我国田径运动员在德国斯图加特举行的第四届世界田径锦标赛上，获 4 金、2 银、2 铜，金牌数列第二位，共得 92 分，列第六位。斯图加特是中国田径运动新的起点。

王军霞以 29∶31.78 的成绩创造了女子 10000 米跑世界纪录和以 8∶06.41 的成绩创造了女子 3000 米跑世界纪录。曲云霞以 3∶50.46 的成绩创造了女子 1500 米跑世界纪录。

二、我国田径运动现状分析及发展对策

（一）现状分析

1. 我国田径运动员的竞技年龄特征

有关资料显示，我国短跨、跳跃、投掷等项目男女运动员竞技年龄均显著小于世界田径运动员。在短跨、跳跃项目中，中国男女运动员的年龄比世界运动员小 2～4 岁，在投掷、中长距离径赛项目中比世界运动员小 1～3 岁。这表明中国田径运动员较早地就退出田坛竞赛场。中国田径运动员竞技年龄特征不符合世界田径运动员竞技年龄发展趋势，一大批高水平运动员的运动寿命较早地结束，未达到他们本来有可能达到的最佳成绩，造成了大量人力、财力的浪费，这也成为中国田径运动整体水平落后的重要原因。

2. 我国田径项目成绩现状

我国优秀运动员同世界高水平运动员相比，普遍存在着运动寿命过短的现象。我国田径少年运动员人才辈出，在世界大赛中频频获奖，但成年后优势却不复存在，奥运冠军甚至前三名很少有中国选手。

从专家对近四届奥运会、全运会田径项目的冠军成绩进行统计处理和比较的情况来看，可能进入奥运会前 8 名的运动项目有男子的 110 米栏、中长跑、竞走，女子的马拉松、中长跑、100 米栏、400 米栏、撑竿跳高、跳远、铅球、铁饼等。在世界田坛相对稳定的时代，奥运会中我国田径项目成绩连续三届下滑，与世界水平的差距逐渐加大，男子项目尤为明显。据对 2002 年我国田径项目优秀运动员在世界上排名情况统计，最好成绩进入当年世界前 8 名的只有孙迎杰、刘翔、顾原、黄秋艳 4 名运动员，进入世界前 20 名的运动员也仅有 10 名。这 14 名运动员所覆盖的运动项目只有 11 项，不足 46 个田径项目的四分之一。其他绝大多数田径项目目前不具备奥运会争金夺牌甚至进前 8 名的实力，现状令人堪忧。

3. 基础不牢，技术落后

竞走是我国的优势项目，但在大赛上，竞走运动员多次出现被罚下的情况，对于我国高水平的竞走项目来说真是不可思议。如果说有"战术安排"的原因，那么数次被罚，且事后经证实确实毫不冤枉，说明我国运动员的竞走技术不扎实，训练方面存在问题，缺乏改革创新。用老的训练方法不能训练出高水平的运动员。

4.运动员心理素质不过硬

中国田径运动员在国内比赛，往往能取得好成绩，而参加国际大赛，却发挥不出水平，与在国内比赛的表现形成鲜明的对比。中国田径运动员的"克拉克现象"明显，这种现象与运动员的心理素质水平有着极大的关系，说明中国田径运动员心理素质水平与国外运动员有着较大的差距。

5.我国田径运动后备力量成才率不高

目前我国体委系统田径运动训练主要分为一线、二线、三线3个层次。一线为高水平运动队，二线为省体校和竞技体校，三线主要包括重点业余体校、体育中学、普通业余体校。在我国当前的多级训练体制下，一、二、三线在训人数呈现金字塔结构，每一层面的训练都有较大的后备运动员基础，这种结构对选材和筛选优秀运动员具有一定的裨益。但是，在实践中有些单位往往过分强调运动成绩和奖牌，这就造成各层次之间的利益衔接不好，出现输送上去的人才潜力不大，难以进一步提高运动成绩的现象。现在我国田径项目后备人才的成才率仅为3.44‰。有关资料研究表明，国外对人力资源投资的受益率一般为10%左右。由此不难看出，我国田径运动后备力量成才率较低，我国田径运动的竞技效益难以令人满意。

6.群众性田径运动开展情况不理想

我国青少年参加田径运动的人数较少，选择球类的较多。目前由于新的体育派别的出现，倡导"快乐体育"的理念，主张把较多的时间、自主权留给学生，从而使趣味性强的项目成为学生的首选，相对乏味的田径运动则无人问津。

（二）发展对策

1.全面重视、大力扶持，提高科学化训练水平

运动队的运动技术水平的提高与科学化训练是分不开的，提高训练质量和创新训练方法是科学化训练的核心所在。科学化训练还要求教练积极认真、及时掌握国际上先进的科学手段和方法，了解世界上最高水平、主要竞争对手的技术、战术水平等信息。训练计划一定要切合实际，保证计划性和系统性相一致才能保证质量的提高。

2.适应形势发展，缩短训练周期，以赛促练，赛练结合

随着田径运动的发展，运动员会面临更多的参赛机会，这样比赛期越来越长，准备期和调整期就会大大缩短。马特维耶夫创立的传统周期理论已难以适应现代田径运动发展的需要，迫切需要教练员对传统周期理论进行研究、改革和完善，根据实际情况安排多个中小周期训练。刘翔在奥运会比赛中表现出来的超强的竞技能力，给人们留下了深刻的印象。那几年，刘翔每年参加比赛的次数平均达20

场左右，其中近一半是高水平的国际比赛。不论是心理素质、比赛经验，还是连续比赛能力，刘翔的竞技能力都得到了全面提高，在国内运动员中十分少见。因此，要增加优秀运动员参加高水平国际比赛的机会，以赛促练，赛练结合，促进中国田径运动员竞技能力的整体提高。

3. 加强田径运动队的科学管理

田径运动队的管理一直是各级领导关注的大问题。不少田径运动队提出"向管理要成绩"的口号，可见管理工作的优劣与运动成绩有着密切关系。新时期向田径运动队的管理提出了新的更高的要求，管理者要主动适应新形势，采用科学方法，做好新时期田径运动队的工作，使管理工作水平更上一层楼。目前，中国田径项目还是女子项目占优，发展女子项目是我们在奥运会上拿奖牌的重点。关键还要看如何去抓，怎么去管理。所有项目既要有重点，又要发挥全国各地的作用，全国一盘棋，要不拘一格选拔人才，这样中国田径才能早日走出低谷，有新的起色。

4. 重点发展优势项目后备力量

根据综合分析，女子竞走、女子中长跑、女子投掷等若干单项可作为我国田径发展的重点项目。抓好重点项目，就要抓好重点项目后备力量的培养，主要是抓好后备力量队伍建设，掌握训练、比赛全过程，经过8～10年的努力就可能取得较好的成绩。

5. 提高运动员心理适应能力

在世界优秀田径运动员中，心理能力是影响他们成长的重要因素。运动员的心理素质除先天性遗传的因素外，运动训练是培养和提高运动员心理素质的重要手段。优秀运动员所具有的高度发展的心理自控能力、自我激励能力和集中注意的能力等，都应当在青少年训练过程中有意识地去培养。

6. 加大田径运动的宣传力度，使更多人参加到田径运动中来

田径运动中的走、跑、跳、投是人们日常生活中的基本活动，人们比较了解，所以有助于人们正确地、较快地掌握田径运动。参加田径运动很少受条件的限制，男女老少可在平原、田野、草地和小道等较宽敞的地方从事田径运动。并且，田径运动中的各个单项和全能项目，对提高人体的形态、主要身体素质水平和心理技能等有不同程度的帮助。因此，体育管理机关应大力地宣传田径运动，倡导全身健身运动，作为公民个体也应积极地参加到田径运动中来。

第二节　我国田径运动可持续发展影响因素分析

一、社会因素

（一）管理体制因素

1. 管理体制的实质

所谓体制，《辞海》中将它定义为政府机关、企业单位和事业单位机构设置和权力划分的制度。可见，管理体制是各种社会系统资源组合的符号系统，而且社会系统本身就是由这个符号系统或国家制度的规定所构成的实体。因此，管理体制从根本上说，是社会系统的基本结构。根据管理体制这一概念的基本含义，显然竞技体育管理体制就是竞技体育这种社会文化系统的基本结构。

从系统论的观点来看，一切系统的行为目标、功能以及结构这三者间都存在着相互制约的关系。人们总是为实现一定的目标而组织建构某种社会系统，要求所建构的系统具备实现目标的功能（功能即社会系统的职能），又根据职能的要求寻找或设计系统的结构。显然这里目标决定职能，职能又决定结构，系统一旦具有了某种结构，它又反过来决定其职能，乃至决定其行为可能实现何种目标。因此，社会系统的管理体制作为其基本结构，不仅由其目标和职能所决定，而且管理体制也反过来对其职能、目标产生约束作用。在现实中管理体制的确立，原则上一概都依据目标和职能的要求，而当目标和职能有了变化，往往必须进行体制的改革，突破传统体制的结构性约束，根据新的目标和职能不断要求建立新的体制，这就是所谓的管理体制的改革和创新。

2. 中国现行管理体制分析

新中国成立 50 年来，中国的竞技体育取得了辉煌的成就，中国的竞技田径运动水平也在不断发展，所有这些成绩的取得与相应的竞技体育体制的保证是分不开的。中国的竞技体育体制是在 50 年代逐渐形成并定形的，它与同时代的政治、经济体制、文化类型和社会发展都有着很大的相容性，符合当时中国所处的国际环境。但自改革开放以来，我国政治、经济、观念等领域发生了巨大的变化，新的利益群体逐渐形成，过去体制已经不能适应时代的要求。

中国竞技体育体制主要表现出两个特征：举国体制、全运会体制。

（1）举国体制

中国的竞技体育体制是一种以执行国家和政府所赋予的特定任务，体现国家意志为特征的竞技体育体制，即举国体制。它是特定历史条件下的产物。

1952 年初，随着新中国参加第十五届奥运会提上议事日程，高水平运动队的建立、组织、训练突然变得迫切起来。尤其考虑到当时的国内外政治背景，中国竞技体育的发展关系到与台湾当局争夺奥运会的合法地位与权利，同时也关系到新中国的形象与社会主义制度优越性的体现。因此，通过某种方式建立高水平运动队伍已是当时政治斗争的迫切需要。

　　然而，在"一穷二白"的基础上怎样才能迅速地建立一支能够满足国家意志需要的高水平运动队伍呢？1952年2月，中共中央组织部和团中央联合发出《选拔各项运动选手集中培养的通知》，提到"中共中央已批准在首都创办体育学院，集中全国各项体育活动最优秀的选手加以培养"，这就是在革命战争中形成的军事化性质的"战斗队"模式。这一模式的特点是，按照军队的组织、管理方式来组建高水平竞技运动队。运动队实际上是一个半军事化组织，以革命军队的思想、精神、作风和管理效率来指导和贯穿运动队的建设和训练。

　　这是一条具有中国特色的竞技体育发展道路，也就是中国举国体育体制的由来。

　　1959年，各省在体委建制下陆续建立和完善"体育工作大队"，"国家集训队"也逐渐成为常设单位。1965年，全国体育工作会议正式提出建立国家和省设两级优秀运动队。至此，中国的专业竞技体育体制"举国体制"正式确立。

　　在这样的现实需要和动机下，体育运动尤其是竞技运动的政治功能被极度扩张。体育是阶级斗争的工具，是无产阶级政治的组成部分。运动队（体育工作大队）不是一般意义上的体育组织，而是在体育战线上执行党和政府所赋予政治任务的"战斗队"。与此相应，教练员和运动员也不是一般意义上的运动者，而是由国家财政"包干"的"国家干部"和"体育工作者"。毋庸讳言，整个20世纪五六十年代，强烈的政治动机和功能是举国体制的一大特点。

　　在20世纪50年代、60年代前期、80年代和90年代，中国的竞技田径运动在一个几乎是空白的基础上获得迅猛发展是有目共睹的。这是一个非常惊人的成就，而如果没有"举国体制"作保证，要达到这一成就几乎是不可能的。

　　尽管举国体制在特定的历史条件下对推动中国当代体育发挥了巨大的作用，但是也不可否认，随着历史背景和政治经济"生态"环境的改变，这一体育体制的缺陷也逐渐暴露，且已到了不进行改革就无法生存和发展的地步。所谓以辩证的观点来看待举国体制，就是说我们承认这一体制在体育国家化、政治化及计划经济时代为中国竞技体育迅速崛起发挥了巨大作用的前提下，也必须看到在改革开放带来的体育社会化、个体化及社会主义市场经济时代的到来，这一体制已经逐渐失去了其存在的根据和基础，暴露出这一体制在新的历史背景和现实下的局限性。

其一，高度行政主体化的专业竞技体育模式和体制难以适应改革开放以来社会化程度越来越高的中国国情。

其二，进入20世纪90年代以来，对专业体育体制最为致命的挑战还是中国走向社会主义市场经济后在经费来源上的窘境。在国际政治、外交环境发生重大改变后，以往那种通过竞技体育来体现国家意志的强烈动机和需要已渐趋弱化。

其三，由于体育体制是在一个相对封闭和独立的模式中运行，容易形成以行政区划为单位、权力高度集中、利益主体单一、缺乏自我调节机制和活力的层层分割的封闭体。这一体制虽然在一定条件下可以显示"举国体制"和"行政主体"的巨大能量，但随着内在异化力量的积累和膨胀，也极易形成对中国竞技体育发展自身的制约因素。如80年代中后期困扰中国竞技体育发展的国家奥运战略与地方全运战略的矛盾问题；运动员退役出路问题；体育机构与运动队管理机构肿胀问题；运动员、教练员、体育科研人员的流动问题；运动员训练和短期行为问题；运动员与国家、单位的利益主体矛盾问题等等。这些矛盾和问题的层累效应目前已经逐步显现，有的还日益突出和尖锐。

（2）全运会体制

首先，我们注意到，中国体育竞赛体制的最大特色就是有个全运会，这在世界其他体育大国中是不存在的，他们更喜欢举办密集的国内单项锦标赛和选拔赛。

其次，国内的比赛目的在各国都差不多，都是为竞技体育发现和培养后备人才，为参加世界大赛选拔高手。但中国的全运会，在1959年9月创立时，不过是在与世界隔绝的情况下，检阅一下自己的体育成就，属于国家庆典活动。也是当时我们不得不在一种封闭的环境里，关起门来进行的一种高层次的竞技运动。也就是说，四年一度的"全运会"本意是期望其成为调动地方搞竞技体有积极性的有力手段和途径。

在第四届全运会之前，这个体制还没有显露出与国际竞技活动的重大冲突和矛盾。70年代末，中国恢复了在奥运会的合法地位，登上国际竞技大舞台，一种完全开放的环境初步形成。国内的改革开放，市场经济意识的渗入，各省市自治区对全运会的名次、金牌给予高度的重视。于是地方与国家之间出现了利益相抵触的矛盾。尽管从1993年将七运会的会期改到奥运会后的第二年，从八运会开始把全运会项目与奥运会项目接轨，旨在落实国家体委提出的"奥运争光计划"，但各地体委的"全运战略"和国家体委的"奥运战略"冲突越来越激化。出现了"国家抓奥运会，省市想全运会，地方忙省运会"的局面，这种矛盾的激化在田径项目上反映尤为突出。

这种"全运效益"给中国田径运动带来了一系列的负面作用，如有些优秀运动员为全力以赴备战全运会，而敷衍国家安排的对外比赛；领导的压力、利益的驱动，使得年轻选手过早承担起在全运会上夺金拿牌的任务，甚至服用违禁物以取得更好的成绩；地方在选项布局、经费分配上多从自身利益出发，使全国一盘棋，变成了全运一盘棋；不少行业和田径落后的省份不惜高价租、借、买田径大省的运动员等等。如不能解决好国家、集体、个人三者利益关系，中国整体田径水平将无法在稳定的状态中运行。振幅过大是中国田径总体发展技术指标运行的特征，这在其他田径发达国家是不多见的，也是中国田径运动发展不稳定、不合理、不平衡、不成熟的突出表现。

因为奥运会和全运会代表着不同的利益格局，完成任务好坏及接收检验对象不一样，奥运会检验国家体委的工作，全运会则是对省市体委的考验。而且全运会的名次升降直接影响各地的荣誉，这就进一步加剧了国内竞争，背离了"国内练兵、一致对外"的原则，导致了"省内练兵，国内竞争"的局面。因此改革势在必行，只有改革赛事，强化奥运意识，淡化全运意识，才有可能从根本上解决"全运效应"给中国田径运动持续、健康、稳定发展带来的瓶颈制约问题。

综上所述，尽管中国专业体育体制在特定的历史条件下对推动中国当代体育发挥了巨大的作用，但是也不可否认，随着历史背景和政治经济"生态"环境的改变，这一体育体制的缺陷也逐渐暴露，并且已经成为中国竞技田径运动持续发展的障碍。

(二) 政治环境因素

1. 中国竞技体育的本质

关于中国的竞技体育，在拟订《中华人民共和国体育法》时，有的"草案"作了这样的界定："竞技体育是指为培养优秀运动人才，创造优异成绩而进行的系统科学的训练和竞赛。"而实际上中国的竞技体育的根本任务是为政治服务，就是"为国争光"。"为国争光"是中国竞技体育的本质功能或本质特征。

不可忽视的就是体育与政治的关系。尤其是冷战时期，社会主义与资本主义两大阵营的对峙与抗衡，体育作为上层建筑不可能不成为两大意识形态阵营斗争的战线和武器。在这种背景下，中国作为社会主义国家，体育只能被视为整体的阶级和国家对资本主义和帝国主义斗争的武器。这也决定了社会主义中国的竞技体育只能是一种国家的政治行为。体育界长期提出的口号"国内练兵，一致对外"就是这种国家意志的体现。

2. 中国竞技田径运动的发展过程

中国的竞技田径运动事业就是在这个历史时代发展起来的，必然要带上这个历史时代的特有烙印。中国在 1953 年决定建立专职运动队时，是为中国的政治地位服务，以体育运动的水平和成绩显示中国的地位，这是主要的政治任务。

到了 60 年代，中苏关系淡化，中国被孤立和遏制，中国在国际斗争方面的任务加重，特别需要运动队伍参加到国际的阶级斗争中来，要"遵循党的对外政策的总路线，加强反帝统一战线工作，加强与亚洲、非洲、拉丁美洲国家的体育往来和相互援助"。对外要求"配合外交路线，做好国际体育工作"；内部"各优秀运动队要树立'国内练兵，一致对外'的思想，加强团结，交流经验，互相学习，共同提高"。

1978 年，全国体育工作会议提出了"优秀运动队伍是攀登高峰和指导普及的骨干力量，一定要建设好。要刻苦锻炼，快出人才，多出成果，为祖国争光！"在国家体委的正式会议文件中，提出了"为国争光"的口号，也就是将"为国争光"明确地确定为运动队伍的根本任务。1980 年，就把"为国争光"同奥运会联系起来，由于奥运会是世界上规模和影响最大的综合运动会，我们的项目设置应尽可能与奥运会对口，并突出重点，才有利于在世界体坛为国争光。1981 年 4 月，国务院在批转国家体委的几个报告的通知中指出："希望广大体育工作者要继续努力，勇攀世界体育高峰，创造优异成绩，为国争光。"又在 1983 年对国家体委的一个批件中强调："特别是运动队伍要发扬顽强拼搏、奋勇进取的革命精神，坚持高标准，严要求，勤学苦练基本功，培养选拔大批优秀人才，力争在亚洲运动会、奥林匹克运动会和各项世界锦标赛中，创造优异成绩，为国争光，为振兴中华做出更大的贡献。"1984 年，《中共中央关于进一步发展体育运动的通知》对"为国争光"做了原则的指示："体育战线的重大成就，为祖国争得了荣誉，极大地激发了人民群众的民族自豪感和自信心，鼓舞了海内外中华儿女的爱国热情，扩大了我国的国际影响。"这样，党和政府就明确地把"为国争光"确立为运动训练事业的根本任务，突出了运动竞技的本质特征。于是《运动员守则》正式确定"勇攀高峰，为国争光"为运动员的根本职责。邓小平在 1983 年为体育的题词就是："提高水平，为国争光。"同时叶剑英也题词："为国争光，振兴中华。"这样就在历史的发展中，逐渐明确地确定了中国竞技运动的根本任务是"为国争光"，这也是中国竞技运动的本质功能，也就确定了中国竞技运动的鲜明的政治特色和政治性质。

3. 中国竞技田径运动的若干特征

第一，本质功能或根本任务是政治性的为国争光。所谓"为国争光"，就是通过运动健儿在世界或国际赛事中夺金牌、创纪录、升国旗、奏国歌，在国内外人们的思想上产生一种对中华民族和中华人民共和国钦仰的情感。这种情感一般有两种形态，一种是自然的钦慕敬佩的情感，一种是对这种自然情感加上了的政治情感，这种加工是一种导向，把情感加工成一种动力，再导向活动和行为，变成有益于政治的行动。

第二，国家政府的直接管理。由于运动队伍担负了对外配合外交活动，对内激励人民爱国热情的特殊政治任务，变成了一支与国家政治任务密切联系的特殊性质的政治队伍，它就自然要由国家政府直接管理，在中央由国家体委直接管理，地方由地方政府直接管理，活动由政府安排，国家一级的活动，有时还需要党政最高领导层的批准和指导，活动目标和活动过程通常都经过严密的审核研究。这就要求这支队伍要有高度的思想政治觉悟，对社会主义祖国无限热爱，有集体主义和无私奉献精神，有严格的组织、纪律，要建成像人民解放军那样的队伍，全心全意为人民服务，听从党的安排，服从组织需要，提倡革命的英雄主义等等。

第三，国家供养。由于竞技的特殊政治功能，其本来具有的经济功能就完全淡没，经济投入完全依靠国家拨款。一方面，整个队伍的训练、比赛、表演，国内国外活动的一切经费全由国家支付；另一方面，队伍每个成员的工资、学习、进修、医疗、保健、劳保以及退役安置、婚姻、住房等也全由国家负担，开始没有奖金，80年代以后才有了奖金。按照行业特点，比赛、表演属于社会劳务服务，应当收取酬金，但在当时的条件下，认为这是"资本主义"，所以比赛时便由票务组按系统、单位分发门票，享受门票还必须考虑阶级成分。把竞技变成了纯消耗的事业，随着竞技水平的提高，需要国家投入也越来越多，成了国家难以承受的负担。

第四，形成了比较完备的业务体系。由于竞技体育的世界水平逐年提高，科学、系统的训练要求也越来越高，逐渐变成一项社会性的系统工程。形成了主要由竞技体育中选拔出来的教练员、运动员组成的、多层次多元组织结构，已经建成了一个比较完备的竞技运动职业体系，而且是一个实实在在的，完全可以由国家体育行政部门操纵和指挥的职业集群。

第五，形成了系统的竞技观念体系。首先在各种宣传媒体（电视、报纸杂志、广播等）突出宣传奥运、亚运、各项世界锦标赛事，给世人输入竞技就是体育的观念；其次，在体育科研中，从选题、经费和奖励等方面，控制和支持对竞技课题的研究；其三，在体育教学中，大力从教材、课程、学科设置等方面支持关于竞技的教学；其四，在所属的运动协会学报、体育学院学报、科研所科研学学报等学术科技性刊物中，鼓励支持关于竞技内容的论述等等，经过长期的努力，已经基本上形成了学科比较齐全的竞技学术体系，具备了从初级到高级知识人才的智囊结构。通过这个系统的宣讲、传播，在社会上形成了"竞技就是体育"的观念，把增强人民体质的体育本质功能，排挤到了十分可怜的地位，促成了中国体育的主体错位。

第六，金牌成了体育标准。突出争光竞技的结果，出现了以奖牌论英雄、以奖牌得待遇、以奖牌评政绩的现象，形成了体育工作的金牌标准态势，国家在奥运争金牌，省市地方则在全国运动会争金牌。形成了表面上"内部练兵，一致对外"，实际上是内部争夺、为省争光的局面。袁伟民在 1998 年全国体委主任会议上的一段讲话可谓切中要害：我们搞竞技体育当然要抓金牌、出成绩，但是不能唯金牌，简单地将体育工作的功过、体育事业的兴衰仅与金牌、成绩画等号，似乎有没有金牌成了衡量体育工作好坏的唯一标准，金牌的多少、比赛的胜败成为新闻媒体炒作和社会关注的集中焦点，"唯金牌论"蔓延，金牌"升值"，房子、票子、车子接踵而来，甚至连金牌的多少与体委领导干部荣辱升降也紧密地联系在一起。这种价值取向不仅偏离了体育工作的宗旨，而且使各级体委的领导同志背上越来越沉重的思想包袱，会使我们的体育工作走向歧途。

通过以上简要分析，我们可以说，中国的竞技体育是在突出阶级斗争和计划经济的历史条件下，形成和发展起来的一种政治性的事业，是以为国争光为根本任务的、由国家管理和供养的一项特殊事业。它与党和政府的政治任务紧密结合并为其服务，这是一支特殊形式的政治队伍。

因此，在改革开放之前，中国处于封闭、孤立状态，竞技体育活动便成为外事活动的一条渠道，也是外国观察中国的重要"窗口"，有着比较重要的政治性功能。竞技体育自然属于社会的精神文化范畴，有明显的政治色彩，属于社会的上层建筑。改革开放以来，中国的国力大增，国际地位发生了巨大变化，竞技活动肩负的扩大中国国际影响、树立光辉形象的职能，同过去相比渐趋弱化，竞技活动在国家政治格局中的地位发生了根本的变化。竞技体育受到市场经济的冲击，导致国内精神激励效能也在发生变化，教练员、运动员开始过多考虑自身的利益。政治及管理体制已经成为阻碍中国田径运动持续发展的因素。

(三) 经济投入因素

从经济基础来看，20 世纪 50 年代初大规模的社会主义改造运动在实际上消灭市场经济的同时，也消灭了类似的西方国家那种职业体育的基础和前提。同时，国家的不发达现状又不可能支撑一支能满足国家意志需要的高水平业余运动队。在这种情况下，只能通过国家财政拨款来维持一支实现国家意志的高水平运动队伍。而且，作为社会主义大国，政府也有这样的能力和实力，集中财力、物力来建立和维持这样一支"国有的"和"国营的"专业竞技运动队伍。"举国体制"加"巨国效应"就是中国 20 世纪中后叶竞技体育的基础和前提。

新中国竞技田径运动发展的前三十余年，在当时经济落后的社会状况和运动水平低下的现状和条件下，一条龙的举国体制在短期内所取得的历史性胜利，举世瞩目。在 19 世纪 50 年代、60 年代前期、80 年代和 90 年代，中国的竞技田径运动在一个几乎是空白的基础上获得迅猛发展是有目共睹的。作为一个发展中国家，这是一个非常惊人的成就。而如果没有专业体育体制这样一个"举国体制"作保证，要达到这一成就几乎是不可能的。

必须看到，这样一个竞技体育体制为中国的竞技体育迅速崛起找到了一条最简捷也是最实用的途径。虽然其目标多少有点脱离了中国社会和经济发展水平方面的"国情"。而要做到这一点，以当时中国的社会经济条件和发展水平，不依赖强有力的政府行为及行政的力量几乎是难以想象的。

进入 20 世纪 90 年代以来，对专业体育体制最为致命的挑战还是中国走向社会主义市场经济后在经费来源上的窘境，以往那种通过竞技体育来体现国家意志的强烈动机和需要已渐趋弱化。同时，日益肿胀的体育行政机构和运动队经费预算开支使政府负担加重。另外，改革开放以来政府职能机制的转变也要求体育机制和体制相应改革和转变。以往那种高度依赖性的专业体育体制的缺陷在市场经济环境下顿时变得十分突出起来。可以预见，在社会主义市场经济条件下，竞技体育的最终模式必然是完全的社会化和产业化，随着计划经济在中国逐渐退出历史舞台，政府经费来源的渠道枯竭将最终使专业体育体制和模式为其他体制和模式所取代。

但是，近 20 年来，中国的改革开放大潮和计划经济向市场经济转变的进程，已从根本上动摇了原有的专业体育体制的基础与存在依据竞技体育体制的职业化和业余化（社会化），从长远来看已成为一种难以抗拒的必然趋势。自 1994 年以来出现的中国足球职业化以及随后篮、排球职业联赛，正是这一大趋势汹涌澎湃的潮头与先声。

1992 年，中国足协在国家体委最高领导层的大力支持下，率先跨出了中国体育改革最关键的一步：实行国内职业联赛制。从此，中国迈出了竞技体育社会化、市场化、产业化最重要的一步，同时也宣告在中国实行了数十年之久的专业体育体制开始发生根本性转变。从 1994 年伊始，足球甲级联赛爆发出了改革的空前能量，新的运行机制，火爆的球市，社会的热烈反响，俱乐部财务状况的根本好转，运动员收入令人咋舌的激增，在整个竞技体育界产生了巨大的震动。尽管中国足球职业化目前还存在很多问题，与国外成熟的职业运动相比还有较大距离，但它却昭示了中国的专业体育体制的改革前景和方向。

因此，在改革开放和实行社会主义市场经济历史大前提下，中国田径的专业竞技体育体制和模式下的经济投入因素已经开始制约中国田径运动的持续发展，改革和转变是必然的，毋庸置疑。

二、训练类因素

(一) 训练体制因素

田径运动训练,是培养运动员工作的主要组成部分,是有组织、有目的、有计划多年进行的一个专门教育过程,其目的在于采用各种身体练习活动,发展和完善那些对运动员争获最高水平的运动成绩起制约作用的素质和技能。

我国田径运动员的成长主要是经过一条龙的层层选拔体制。

我国这种一条龙的体育体制最具代表性的是层层衔接的训练网:国家级和省级集训队是与重点业余体校、体育中学紧密衔接的,它们的下一个环节又是以广大基层运动队、普通业余体校为基础的。

从组织形式来看,我们发现这种层层选拔体制在组织形式上却有深厚的军队组织色彩。如运动员集中管理,强调纪律,在思想上、行为上、隶属上、生活上全面接受"上级组织"的指导和管理,且除了上调国家队以外,任何教练员或运动员不允许自由流动等等。正由于以上因素,中国的体育体制逐渐形成了自己稳定的内在结构。具体而言,在组织结构上,形成以行政区划为单位直到中央一级的垂直的行政管理模式,各级体委成为政府部门的一个职能机构,省(市)到国家两级专业运动队和市、县两级业余体校形成一个自成体系的"一条龙"层层训练选拔模式。在经费来源上,主要依赖行政事业拨款。在操作行为上,则以各类"内部练兵"式的训练比赛以备国家队选拔之需。

实践证明,过去中国采用"单线条、平面式"的训练选拔系统,实行从中小学到体校到高水平运动队三级训练结构是成功的,但从现代训练多学科发展的综合特点与立体发展的需要看,这种结构已不能适应现代训练的需要。根据田径运动训练的周期性特点,我们不难发现这种结构"单一性"强,不符合该系统发展的规律;"单线条、平面式",不利于更多优秀人才的发现和培养,造成人才网越来越小;结构层次少,造成竞赛制度的不合理,出现越级培养、拔苗助长等田径运动忌讳的早期专项化训练的错误。

当前,在高度职能分化的现代社会里,对一条龙体制的描绘和理解不可停留在以往的粗线条上,必须以系统科学理论为指导,用一条龙的整体要求来组织一个各子系统、各环节、各要素相互协调的庞大的系统工程。对这条要适应现代竞技形势的强龙必须实施强有力的统一领导,严密的统一组织与归属,严格的监督和科学管理,去掉某些项目、某些环节中的条块分割状况,使中国层层选拔训练体制的这条龙永存青春。

从近几年的发展看,中国的选拔体制有了一定的改变,出现了高校高水平运动队,也出现了行业协作与产业体协队。从单一的体委办高水平运动队,发展到了教委、企业办运动队，这是一种好的开端。但规模小，还没有形成一定气候，且自身问题重重（主要是如何解决雇佣军的问题）。因此，当前国家队和地方队在运动队结构调整和建设上，必须强化后备人才的培养。在稳住和扩大重点承担国家任务的优势项目基础方面，必须进一步加大二线队伍的投入。通过运动员等级、交流办法等政策的引导，鼓励和支持大学生体协及重点院校组建高水平田径队的积极性。一部分普及和社会化程度高的田径项目（如中长跑），要努力探索俱乐部制和协会实体化等发展模式。虽然目前这些队伍水平还较低，但从长远看，它必将促进中国整体田径运动水平的提高。

另外，国家队本是代表国家最高水平的运动队，历史上为中国田径事业的发展做出了突出贡献，在群众心中，特别是在广大田径工作者心目中占据着崇高的地位。但是随着我国体育事业的发展，随着各省市训练条件的改善和运动技术水平的提高，出现了国家队大部分项目成绩不如省市队、招收队员困难、难以承担国家任务的局面。因此，很有必要讨论以下目前中国田径国家队体制及存在的相关问题。

中国田径的组建体制是计划体制。在过去计划经济体制条件下，我们实行统筹规划、全国一盘棋战略，运动员成才分段加工，各负其责。这样能够充分调动全国力量，筛选出好的苗子，有利于培养出优秀运动员。层层选拔训练体制的最基本特征就是最好的教练带最好的运动员。它的突出特点是配备上下级，上级可以无偿地随意抽调下级的运动员。下级的任务，就是向上输送，而非面向世界。而西方国家一直用经济杠杆来调节这些问题，好的俱乐部高薪聘请好的教练、购买好的运动员，以实现资源的合理配置。

但这样一来，就形成了垄断制。不管上级的业务技术是世界领先还是非常落后，但在行政措施下，其水平却永远高于下级，而这样就安然无事。这就几乎取消了下级在世界大赛上冒尖的可能，打击了下级的积极性，无形中造成了地方和国家队教练员之间的矛盾。其矛盾之根源在于中国田径缺少真正的学术带头人、真正的专家权威。在我们的调查中发现，100％的地方队教练在这个问题上都有着惊人相似的观点，几乎都表现出对目前国家队教练水平的不信任。在奥运会上，为中国田径摘取唯一一枚金牌的是"地方军"辽宁竞走队，一个第七名来自马家军，一个第八名主要由四川女子短跑队贡献，而作为"中央军"的国家队却一无所获。地方队教练均认为乒乓球、羽毛球的基层教练都愿向国家队输送人才，因为好苗子送到国家队教练手里，就有可能当世界冠军。而我们田径没有权威，输送上去还不如自己训练。现国家集训队共有专职领队 3 人、教练员 12 名、运动员 14 名，平均一人带 1.1 个运动员，实际上有 3 个教练员这几年根本没有带一个运动员。国家队的状况给国家队的声誉带来了不好的影响，省市不愿把优秀运动员送到国家队来，国家队招不来优秀运动员，又不愿意或者没有能力带年轻队员，造成恶性循环，最终导致国家队的瘫痪局面。

因此，在 20 世纪 90 年代中期开始不设常年国家队，主要是以成绩定编，成绩好的运动员就可成为中国国家田径队队员，不管运动员来自哪一个省市。这样一来，充分调动了地方的积极性，应该说理论上形成了多强对抗的局面。但在改制运行过程中，也暴露出一些问题。

（1）运动员、教练员无法集中，不能形成以点带面，突出重点。

（2）国家队处于分散状态，技术、战术等信息闭塞，交流不畅。

（3）不利于监督和管理，提供了使用兴奋剂的机会。

（4）由于国家队发挥不了龙头和示范作用，全国的力量无处集中，不利于举国体制的优势的发挥，使三级训练网名存实亡。

国家队的疲软不振和省市队的群雄并起直接导致两个后果：一是国家原有的队伍管理的手段和方法已不能适应新的情况和新的变化，宏观调控乏力；二是全运战略明显地冲击奥运战略。

因此在今天，计划经济不太好使、市场经济又没成形的时候，如何合理配置资源成为一个新的问题。所以分散联邦制也必须改进和完善，当然再改回到以前的集中制，是不现实的，也是不适宜的。中国的乒乓球、羽毛球、举重等项目有着成功的经验，但在田径项目上还是应该慎重考虑的。这是因为，教练环节很重要，千军易得，一将难求，如果缺少了这一重要环节，再好的训练体制、再好的训练条件都体现不出来。目前中国田径界恰恰缺乏像蔡振华、李永波那样的权威教练员，地方不会随便将自己多年来辛辛苦苦培养的运动员向上输送。因此，必须采取集中与分散相结合的方式，能够充分调动方方面面的积极性，既有多项竞争、又有高度集中攻关的适应现代社会条件的训练体制。将中国田径国家队建立成集中与分散相结合的多强对抗的体制与机制的优势在于：一方面，可以充分调动地方的积极性；另一方面，可以集中雄厚的人才、技术、物质优势，即地方与国家共同承担任务的国家队；再者，能上能下，唯贤聘用，从而达到避免消极对抗、互相抵触的不利局面，形成一种相互竞争、能上能下而又共同向上的竞争机制。

（二）兴奋剂因素

运动员的培养是一个多因素的过程，运动成绩的取得是运动训练的主要成果之一，运动成绩的提高与许多因素密切相关，但其他因素都必须经运动训练而发生作用，因此运动训练仍是运动成绩提高因素中至关重要的环节。

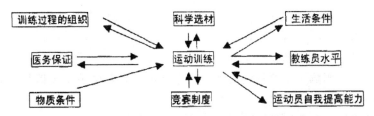

图 8-1　运动训练是提高成绩的重要环节

也就是说，训练实践是运动成绩提高的元因素，营养、医药等是运动成绩提高的辅助因素。尽管辅助因素也非常重要，但它是结合在元因素的机体上起作用的。

中国田径的落后，主要在于元因素，这是首先需要明确并予重视的问题，尽管辅助因素也很需要研究。所谓科学训练，就是说如果元因素基本符合科学，或与竞争的对手对比上，相对地说比较、趋近于科学，就可以叫做科学训练、或比较趋近于科学的训练。如果在辅助因素上采取了生物化学、计算机等先进的科学设备、先进的检测手段，而元因素并不一定科学，就不能叫做科学训练，只能叫做训练设备非常科学、训练条件非常先进的训练。训练史告诉我们，若属比较趋近于科学的训练（更不用说科学训练），就能出高水平；设备非常科学、训练条件非常先进的训练，并不一定能出高水平。中国田径 20 世纪 80 年以前代没有任何先进的设备，更不知营养补剂为何物，但照样能出高水平，照样可以破世界纪录。因此，现在的教练员应该认真钻研田径的训练理论，千万不要由于过于迷信或依赖营养、药物等辅助因素，而忽视了更为重要训练，导致舍本求末。

兴奋剂——田径运动持续发展必须摆脱的阴影。

兴奋剂是指因违反体育道德和医学道德而被国际体育组织禁用的药物和方法。

尽管从 20 世纪 60 年代起，国际体坛就已经滥用药物成风，但在很长的一段时期内，中国运动员并不知道兴奋剂为何物。可以说在 80 年代以前，中国体育界对兴奋剂问题知之甚少。根据我们对全国百余名田径教练员的调查，94％的教练员认为 80 年代以前，中国的田径是清白的，80 年代以后就不再是一片净土。从国际田联在 1963 年公布的第一例兴奋剂呈阳性运动员名单后，二十多年来，全世界有统计的兴奋剂阳性共计 500 多例，中国第一例出现在 1988 年。此后，使用兴奋剂越来越严重，涉及的运动员和单位越来越多，截止到 20 世纪末，总计 60 多例，占世界阳性比例约为 14％。

在 2000 年全国田径锦标赛后，田径管理中心主任谢亚龙先生谈道："通过比赛我看到许多选手技术十分粗糙，体力还特别差，不能想象凭这样的技术怎么可能取得那么高的成绩。现在有些人根本不研究如何改进训练方法、如何改进技术，心思都放到歪门邪道上去了。兴奋剂已经毁了我们两代人，而今又在毁着第三代人，我们决不能坐视不管，放任自流。"

由此可见，目前中国田径运动所受到兴奋剂的干扰之严重性非同一般。兴奋剂泛滥不仅已经影响了比赛的纯洁性，更是严重阻碍着中国竞技田径运动的健康、稳定和有序的发展。

中国政府的体育主管部门国家体育运动委员会 1985 年、1987 年连续颁发文件要求严格执行国际奥委会关于禁用兴奋剂的规定。但是，由于当时还不具备相应的技术条件，同时由于对兴奋剂问题的严重性尚缺乏充分的认识，因此未能在国内正式开展全面的兴奋剂检查。

中国从 90 年代开始进行兴奋剂检查，从 1994 年开始进行飞检。国际田联从 1991 年开始对我国运动员进行赛外检查，从 1993 年年底开始进行预先不通知的飞检。由于国际、国内兴奋剂检查力度的不断升级，从 90 年代开始我国力量性项目的成绩开始回落，而耐力性项目成绩不断提高（EPO 和生长素检查不出）。在过去的十年来，中国始终一贯地坚持反兴奋剂"三严方针"，努力采取了一系列措施，不断加大反兴奋剂工作力度，取得了一定的成绩，但赛场采用不正当手段的竞争者仍然存在。在与兴奋剂斗争的过程中，出现了"道高一尺、魔高一丈"的现象。反兴奋剂力度逐年加大，由过去赛中检查发展到赛外飞检；由尿检发展到血检；由单一的国际组织检查发展到国家专门机构与国际组织合作检查，工作越来越深入。但与此同时，对抗反兴奋剂的手段也在日趋多样，如著名运动员不用、一般运动员用；成年运动员不用、年轻运动员用；专业选手不用，业余选手用；还有的到国外去训练，逃避兴奋剂检查；更有甚者购置大量设备，借反兴奋剂之名，行用兴奋剂之实；"少吃多餐"、打"擦边球"等等。

由于当前我国正处于社会转型期，改革引起的观念摩擦和利益调整使一些人心态浮躁，在获取利益和争取事业成功时急功近利，不想进行艰苦训练，企图靠服用兴奋剂窃取金牌。可以说，这是非理性的浮躁心态在田径队伍中的表现。尽管十年来取得的成绩有目共睹，但是由于与体育成绩相联系的巨大的物质利益和社会压力的存在，外加少数人思想中仍存在"金牌至上"、"不用吃亏"、"不用不行"等错误观念，使得国内兴奋剂问题仍然时有发生，并出现了成年向青少年扩散、专业向业余蔓延的现象，而且有愈演愈烈之势。

兴奋剂是商业化下盛名、厚利、重奖刺激的副产品。体育的根本目的是增强人民体质，促进人的全面发展。而使用兴奋剂既对健康和生命构成威胁，又违反了体育道德，从根本上毁灭了公正竞争的竞技特征和社会意义，导致运动员间、国家民族间的不信任和矛盾冲突，彻底背离了体育的根本目的，是体育的异化。

它就像一个毒瘤，严重侵蚀了竞技田径运动的肌体，冲击并干扰了刻苦、系统和科学的训练，造成田径人才和经费的巨大浪费。在田径项目中被查出的个例中，年轻运动员占了很大比例。此外，国家在投入大量经费严格地实施反兴奋剂计划，而有些人有些单位却在投入巨资继续使用违禁药物，两者的投入比例约为 1 比 10。培养一名金牌运动员大约直接投入近 30 万元，10 年来 60 多例阳性运动员的经费约 1800 万元。

根据可持续性的原则确立，体育的发展是同人才资源保护和发展相统一的战略，兴奋剂致无数世界级优秀运动员、天才的苗子生命受损害，运动生命夭折，是"涸泽而渔，焚林而猎"式的不可持续发展。可持续发展原理说明质的发展能长期维持，而量的增长是有限的。竞技体育的"质"，体现在水平提高的幅度和广度上以及身体健康、生命不受损害等方面，体育的"量"是指金牌和奖牌的数量。因此，竞技体育的"质"，在于人才资源的开掘保护，应利用技术进步——专项技术、训练技术、场馆器材及运动装备技术等来调遣人的未被开发的潜能，坚决反对人才资源的过度利用。兴奋剂刺激的"泡沫成绩"，是在摧毁"质"的前提下，获得暂时的"量"的增长，有运动成绩的提高，而无体育运动的发展，使体育陷入"无发展的增长"的不可持续发展的泥坑。

因此，中国田径管理中心专门召开了反兴奋剂全国工作会议，进一步明确了中心反兴奋剂的决心，宣称中国田径管理中心准备加强打击力度，以净化赛场，可见中心已经认识到兴奋剂的泛滥程度及危害程度。打击力度的加大，使得中国田径运动成绩的在 90 年代出现了停滞与下滑。

可见，过去的"三从一大"必须坚持和提倡，必须认识到，没有长期、艰苦、系统的训练做基础，是不可能出高水平的运动成绩的。即使出成绩，也只会是昙花一现，不能持久的。

对于运动员、教练员来说，可持续发展理论要求他们不能仅仅进行技术训练，还应当重视人文教育，提高人文素质，处理好业余训练和专业训练的关系，对不同年龄段的训练加以区别，防止"短期行为"，防止"杀鸡取蛋"，特别是近期由于高额奖金的刺激，田径场上出现了不少与体育精神相背离的现象，这都是在削弱体育的文化内涵，都不符合可持续发展理论。因此，彻底清除兴奋剂是中国田径项目走向持续、稳定、健康发展的关键。

（三）科技水平及科技成果应用因素

如果说 20 世纪 60 年代以前，决定胜负的主要条件是运动员的天赋和刻苦训练的话，那么 60 年代以后，胜负决定条件又转移到训练的科学化程度上。近半个世纪以来，田径运动成绩的快速提高，与科学技术的介入有着密切关系。

可以说，科学技术的革命对人类社会起到了巨大的推动作用。依靠科技进步促进运动成绩的提高，还有许多潜力可挖，这一点应当肯定。高水平运动员只有在科学训练的指导下，经常采集数据资料并跟踪观察，才能保持运动成绩的稳定发挥与持续增长。以科技为先导，是提高集约化程度，保证竞技田径运动可持续发展的关键。

从 20 世纪中叶开始，新技术呈现出涉及领域增多、全方位推进的特点，并形成加速发展趋势。80 年代微机和软件技术的发展和产业化出现，使得高科技的发展和竞争更是达到了白热化的程度。进入 90 年代，人类社会迎来了信息革命的新纪元。

21 世纪是信息社会，是知识经济时代，也是科学体育时代。知识经济，根据联合国教科文组织发表的《以知识为基础的经济》的报告所给的定义：知识经济是指建立在知识和信息的生产、分配和使用之上的经济，即知识推动经济发展。也有人称之为"信息经济"。它是以知识和信息为核心，以社会总体劳动中占主导地位的知识劳动为形式，通过创造各种智力、智能及智力工具，扩大劳动功能，从而提高产品质量，降低消耗，智能集约化的实物产品。并实现社会生产过程的高效管理的一种经济形态。简而言之，这就是邓小平提出的"科学技术是第一生产力"的经济时代。

在体育信息领域中，随着知识经济社会的到来，科技的快速发展给其注入了前所未有的活力并拓开了光明的前景，因为科技进步最主要的表现形式就是信息化。在这个时代里，科学训练对人们体质的提高，对选手竞技技能的开发，都向更深层次和多学科发展。训练水平的提高，离不开科学技术的广泛应用和渗透。要不断开发研究科学训练理论、手段和设备的推广应用，使训练不仅仅是体力、智力投入重复练习和经验的积累，而是同科技紧密结合形成的生产力。

世界各国在教学、训练、科研中正广泛采用着信息技术，体育信息工作既是需要高新技术和理论作为支撑的研究工作，又是一项通过有效的组织更好地为体育运动实践提供服务的事业和工作。随着中国的社会主义市场经济条件的改善，体育信息工作的社会化和现代化逐步向前推进。现代信息技术正在对体育运动产生重要而深远的影响。90 年代兴起的"信息高速公路"，已在世界各国迅速发展，对体育领域正在产生深远的影响。体育信息的内容、载体、服务技术都发生了许多变化。特别是新技术革命使计算机的应用全面渗入体育运动的各个方面，并与先进的竞技技术紧密相连，从奥运会的组织与控制到运动训练、战术手段的实施、训练量的调整、训练质量水平的监控、疲劳程度的分析、诊断等等方面都可应用计算机技术来了解运动员的信息，从而运用以上信息对训练进行科学的监控，合理改进技术动作，提高训练效果，确保运动训练的效率。有人提出现代体育正呈现科技信息——体育科研——成果应用——提高运动水平的发展模式。可见，随着新技术的应用，电子计算机技术的普及，体育自身的面貌将会大为改观。我们只有适应这种变革与挑战，才能使体育运动的发展跟上时代发展的步伐。

1. 当今世界各国都在体育教学中广泛运用了现代信息技术，如利用计算机辅助手段编排课表，建立教学方法综合评价体系，进行体育课程评价等等，这些都能对体育的各种课程组织实施、教学手段和教学效果进行监控、测评，大大提高了效益。

2. 在运动训练中广泛采用了从编制训练计划到监控训练过程、提高训练效果的电化教具，它可以准确测出运动练习中的旋转力和速度，甚至可以计算出每一个动作的能量，如美国人制订花样滑冰运动员训练计划和日本人利用监测仪来观察体操运动员空翻时的速度与技术，然后设计出新的高难动作并在训练中使动作形象化。

3. 在科研中各国专家都非常重视计算机在体育研究中的运用，除了人们经常采用的技术诊断外，还广泛运用了根据运动员的机能状况诊断来预测运动成绩和防治运动损伤的方法，乌克兰近几年运用信息技术在实验室中诊断运动员机体的机能潜力。他们提出，为了合理控制运动训练过程必须掌握与训练过程相关的所有客观信息。完善运动员训练控制的方法之一就是寻找获取信息的新技术、新形式和新方法，包括为了进一步分析与实现运动训练作用相适应的各种特征的信息积累、加工和信息的系统化。运动训练过程的管理与控制效率取决于考虑和分析与运动员各训练阶段的机能状况变化情况相关的训练与比赛负荷的参数。在运用能够获得保存和加工大量各种具有复杂结构数据的信息系统的数据库的基础上分析信息管理控制方面是完善控制训练过程的重要方面。通过确定在试验室中诊断运动员机体机能潜力的信息数据库能够采用的信息可以解决在试验室中诊断运动员机体潜力的各种问题：

①将运动员训练过程的各方面的数据结构化并予以保存；

②建立运动员成绩目录卡片档，包括比赛与训练练活动中的各种数据；

③将各种数据的分类结果尽可能自动化；

④尽量使用各个训练时期的不同变化指标；

⑤建立为了综合分析运动员个人能力的信息支持系统；

⑥计算出运动员参与科学研究的次数，在每一次研究中有影响的方法有哪些。

显然，在运动员训练中可合理地运用能够反映运动训练过程的各种不同的信息系统。在运动成绩预测方面，乌克兰也有较成功的例子，他们把预测建立在运用一系列综合方法的基础之上，包括教育学、心理学、生物医学、运动学和数理统计等方法。用这些方法研究得出的指标基本上可以反映运动员的日常竞技状态。在乌克兰广泛采用了杜萨宁研制的一种生物能监控器。采用该技术方法只要在小周期和中周期训练中充分考虑训练与比赛中的生理负荷对运动员机体的影响情况就能弄清各指标与其运动技能水平和运动员在多年训练完善中的各种不同阶段里的运动成绩之间的相关关系和变化规律，并建立实际的方法体系，使其预测准确性更高、更有效地采用计算机等信息技术来分析研究对运动员的快速诊断能力。

4. 另外，各国都有在根据本国的需要创造条件，运用现代信息技术建立多种多样的体育信息数据库，包括文献数据库、课题库、运动员数据库等等。再如在防治运动创伤方面，有的国家利用现代信息技术控制专门的仪器确定运动员关节最微小的变形，预测出可能出现创伤的危险，并加以针对性的预防。

从世界田径强国的发展来看，都在加强科训一体化的训练中心的建设，以提高训练的科技含量。在美国的科罗拉多·斯普林斯和普莱西德湖以及 90 年代新建的圣迭哥训练基地、俄罗斯的圆湖训练基地等，聚集了一批科研专家，他们密切结合运动训练实践，开展科学研究和科技服务，体育科研的作用已得到普遍重视，还有不断增大发展力度的趋势。这些集中型、专门化型的管理系统为田径竞技继续开发人力潜力、突破世界纪录创造了良好条件。而目前，中国田径管理中心还没有自己的田径训练基地。这不能不说是中国田径的遗憾。从与世界田径强国对比分析中看出，科技先导型的训练模式，在中国还很不够。为此，中国应大力加强科训一体化的研究工作，尽快建立科训一体化的大型训练中心或基地。

但是，科技的介入也必须充分考虑到人体的承受能力，不能以牺牲人的健康为代价去追求运动成绩。就像经济、社会的发展，应当依靠科技的进步，但又不能以污染环境、破坏可再生资源为代价一样。况且，还有一些以科学面目出现实际上是反科学的手段，严重干扰了田径运动的健康发展。比如兴奋剂的泛滥，对田径运动的发展及人体健康都造成极大的危害，不符合甚至是完全违背了持续发展的理论。

从反映现代体育的信息化、国际化的三项指标（交往国家数、起数和人次）来分析，20 世纪五六十年代我国的国际体育交往增长较为缓慢，当 1971 年中国在联合国的合法席位得到恢复，接着又参加一批亚洲体育组织后，三项指标才出现较明显的增长，尤其是 1979 年恢复中国在国际奥委会的合法席位后，此后十年的交往占整个 42 年总数的 2/3 左右。这种请进来、走出去的交流方式，大大加快了中国与世界之间的信息互换，促进了中国对世界先进技术、理论的了解、消化和吸收。其效果也是显著的。表现在成绩上就是：在 50～60 年代成绩的迅速攀升，和 80 年代中国田径运动持续的发展。

新中国成立后，最先一批接近和达到世界水平的运动项目，如田径中的女子跳高、男子短跑等部分单项，在 1953～1965 年期间，总计有 11 项 18 人进入世界前 10 名行列，这都与苏联东欧的交往密不可分。

第一，传入先进的训练理论与经验。

新中国成立之初，运动员的训练水平与世界水平存在 20～30 年的差距。而从二战结束到 60 年代，苏联研究解决了运动员全面身体训练与专项身体训练以及运动技术训练、意志品质训练和心理训练之间的关系，提出了从少年开始的多年系统训练、周期训练、人体运动负荷与恢复、科学选材等一系列先进的理论方法

第二，造就了新中国田径科教事业的技术骨干。

旧中国体育科学实验与研究基本上是空白，田径体育师资奇缺，1954 年初在北京体育学院开办了研究生班，由苏联专家指导毕业了田径专业的 23 名研究生，其中部分人和第一批由苏联留学回国的田径留学生，共同成为中国田径界教学、训练、科研的骨干，为中国田径运动科学技术的发展作出了显著的贡献。

一个国家要建立现代体育运动体系，必须学习研究世界体育的先进理论与经验，但是，这决不是说把国外的东西照搬照抄。只有不断与世界保持联系和交流，才能开阔眼界，才能不断吸收、消化先进的成果，丰富和完善自己的知识，时刻走在世界科研的前列。

（四）竞赛因素

为了田径运动的持续发展，我觉得应当对竞赛体制作必要的研究，包括对一些竞赛规则重新进行审视。因为竞赛是杠杆，是指挥棒，从这里着手是必要的。

一个体育协会成功与否，首先要看比赛项目是否受欢迎，所以通常是根据比赛的性质和特点来划分国际田联几个发展阶段的。国际田联 1912 年就成立了，但直到 1983 年才在芬兰赫尔辛基举办第一届世界锦标赛，为什么国际田联成立了 70 年而没有自己的世界锦标赛？这是因为田径是奥运会最主要的项目，当时国际田联的领导人也是国际奥委会的领导人，因此就把奥运会定为世界锦标赛。由于是业余比赛，没有收入、赞助、广告等经济问题，所以世锦赛是由国际奥委会举办还是在国际田联举办，矛盾并不突出。不像当时有些已经职业化了的体育项目，如 30 年代，足球有自己独立的世界杯比赛，篮球有自己的世界锦标赛。当时的田径比赛是业余的，国际田联本身并不重视办比赛，收入靠会员的会费，一年也就是几十英镑、几百英镑，再加上出版一些刊物、规则等等，国际田联并没有什么活动。从 1912 到 1961 年，国际田联成立了几十年，自己没有办任何比赛，也没有任何收入。1961 年才开始接管了第一个比赛——世界杯竞走比赛（也叫路卡诺

杯男子竞走比赛），这个比赛是欧洲一些国家举办的，规模扩大以后，才由国际田联来举办。

1973 年国际田联接管欧洲的越野赛，成为世界越野锦标赛。1977 年举办了世界杯田径赛，由各洲组成代表队参加比赛。

因为电视开始介入体育，国际田联从 80 年代开始自己举办比赛。电视普及以后，体育观众不仅局限在现场，而且可以转播到几千、几万公里以外的地方。观众面扩大了几十倍、几百倍甚至上千倍，赞助商认为田径比赛转播可以获得广告效应，能够帮助自己宣传产品，有利可图，因此愿意投资比赛。此时，国际田联意识到田径比赛的价值，在 1978 年国际田联代表大会上，决定举办独立的世界锦标赛。1983 年，赫尔辛基成功地举办第一届世界田径锦标赛，中国的朱建华就是在这次比赛中获得了中国在国际大赛中的第一块铜牌。

一个国际组织也好，一个国家协会也好，要想发展，就要有自己的产品，即比赛活动。这种比赛可以是高水平的比赛，也可以是群众性的比赛。主要目的就是通过比赛，扩大影响，以引起媒体、赞助商、观众的注意，由此推广田径运动。在 60 年代以前电视还没有普及的情况下，田径几乎还是纯业余时代。但随着电视的介入、整个体育的性质就已经不单纯是业余比赛，这里有经济利益问题。因此，1976 年国际田联决定允许在体育场内放置广告牌。1982 年又作出决定，允许运动员通过比赛获得奖金、允许运动员做广告等。

由于 1983 年的世界锦标赛举办得非常成功，国际田联在 1985 年又设立了大奖赛，每年一次；还设立了世界杯马拉松赛，第一届在日本举行，每两年一届；1986 年设立世界青年田径锦标赛，每两年一届；1987 年设立世界室内田径锦标赛，每两年一届；1992 年设立世界半程马拉松赛，每年一届；1992 年增加世界公路接力锦标赛，每两年一届；1998 年设立黄金联赛；1999 年增设世界少年锦标赛。从 1983 到 1999 年的十几年间，国际田联创立了许多新的比赛，形成一个系列，从室外到室内、从成年到青少年，从场内到场外、公路，跑、跳、投、竞走等等，各种类别和名目的比赛多得令人眼花纷乱，目不暇接，除了世界锦标赛、世界杯赛外，还组织了每年几十场的系列田径大奖赛，加之各洲际运动会，锦标赛及世界性的综合运动会，设立的奖金也逐步升级。设立比赛的目的有两个，一是扩大国际田联的影响，在观众面前不断有活动；二是通过这些比赛来增加国际田联的收入。上述比赛中世界锦标赛和世界室内锦标赛最有价值，因为这是世界最高水平、最有吸引力的比赛。

国际田径赛场发展迅速，竞争日趋激烈，特别是近几年，这其中虽不乏商业炒作的因素，但不可否认的是，也确实为运动员提供了大量的比赛机会，并极大地调动了运动员参赛的积极性和创造好成绩的欲望，使世界田径赛场变得异常火爆，给世界田坛带来了无穷魅力，通过频繁的比赛大大提高了运动员的竞技水平，推动着世界田径运动朝气蓬勃地向前发展。可以说，世界田径运动取得了突飞猛进的发展，除了与科学训练、运动器械不断完善有关外，另外一个重要原因就是国际高水平田径比赛（室外、室内）的举办。

同时，我们注意到，20 世纪 70 年代以来，欧洲竞技田径运动水平迅速提高。通过分析发现，欧洲一些国家之所以田径运动水平较高，一个重要的原因就是他们重视比赛，正是通过频繁的比赛提高运动员的竞技水平。实际上，场下训练和场上比赛是两回事，无论场下训练多么努力，如果没有足够的实战经验，也会影响成绩的发挥。比赛可以使运动员发现自己的缺陷和不足，对训练方法进行调整和修正，还可以调整运动员的竞技心理状态。这些都是训练所无法替代的。

相对世界比较而言，中国的田径竞赛制度显得有些滞后。中国以往的田径训练、竞赛体制基本沿用了苏联的模式，田径运动以训练为主，高水平田径比赛却少得可怜，除一年一次的锦标赛、冠军赛外，就是四年一次的全运会。除此以外，虽然国家田协每年举办不少次优秀运动员测验赛、精英赛，但由于各方面的问题，对动员的吸引力不是太大。基本呈比赛与训练分离状态，运动员只重视训练，而对通过比赛提高成绩认识不够。一般一年的训练分成几个周期，各个周期的目标很清楚，如冬训就是单纯冬训，一般均在训练量和全面发展身体素质上下工夫，基本上没有比赛。到了 5、6 月份才开始进行专项训练，准备参加比赛。一年中全国比赛一般为上、下半年各一次。运动员比赛晚且少，训练方法、训练思想单一，训练量和训练强度不能有机结合；全面身体素质训练和专项身体素质训练不能有机结合；对比赛与训练的关系认识有误，不能全面认识训练与比赛的相互促进关系，特别是在训练中如何来用比赛手段促进训练，提高训练强度、提高训练质量、提高训练水平认识不够，使训练与比赛不能有机结合，运动成绩自然受影响。

一些运动员甚至存在一些误区，不愿多参加比赛，怕参加比赛影响了训练成绩。

可以说，国内田径教练员、运动员必须要认识到比赛对训练的促进与核心作用。毋庸置疑，绝大多数运动员呕心沥血、艰苦训练的最终目的就是为了参加比赛。而能够在比赛中，特别是在世界大赛中创造优异成绩，有所作为，更是他们为之奋斗不息的最高境界，也是整个训练工作的核心。然而，当今竞技体育的竞争日趋激烈和白热化，比赛场上所体现的已不仅仅是技术、战术和体能上的较量，而是一场包括思想作风、意志品质、心理素质及赛场经验在内的综合能力的全面较量。常言道，水无常形，兵无常势。竞技赛场上的残酷、激烈和瞬息万变，常常使许多看似正确甚至非常英明的理论变得黯淡无光。因此，只有不断地在实践中去积累，在比赛场这个真枪实弹的特定环境中去磨炼，特别是在与强手的激烈对抗中才能获得真实的感知，才能得到全面的锻炼与提高。一切从实战出发，在战争中学会战争，正是"三从一大"训练原则的精华所在。许多国际上高水平的运动员之所以能够遇难不乱、处惊不变而屡创佳绩，也正是因为他们在频繁的实战中培养了全面的比赛意识、丰富的比赛经验和过硬的比赛能力。如果我们再把自己禁锢于过去那种所谓的"训练是积累，比赛是消耗"的陈旧观念中，只想"存钱"，不敢让运动员多参加比赛，不仅会被飞速发展的形势所淘汰，也不利于运动员的发展与提高，使训练工作失去存在的价值。经过国际上多年和国内几年来的实践经验和无数优秀运动员的成功例子所验证，我们可以肯定地说，比赛作为整个训练工作的核心与精髓。不仅于训练工作无碍，反而对其有极大的促进作用，简单概括如下：（1）比赛是一种高质量、大强度的训练。从理论上讲，运动员在比赛中技术动作的运用及承受的运动强度都是最大的，也是平时训练无法达到的。因此，将其作为训练的一个组成部分，对于运动员掌握过硬的技术动作有极大的促进作用。（2）比赛是检验训练效果的最佳途径。通过比赛可以有效地检验运动员技术运用的合理程度及前一阶段的训练效果，并为今后改进训练方法及手段提供依据。（3）比赛是积累经验、加强心理训练的最佳方法。通过比赛可以使运动员学会应付各种不同的意外情况，磨炼意志，提高心理素质和应变能力，尽快地在技术、战术和心理上成熟起来。（4）比赛是调节训练的有效手段。通过比赛可以将运动员从长期训练的枯燥无味中解脱出来，提高其情绪和兴趣。特别是成绩有所提高时，更可以激发其训练的积极性和热情。比赛越多，出成绩的机会也就越多。优异成绩的创造需要有多方面的条件做保证，从统计学上讲，参赛的次数越多，创造好成绩的机遇与概率也就越大。

正是基于这种国内外大环境的影响，1996年，经过积极筹备和酝酿，中国田径协会开始尝试竞赛制度改革，举办大奖系列赛。

田径管理中心进行的竞赛制度改革，变单纯注重训练为训练与比赛并重，努力建立以赛带训、以赛促训的机制，让运动员参加更多的比赛，在比赛中提高竞技水平。为此，管理中心从政策、制度等方面入手，改革传统的竞赛制度，鼓励运动员多参加比赛。经过几年的努力，竞赛制度改革逐渐产生了良好的效果。首先，竞赛制度改革扭转了运动员把训练与比赛对立起来的心理误区，调动了运动员参加比赛的积极性，参赛人数逐年增加。每年的全国田径系列大奖赛就是以赛代训的尝试。在不到两个月的时间内举行8站比赛，使许多运动员在一周内参加两次全国性的大赛，以此提高强度、促进训练。这说明，新的竞赛制度正被运动员所认识、认可。竞赛制度的改革有效地促进了田径运动水平的提高。

众所周知,比赛是对训练水平的检验,是高强度的训练课,是积累经验,创造优异成绩。适当增加高水平田径赛的次数,是提高运动成绩的关键。所以,从中国田径实际情况出发,创造条件,提供条件为运动员多举办些水平高、吸引力强的国际、国内邀请赛、大奖赛,这对提高中国的田径水平有十分重要的意义。

尽管田管中心为了促使运动员认真比赛,制定了相关措施,如累积分制、扣分制等,但效果不是特别理想。如在全国锦标赛上采用了不达标就扣分的惩罚性措施,但大多数选手仍然只看重名次而非成绩,因为名次带来的积分直接关系到九运会田径预选赛各队的名额。面对低得离谱的成绩,那些在国内拔尖的选手们并不感到难堪,因为九运会才是他们的唯一目标。另外经过我们的调查发现,田径管理中心的竞赛制度改革,对顶尖级优秀运动员来说,是受欢迎的。通过比赛,一来增加实战经验、检验训练效果,二来可以增加额外收入。因此,一些退役的运动员也重现活力,继续拼搏在田径赛场上。而对于大部分选手而言,还是存在抵触情绪的。赛事活动的增加,使得他们疲于参赛和调整,无法集中时间进行系统训练,在经济上也得不到补偿,第八名才奖励 400 元,如达不到健将标准,进入前八名任何奖励也不会有。绝大多数领队和教练还抱怨田管中心的扣分制,因为扣分制将直接影响各队参加九运会预选赛的人数,而且他们也不好向领导交代。一些田径弱省好不容易有几名队员能参加全国锦标赛,结果却得了负分回去,将直接影响明年九运会省里对田径项目投资。因此,还必须加强对赛事体制改革方面的进一步研究,例如同国际大赛接轨吸引运动员参赛并认真投入到比赛等。

(五) 市场开发因素

1. 国际田联在市场开发方面的成功经验

(1) 田径赞助制度的出台、高额奖金的激励,激发了田径选手突破成绩的积极性,减免了运动员的后顾之忧。体育奖金制度古来有之,特别是在 20 世纪中后期,随着商业对体育无孔不入的渗透,职业体育更是获得了空前迅猛的发展,进入了"黄金时代"。从世界杯足球赛,到四大网球公开赛,从惊心动魄的职业拳击比赛,到赏心悦目的 NBA 联赛,这些纯职业化的竞技体育项目,把"更快、更高、更强"的奥林匹克精神表现得淋漓尽致。

国际田联积极创办各种比赛,有了比赛这个产品,如何去包装、去推销是个关键问题。国际田联找到了 ISL 公司 (国际体育娱乐公司),ISL 公司最早的老板是达斯勒,也是阿迪达斯的老板,与国际奥委会、国际足联都有良好的工作关系。他取得了代理权后,国际田联就能够得到如可口可乐、阿迪达斯等公司的赞助。国际田联在 20 世纪 70 年代之前仅靠收取会费、办刊物等方式获得收入,整个资产大概是 20 多万美元。但是到了 80 年代末期、90 年代以后，有了赞助商、市场开发和电视广告的收入，国际田联将比赛整体出售。四年一期合同，有 1.5～2 亿美元的收入。具备资金之后，国际田联就可以再投入，实施各种计划，如在北京等地设立 10 个地区发展中心，培训教练员、裁判员和运动员；每年投入几百万美元用于反兴奋剂的活动；为每个国家的优秀运动员提供机票、食宿等经费以资助其参加比赛等。

当然，有些比赛是有吸引力的、赚钱的，有些是搭配的，比如少年比赛和竞走比赛，观众、赞助商兴趣都不高，所以国际田联很聪明地把所有比赛作为一个项目一起包装出售。如日本的精工，是记时设备的厂家，作为国际田联的指定赞助商以后，要对所有比赛提供记时服务；TDK 提供所有比赛的录像带服务；可口可乐为所有比赛提供饮料；服装方面的赞助商是阿迪达斯，每次比赛的官员服装都要由阿迪达斯提供。从另一方面讲，赞助商也可以扩大它的影响，国际田联通过这些服务来减少开支，双方受益。

田径赞助制度的出台、高额奖金的激励，不仅激发了田径选手突破成绩的积极性，同时也削减了选手们的后顾之忧。

田径运动整体在社会经济制度的变革大潮中活跃涌动着，在众多财团的争相赞助下，名目繁多而又充满刺激与吸引力的比赛应运而生，奖金额度也不断攀升，比赛站数越来越多，已有继续增加和升级的趋势。90 年代，IAAF 将世界田径锦标赛由四年改为两年一届，过去没有什么奖金的 IAAF 重大赛事，现在除出场费外，个人奖金已达 6 万美元。此外，还有各种名目的大奖赛、精英赛、资格赛、公开赛、年度"黄金大赛"直至"男女世纪飞人赛"等，如 1993 年，世界田径锦标赛的冠军奖励为"奔驰"轿车一部，1995 年发展为主要名次获得者均有一定的高额奖励。而到 2000 年以后，国际田联已决定前八名均得到奖励，第八名奖金将不低于 4000 美元。

再如 1996 年的加拿大的奥运百米冠军贝利，至少有 400 万的加币落入袋囊；而 200 米与 400 米的美籍双料冠军约翰逊仅"耐克"一项赞助就是 400 万美元。他们二人于同年 6 且在多伦多举行的 150 米飞人大赛中，在不到 10 秒的时间里，贝利赢取 100 万美元奖金，输家约翰逊也有 50 万美金作为他的辛苦费。

弗兰克·迪克先生曾对比 1976 年与 1996 年的成绩高峰期的运动员年龄曲线图，发现二十年中田径运动员的最佳成绩平均年龄曲线向右偏移了 2 年，显著表明老运动员们的竞技潜力在现代逐渐显现的状况。他认为，在过去无经济收益的年代，运动员们为了求得更好的生活条件都不得不过早退出田坛，而今，由于体育商业化大趋势的推动，运动员们于田坛生涯中拥有了更高的收入与更实质的保障条件。

世界田径锦标赛的奖金高达600万美元，而国际田联还要按相关名额支付参赛队的食宿、机票等费用，开支可谓庞大。几年前，国际田联强力推出了"黄金联赛"。为了适合电视转播商和观众的胃口，在内比奥罗领导下的国际田联还果断地进行了改革，压缩比赛项目和时间，使"黄金联赛"每站比赛从头到尾只有短短的两个小时。加上丰厚的奖金、不菲的出场费和以赛代练的"反传统"方式，高额的奖金吸引了世界知名高手，使得众多的大牌明星趋之若鹜。

（2）新闻媒体为运动员创造成绩提了广阔的舞台。

1962年发射通讯卫星的成功使国际范围内的实况转播成为可能，电视转播业成为体育商业收入最大、范围最广的渠道。

据有关部门统计，在20世纪末，共有超过120多个国家和地区近十亿观众收看了"黄金联赛"的电视转播。电视媒体的加入和宣传，造就了一批田径巨星。明星效益的作用，新闻界的炒作又给田径开辟了巨大的商业市场，循环往复形成了田径竞技运动与商业的良性循环。从1985年开始，仅仅从出售电视转播权和商家赞助这两项收入中，内比奥罗就为国际田联积累了70亿美元的巨额财富。目前，国际田联有200多个会员国，在前任田联主席内比奥罗的出色经营下，一举发展为仅次于国际足联的第二个国际单项体育财团。

田径项目因其在竞技体育和群众体育方面独特的自身价值，使其在市场经济占主流的当今国际环境中，具有很大市场。在近10年来，国际田径比赛从每年的一月份开始，一直比到入冬前。有些运动员全年比赛多达30余次。

在我国国内，社会主义市场经济正在逐步形成，体育亦在不断向社会化、产业化和职业化发展，体育比赛将全面走向社会、走向市场的趋势已不可阻挡。目前，中国体育体制正伴随国家社会主义市场经济体制的逐步确立而进行重大的调整。开发以竞赛表演市场为重要内容之一的体育本体产业，是现阶段中国体育产业化的重点。这同样给中国田径运动的生存与发展提出了前所未有的巨大挑战。因此，新赛制的推出，一方面意在顺应国际发展潮流，尽快与国际接轨，跟上世界田径的前进步伐；另一方面更是为促进中国田径运动水平的尽快提高，不断增强自身的竞争能力和声望，以争取观众，赢得市场，为中国田径的生存与发展开拓更好、更广阔的前景，使其能够在国际赛场上有所表现的同时，亦能够在当今市场经济的大潮中站稳脚跟，发展壮大。正是在这种背景下，中国田协出台了举办国内田径系列大奖赛的决定。系列大奖赛的举办具有以下好处：第一，为中国田径走向市场、提高自身造血机能进行有益的尝试；第二，通过全国各地的巡回比赛，提高了运动员比赛的适应能力，并有助于发展田径人口，推动田径运动的普及；第三，可增加运动员和田协收入。

2.中国田径管理中心面临的问题和机遇

缺少赞助，电视收入滑坡，使中国田径管理中心家底贫困。与足球、篮球和乒乓球等项目相比，因观赏性、刺激性和文化价值的差异而使田径运动的市场很不景气。中国甲A足球赛场中观众的人山人海，CBA篮球赛事的如火如荼，与田径赛场的冷冷清清形成鲜明的对比。

随着中国进入市场经济时代，田径管理中心也在这些方面积极地进行尝试和探索，如大奖赛系列赛事的推出、田径俱乐部的建立、运动员的转会制度、企业办全国大型比赛等，都对中国田径的发展起到了一个推动的作用。特别在近几年，中国田协已运作了几届大奖赛，虽这还不算是走向市场，但是已经有了一个开端。举办大奖赛，对改革训练、竞赛体制起到积极促进作用。同时，也使运动员的训练主动性有了较大提高，延长了优秀运动员的运动寿命；逐步与国际接轨，起到了以赛带练的作用；积累了一些市场竞赛经验。

但是，比较而言，中国的田径竞赛制度还显得有些滞后。如目前田径大奖赛和田协主办的其他重要室内外比赛的参赛办法以及现在的名次累积分法，在实际操作过程中效果是显著的，但也暴露了一些问题，在运作上主要表现为各省市田径主管和教练有空子可钻，大家一般没有如田径管理中心预先设想的那样积极投入到比赛中去。具体表现：

（1）"重在参与"，出工不出力。

（2）避重就轻，投机取巧，按照主要对手参赛情况选择参赛地点。

（3）不利于青年运动员的培养。

由于比赛不达标按照规则要扣掉团体总分，因此，各省市在选派青少年运动员上持谨慎态度。如此一来，费时费力，效果却不甚理想。

因此，今后如何更好的借助社会的力量、市场的优势引导、发展和推动中国竞技田径运动，还有待于进一步的研究和挖掘。

三、人员类因素

（一）后备力量因素

可以投入到生产中去创造财富的生产条件称为"资源"，从一般意义上讲，资源可分为三类：自然资源、资金和人力资源。人才是人力资源的一个组成部分，是具有较强科技管理能力、研究开发能力和专门技术能力的人的总称。

竞技体育人才资源分为运动员、教练员和管理人员三大类，运动员是最重要的人才资源。

竞技体育的竞争不仅是科学技术、政治、经济体制和实力的竞争，关键是竞技人才的竞争，归根到底还是竞技后备人才的竞争。纵观国际竞技体育发展史，以后备人才培养作为竞技体育发展的根本保证，已是各国共同的历史经验、现实选择和发展趋势。

青少年业余田径训练是竞技田径后备人才培养的基本形式，是落实《奥运争光计划纲要》的基础工程，如果将后备人才比作竞技田径人才之"流"，青少年业余田径训练就是竞技田径运动发展之源，源流俱在，竞技田径运动才可确保持续发展。同时，从学校体育整体观来看，青少年业余田径训练又是学校体育的组成部分，是提高学校体育运动技术水平、推动学生开展课外体育活动的重要形式或途径。由于学校体育是全民健身战略和奥运争光战略协调发展的结合部，因而青少年业余田径训练的意义不仅表现在为竞技田径提供后备人才，还通过培养大批体育骨干而推动社会体育的发展，促进全民健身事业的发展。

因此，青少年业余训练问题自20世纪80年代以来受到了广泛重视，曾一度成为研究的热点之一。

1. 中国青少年田径业余训练的现状

在最近一段时期，中国田径的后备力量出现了严重的匮乏局面，根据对全国从事业训工作的田径教练员的问卷调查，百分之百的教练员同意田径在争取生源上处于劣势的观点。特别是改革开放二十年，我国社会经济获得了长足的发展，社会结构与劳动分工发生了很大的变化。原来把上体校当做一种优厚待遇的时代已经不复存在。基层体校正面临着社会改革、教育改革与体育改革的三重压力，生源和经费都很困难。在这方面首当其冲的是田径项目传统学校。在整个体育行业后备人才相对匮乏的今天，由于田径项目比较辛苦、乏味，而且成才较慢，同时遭受着正规学校和热门体育项目的冲击，练田径的人数正在减少，质量也在下降，许多传统学校也在考虑或转型，其办学方针与办学手段发生了很大的变化，田径的基础已开始松动。

第一，从事业余训练的人数有待于进一步提高。

目前有一万名左右的青少年在全国市级以上体校进行业余田径训练，21世纪初在中国田径协会注册的1983～1987年龄段田径运动员近4000名。从数量上我国业余田径运动员的人数还有待于进一步提高。

第二，高水平后备人才严重匮乏，特别是优势小项的人才奇缺。

据田径管理中心对目前参加全国青少年比赛的运动员进行统计，16～17岁年龄组只有五十多人达到一级运动员标准，14～15岁年龄组达到优秀的人数仅有不到五十人。而在这仅有的苗子中间，也只有个别运动员被专家认为有可能成为高水平运动员。

在这些苗子中，被认为 2008 年我国的优势小项的人才数量更是少得可怜。中长跑、竞走等耐力项目仅有 9 人，无论从数量还是质量上都远远不能满足今后项目发展的需要。

第三，"一条龙"培养制度存在脱节现象。

少体校、运动学校、重点中学、体工队是我国多年建立起来的培养优秀运动员的"一条龙"培养体系，是结合我国管理体制和培养运动员的规律而形成的行之有效的培养体制，是我们培养高水平运动员的根本。但由于在衔接上存在很多不协调因素，特别是各单位利益的驱动，使得各自在培养目的、衔接上都存在很多问题。如业余训练阶段一味追求运动成绩，忽略了青少年阶段的基础培养。体工队为了保证优秀苗子不外流到其他省市或其他教练员的手中，过早地让青少年运动员进入专业队，进行专业训练。这一切都破坏了运动员的系统训练，导致训练成才率下降。

第四，业余培养单位与国家利益的矛盾。

由于目前业余训练的目的是参加省运会，因此而产生重视省运会，轻视全国比赛的现象。通过调查，每年在协会注册的 3000 多名青少年中，比赛人数不足 1000 人，占总注册人数的四分之一左右。不参加比赛的主要原因是省市单位不重视，没有经费。

2. 中国业余体育训练急需解决的问题

第一，业余体育训练体制需要改革。

现行的以各类体校为主体的业余训练体制源自苏联，虽为我国竞技体育的崛起起到过巨大作用，但由于计划经济体制的痕迹明显，在当前时期表现出一些体制上的不适应。现行业余体育训练体制具有较大的内向性和封闭性，缺乏横向竞争和纵向衔接，缺乏整个社会的协同配合，整体功能尚未发挥。业余训练的相关政策不健全，人才培养的主渠道仍显单一、狭窄。稳定的方向及训练网络虽然层层衔接，但结构并不严密，约束力较差等等。

第二，业余体育训练的目标需要调整。

中国现行业余体育训练的形式或途径较广，但由于形式和隶属关系的不同，在培养目标上也存有差异，总体上看，仍主要强调竞技体育人才的培养，忽视为社会体育培养骨干的价值追求，整体培养目标仍显过窄，这也是导致忽视文化学习以及影响生源的原因之一。

第三，参训学生的读训关系需要协调。

业余训练的特点在于其"业余"性和"基础"性。把握业余训练的特点是搞好业余训练的关键。除少数进入高一级训练形式继续训练外，绝大多数学生将面临升学、就业问题。对大多数学生来说，其文化素质的高低是其就业的筹码。业余训练阶段既是开发青少年体力的关键时期，也是开发其智力的重要阶段。

因此，青少年的业余体育训练必须处理好文化学习与训练的关系。而解决这一问题的有效途径可能是走体教结合的发展之路。

综上所述，自新中国成立以来，经历几十年的发展，我国的青少年业余体育训练已形成庞大的体系。在为中国竞技田径运动培养了一批又一批后备人才。但由于体委和教委双轨制之间的隶属问题，使得现在中国竞技田径项目后备力量薄弱的问题也日益突出，原有的田径项目三级训练网的近乎解体，逐级输送的制度遭到破坏。中国训练体制是一座结构不完善、基础不结实的"金字塔"，竞技与教育的相互支持，专业和业余的连贯衔接都存在很多的矛盾。目前，已经成为制约中国竞技田径运动持续发展的瓶颈。

（二）教练员素质及培训因素

目前中国田径竞技水平的整体下降，除了上述因素以外，另外一个根源在于缺少高素质的教练员队伍。

教练员在运动训练中起主导作用，是运动训练过程的设计者、组织者，是运动员的教育者和指导者。运动成绩的取得是在教练员和运动员科学训练的基础上提高的。但就运动员和教练员两方面人才来看，教练员人才似乎更为重要。所以，培养水平高、事业心强的教练员是关键。而培养教练人才，提高教练水平是关键。特别是在中国，田径运动队伍的核心就是教练员，运动成绩的提高在基本上取决于教练员的执教水平。教练员对运动员的影响是全面而又深刻的。教练员水平在很大程度上决定着运动员能否成才。古语说："得十良马，不如得一伯乐。"选准一个运动员，可得一登峰之才，选错一个，失一人，但是选准一个教练，却可得一片，出一批又一批优秀运动员。

我国学者史康成、邓小芬认为，教练员的知识结构的核心和主体应是运动训练学和体育生物学科知识。此外，体育教育学、体育社会学知识在教练员的知识结构中也占有重要地位。陈小平在《教练员基本素质构成初探》一文中提出教练员应具备的基本素质为"确立远大目标，富有献身精神；坚定信念，苦干实干；善于做思想工作，敢于大胆管理；树立教练威信，处处为人师表；重视业务学习，敢于创新；良好的心理品质"。《运动训练管理学》中认为教练员应具备品德素质，包括政治素质、精神素质和品格。知识素质，必须具备基本的政治理论知识、运动训练理论知识和必要的基础知识。能力素质，包括观察能力、分析能力、计划能力、交际能力、组织能力和表达能力，此外还有观念素质、气质素质和体魄素质等。我国学者肖云提出当代优秀教练员的模式应该包括以下诸方面的内容：第一，竞技体育的教练员必须来自有实践经验的基层教练员或退役运动员。第二，教练员必须勇于改革，大胆创新。第三，必须具有坚定的事业心和勇于献身的精神。第四，具有明确的奋斗目标和对工作高度负责的精神。第五，具有丰富的指导训练和比赛的经验。第六，具有较高的体育理论及其他有关学科的知识。第七，具有一定的科研水平和科研能力。第八，具有高尚的思想品德和正派的工作作风。第九，具有较强的教育、组织、管理运动员的能力。第十，具有良好的心理品质和稳定的情绪。第十一，具有较高的语言艺术。第十二，重视运动员文化知识水平的提高。第十三，兴趣、爱好广泛，性格开朗。第十四，具有较强的宣传鼓动和社交能力。第十五，教练员必须年轻化。此外，还有《论教练员的知识结构》、《现代教练员的职责与功能》等论文中都从不同角度对教练员个体素质进行了研究和探讨。

随着竞争强度的不断加剧，对教练员的智能要求更高了。由于科学化训练在竞技体育过程中的重要性和地位不断上升，而且运动训练正经历着一个由经验向科学、由单一学科向多学科综合、由教练员个体向教练员复合群体的转变。教练员不仅要有精湛的专业水平，而且要有丰富的多学科知识。在教练员素质的诸多因素中，知识结构和智能结构占有重要的地位。事实上，教练员水平低下已经成为制约中国田径发展的瓶颈。目前，中国教练员群体存在的主要问题有：

（1）知识结构老化严重。虽然以前广泛学过基础理论知识，但随着时间的推移、科技的发展，知识结构在不断更新。长期以来，教练员缺少进修和接受科技领域新知识的机会，因而其知识结构，已不适应现代化训练的需要。

（2）教练员知识结构的局限性严重。随着多学科综合的运用，教练员要懂得哲学、系统理论、运动心理、运动生物化学、运动生物力学、运动人才学、运动解剖学、运动医学、体育管理、体育统计等的丰富知识。作为教练员目前最为欠缺的是与运动训练相关方面的理论知识的信息知识，从而导致训练科技含量低，经验训练成分加重。

（3）长期以来，"优秀运动员＝优秀教练员"的公式一直为我国竞技体育界所认同、所接受，并习以为常。根据我们对全国专业队和业体校田径教练员进行的调查结果，专业队中 45.5％的教练员前身为优秀运动员，业体校的教练员中也有 25.8％来自退役的运动员。

（4）教练员学历结构层次偏低。知识是人的各种素质形成的基础，是进行创造性活动所需要的主要资料。教练员从事的创造性的脑力和体力相结合的复杂劳动，因此，教练员指导运动训练能力的形成在很大程度上取决于教练员掌握专业知识的情况。学历反映一个人受教育的程度，是反映一个人知识状况的主要指标。

当前中国教练员学历构成情况不容乐观，与其他世界体育强国相比，在这方面我们还有很大的差距。

（5）缺乏"复合型教练群体"。全球性技术革命浪潮迫使运动训练向现代科学的新思想、新理论、新概念过渡，向现代科技的新仪器、新方法去探求。现阶段的训练实践与科研紧密结合、融为一体，该阶段的运动训练实践需要教练员、科研人员、管理人员的合作，逐渐由以往的教练员个体形式向联系多门学科多种专门技术人员的集体化形式的转变。而目前，中国田径运动训练缺少的正是这种"复合型教练群体"。

从理论上讲，教练员的训练工作是一种知识、技能密集的创造性劳动，教练员必须要有良好的知识结构，而良好的知识结构的构建只能主要依靠教育。随着社会的进步和科学技术的发展，知识陈旧的周期逐渐缩短。近几十年，竞技田径的国际、国内竞争不断加剧，推动着田径运动训练的理论和技术不断向深度和广度发展。这种发展的形式使得任何希望在国际竞争中获得稳定优势的国家都必须重视在职教练员的继续教育。因此，当今世界各国都十分重视教练员的教育培养，出现了教练员教育正规化的趋势。王建宇在《中外教练员培训模式的对比分析》中指出："在英国有十六所大学被指定为培养高级教练员的培训中心，美国、加拿大等国也都在高等体育院、系建立了高级教练员培训中心。"金季春在《培养高水平教练员的思考》中指出："在奥运会上雄踞前三名的美国、俄罗斯、德国都建立起了一整套培养高水平教练员的方法、计划和措施，并有巨额投资。"

当前我国已经开展了多种形式的教练员继续教育，主要是靠体育院校的运动系和进修班，以及各类短期培训班以及信息服务等，也办了一些专项教练员训练班，为提高教练员素质，更新知识获取信息，进行科学训练起到了积极的作用。其中教练员岗位培训是当前国家田径管理中心为提高教练员素质，开发教练员人才资源而采取的一项重要措施。

根据我们对全国高级教练员岗位培训学员的统计，参加培训的63%的教练员认为培训对提高专项认识、丰富理论知识十分有意义，37%的教练员认为比较有意义。也就是说100%的教练员认为培训对训练工作帮助很大，能解决实际问题，为好多困惑找到了答案。因此，抓好教练员队伍的素质就成为未来竞技田径运动可持续发展的中心环节。

但我们也看到，中国田径教练员的岗位培训制度时间还不长，从开始实施现在一共才经过十年的时间，在操作过程中还存在有关制度不健全、制度不配套、落实不到位等很多问题，诸多细节还有待进一步完善。我国田径教练员知识陈旧现象仍然十分严重，还有约90%的田径教练员亟待培训，大批的教练员无证上岗，部分地方擅自给无证教练员晋升职称，即使培训过的教练员，知识也面临着更新和再充电的问题，但以目前的岗位培训规模和速度，无法实现预期目标，远远不能适应竞技田径运动未来发展的需要。

另外，一开始高教班的学员几乎全部是体工队的一级教练员，经过十几年的发展，教学对象已开始发生变化，现在是逐步面向省体校、地区体校，即从高级向低级、中级转移。另外，学员的素质也开始转变，学历水平由低学历（大专）向高学历（本科和研究生）方向发展。但教材、授课内容却未作相应调整，必须制定相关政策，并保证岗培制度的顺利运行，履行教练员执证上岗制度，在此基础上加快教练员（包括教委等系统）的岗位培训速度和规模，提高岗培质量，加快教练员专业及相关知识的更新，增加训练科学化程度，减少经验训练。另外，不断加强运动员自身的文化意识，这对提高运动成绩有积极的促进作用。同时这也可为从运动员队伍中培养未来高水平教练员打下良好的基础。

因此，必须加快办班培训速度和规模。办法：缩短培训时间、扩大招生数量。具体措施：面授、函授相结合。其优点在于：可以节约开支，减轻中心与地方的经济负担；形式灵活，针对性强，使用于不同教学对象；吸引更多的教练员参加培训。

第三节　我国田径运动可持续发展总体思路与措施

田径运动是衡量一个国家体育发达程度的重要标志之一，也是展示一个国家科技、经济、文化的重要窗口。新中国成立以来，中国体育事业的发展取得了令人瞩目的巨大成就，综合实力已居榜首，展示了新中国在短短数十年间，尤其是改革开放以来在科技、经济、文化等方面的进步。

目前我们正处在田径运动发展的关键时期，21 世纪中国田径运动的发展，能否在激烈的竞争中跻身于世界田径强国之林，实现 21 世纪第一个 10 年的可持续发展目标，实现中国竞技田径运动、群众田径运动和田径产业开发的协调发展，尽快研究和制定面向 21 世纪中国田径运动可持续发展的总体思路和措施，将直接关系到中国体育事业总体发展宏伟目标的实现。

一、总体思路

从前面对中国田径运动发展的历史、现状、出现的问题以及影响中国田径运动可持续发展的主要因素的分析中可以清楚地看到：当前中国田径运动发展过程中存在的种种不尽如人意的问题，如田径管理方式上残存的"管、办"结合的特征、优秀田径运动员和教练员数量的萎缩以及群众田径运动普及程度不高和田径产业市场规模不大等等，归根结底都是由于现行的管理制度跟不上快速发展的实践需要而导致的。因此，必须对现行的管理制度进行创新和发展。只有从制度这个源头上对中国田径运动的可持续发展实践进行综合调控，才能真正促使项目随社会的发展和进步而在数量、质量和时间维度上和谐发展，提高项目的可持续发展能力，进而实现田径运动的可持续发展。

我国改革开放的总设计师邓小平在其革命理论和实践生涯中，一直非常重视制度问题，重视制度分析，更注重从制度上解决实践中存在的问题。邓小平认为，"制度"作为一个体系是由根本制度、体制和规章制度三个层次构成的。社会的根本制度是就整个社会形态而言的社会制度，我国社会的根本制度是社会主义制度。体制作为社会制度的一个层次，是对社会运行方式和机制的规定，是指一定的社会根本制度的具体实现方式、结构方式以及服务并使其正常运作的运行机制和调控机制和管理体系。规章制度是指各个社会组织或具体工作部门对其工作成员所规定的组织纪律、行为模式、岗位职责、办事程序和奖惩办法等。"制度创新"，在制度学派的文献中常被视为"制度变迁"、"制度发展"的同义语，用以表达"制度创立、变更及随着时间变化"的动态过程。美国学者熊彼特则把"制度创新"定义为"用一种效益更高的制度来代替另一种制度的过程"。邓小平在指导建设有中国特色的社会主义社会的伟大实践中，形成了自己比较独特的制度创新观，他认为：中国的制度创新侧重层次不在于社会的根本制度层次，而在于体制制度层次，但这种创新不是小打小闹、小修小补，而是一场革命，即体制革命是我国制度创新的实质。

因此，从根本上讲，促进和推动中国田径运动可持续发展的总体思路应该是：通过制度创新进一步深化田径运动管理体制的改革，促进项目运行机制的转换。具体来说就是，逐步建立起符合现代田径运动发展规律的国家调控、依托社会、自我发展、充满生机与活力的田径运动管理体制和良性循环的运行机制。

二、主要措施

（一）深化田径体制（管理体制、竞赛体制、人事体制、训练体制）改革

1986 年原国家体委公布了《关于体育体制改革的决定（草案）》，此后不久，田管中心成立，经过多年的努力，在体育总局宏观管理、田管中心专项管理的运动项目管理体制下，田管中心发挥了积极的作用，但也暴露出一些问题。因此，建立具有中国特色的田径运动协会制，并向实体化方向发展是田径体制改革的关键。田径赛事要基本完成以国家办为主向社会办为主的过渡，努力拓宽田径社会投资的多元化渠道，实行项目分类管理和单项协会实体化，真正做到政事分开、管办分离，强化体育行政部门的宏观调控和行业管理的职能，建立起办事高效、

运转协调、行为规范的具有中国特色的田径管理体制和运行机制。改革运动员管理体制,运动员实行注册制,按照有关规定进行有序、有偿的运动员转会或交流,形成合理的人才流动体系。竞赛制度实行分级、分类管理,积极面向全社会开放竞赛市场,通过招标、申办等形式,鼓励社会各界积极承办各类田径赛事,逐步实行参赛许可证制度。大力加强激励机制、竞争机制和保障机制在田径管理体制中的作用。改革国家队组建办法,按照公开选拔、公平竞争的原则组建国家集训队,实行国家队教练员竞聘岗位制度的人事体制。在竞赛体制上,国内比赛从室内赛开始,形成系列,与国际接轨。大奖赛可以调整奖励的方向,将名次奖减少,以提高水平奖的幅度来增加奖金。我们可以参考国际上的做法,缩短比赛时间,增强竞争程度,对大奖赛设常胜冠军奖,提高奖金的数量。在竞赛的选拔制度上,减少人为因素,增加选拔的客观性和公平性,这样有利于田径运动的长远发展。目前我国的田径竞赛制度存在不少问题,最主要的就是全运战略和奥运战略冲突。解决的办法就是根据国际大赛的名次,把相应的积分记入全运会。同时,将奥运会、世锦赛和亚运会等重大国际比赛的田径金牌按照不同比重带入下届全运会,还将全运周期内的国际国内比赛的成绩、得分与全运会预选赛的名额挂钩,充分发挥全运杠杆的作用,达到举国为田径可持续发展目标努力的局面。竞赛体制改革的核心是增加比赛的种类和数量,提高比赛的社会效益和经济效益,分层次举办比赛,对重点项目进行政策倾斜。利用各种手段增加比赛的观赏性、趣味性、互动性和宣传性,吸引商机和观众。项目设置上,以备战奥运的重点项目和观赏性强的项目为主,加强宣传,将系列大奖赛逐步推向市场。除了锦标赛和大奖赛,田管中心还可灵活举办各种形式的比赛,比如分大区的比赛、吸引人的草地越野赛以及一些能吸引观众和赞助的专项比赛等。在训练体制上,可以建立集中与分散相结合、多强对抗的训练体制,拓宽训练渠道,鼓励社会办优秀运动队或高水平田径俱乐部,改变运动训练经费全部由国家包起来的做法。真正做到将运动员以往的封闭训练变为以赛代练,变被动参与为主动参与,重视市场开发。

(二)建立田径后备人才库,完善后备人才的培养与可持续发展

就一个国家的竞技体育而言,人才资源优势的竞争已不亚于科学技术和经济综合实力的竞争,体育强国之所以长盛不衰,共同的一点是极为重视青少年体育后备人才的培养。美国、法国、德国、英国、日本都有相当完备的竞技体育后备人才培养体系。我国的田径后备力量现状是田径运动青少年优秀选手人才辈出,而成人优秀选手寥若晨星,田径后备力量的成才率相当低,在青少年田径运动训练方面存在着问题。中国田径运动员竞技年龄明显小于世界优秀田径运动员的竞技年龄,一大批高水平运动员的运动寿命较早结束,未达到他们本来有可能达到

的最佳成绩，具有世界水平的运动项目则因某一省、市太强而被其他省、市放弃，从而造成我们的优势项目发展的不稳定和后继乏人。这构成了中国田径运动发展中奇异的矛盾现象，这是中国田径运动发展中必须解决的问题。针对田径后备人才成才率低，优秀苗子过早"夭折"的现象，国家应该选拔这些有发展潜力的苗子出来，建立田径后备人才库，构建一个扎实的后备人才平台，对青少年运动员培养加强监督。尽量延长高水平运动员的运动寿命，使他们在赛场上较长时间地发挥自己的运动才能，走后备力量培养的学校化和市场化道路，并切实解决好后备人才就业问题。重点发展优势项目，如女子竞走、女子中长跑、女子投掷等若干单项的后备力量，抓好后备力量队伍建设。后备人才的培养是一件投资大、见效慢的事情，一定要有长远打算，必须避免只顾眼前不顾长远的短期行为，才能从根本上保证中国田径后继有人，实现可持续发展的宏伟目标。

（三）借鉴国外训练技术，提高教练员的能力、素质和执教水平

中国田径可以试着请一些外籍教练，或者说走出去，到国外去训练。其他项目，如女曲、女垒、射箭等引进外籍教练后确实提高了训练水平和成绩。在田径项目中，一些国家聘用外国教练员，在短期内就显出成效，如印度请了跳远世界纪录保持者鲍威尔当教练员，其原来没有优势的男女跳远在亚洲乃至世界都有了相当的地位，这不能不引起我们的注意。聘请高水平的外籍教练员已成为中国田径的当务之急。仅仅只是短期的讲学、学习交流和研讨显然不够。虽然我们自己一些重点项目的教练员很不错，但为了达到更高的层次和水平，我们也可以请。尤其是一些中等水平的项目，我们更应该去聘请。教练员是影响体育事业发展十分重要的因素，要想在今后奥运会上取得优异成绩，没有一支优秀的教练员队伍是绝对不行的。因此，有必要从全方位对教练员进行培训，提高教练员的能力与执教水平；有必要加大优秀教练员的培养力度，使我国田径界尽快涌现一批"复合型"的优秀教练员。鉴于此，重点项目的教练员要不断接受不同的培训，包括各方面专家对教练所进行的专业培训，同一项目的教练员之间要相互交流，从理论和实践等方面提高教练员队伍的执教水平。此外，建立健全教练员考核制度，实行教练员岗位聘任制，竞争上岗，"庸者下，能者上"，大胆吸收那些富有创新意识，不断充实自我、提高自我、完善自我的年轻教练员。最后，田径管理中心应积极采取"内联外引，重点培养"等措施，给教练员创造出国学习的机会，并且聘请国外训练经验丰富的教练员、专家来执教或承担培训讲学的任务，使这支教练队伍不仅在数量上，更重要的是在质量上适应中国田径项目实现奥运战略的需要。

（四）加强理论、科技创新，实现体育科技创新和田径运动训练一体化

"创新则兴，守旧则衰"，这是贯穿整个竞技体育发展的客观规律。同样，创

新也是田径运动向前发展，取得优异成绩的必要前提。加强理论创新，要求在指导思想上贯彻"技术优先"和"田径项目是成人项目"的原则。田径运动作为竞技体育的重要项目，又是众多体育项目的基础，它的理论、训练方法、技战术的创新，无疑为推动我国竞技体育的发展起到了巨大的推动作用。在田径运动发展过程中，体育科技进步是促进田径运动发展的主要动力。科学技术不断进步，田径运动水平也越来越高，高水平运动员的成绩差距也越来越小，逐渐逼近人体的生理极限，这就要求我们训练必须科学化，而训练科学化必须依靠科学的发展和科技进步。因此，加强体育科技研究与开发的深度和广度，加大体育科技创新与田径运动训练相结合的力度，增强体育科技创新能力，实现运动员运动能力的可持续发展；积极探索建立科训一体化的体制，积极培育技术市场，大力开发高水平、适用性强的科技成果，提高解决关键问题的能力；进一步提高广大教练员、运动员的科学文化水平，保证新技术、新方法的开发并在实践中推广应用；加强优秀运动队的科技建设，组建高水平的国家田径训练基地，并实现基地与重点项目协同发展，加强基地的对外交流和对外开放，最终形成集科研、训练、比赛、生活、娱乐、商业于一体的多功能基地。通过这些措施，来提高运动训练过程的科技含量，实现体育科技创新和田径运动训练一体化。

（五）完善体育法制建设，规范田径比赛环境，加大反兴奋剂力度

目前，我国竞技体育的训练、比赛环境是一个亟待规范和净化的领域，如谎报年龄、乱服兴奋剂、贿赂裁判、商业操纵、行政干预等不良风气和恶劣环境都极大地干扰着竞技体育的发展。而田径是兴奋剂中的重灾区，所以必须端正态度，更新观念，完善体育法制建设，规范田径比赛环境，加大打击力度。长期以来，中国田径在世界赛场全面衰落，但在国内赛场上却又以全运会为周期"回光返照"式极速跃升，创造了不少让人摸不着头脑的神话。这种只能在全运会上取得大批优异成绩，而不能在国际大赛上有所表现的现象，值得人们深思在兴奋剂刺激下产生的"泡沫成绩"给中国田径的发展带来极大的负面影响。兴奋剂泛滥不仅已经影响了比赛的纯洁性，更严重阻碍着中国田径的健康、稳定和有序的发展。这点应当引起有关部门高度的重视。只有清醒地认识到中国田径水平的真实面目，严厉打击"假冒伪劣"成绩，将科学技术进一步介入到田径训练中去，提高田径项目科技化的程度，全面开展反兴奋剂的宣传教育活动，重视和加强反兴奋剂及其相关科学的研究，加大兴奋剂检测和处罚力度，建立完善的反兴奋剂法律体系、管理体制和社会对策，才能有利于促进运动员进行科学训练、刻苦训练、公平竞争，才能有利于中国田径今后的提高和持续发展。

（六）建立和充实地方田径协会组织，加强基层群众性田径组织建设

中国田径协会的业务范围是"根据国家的体育法规和有关方针政策，以及国

际体育组织的有关规定，统一组织、指导全国田径运动的发展，推动项目的普及与提高，促进亚洲和世界田径运动的发展"，"指导、协调全国青少年和群众性田径运动的发展"则是中国田径协会青少年发展委员会的工作职责之一。然而，目前我国仅有少数省市的协会组织比较健全，配备了一定数量的专兼职工作人员，发挥了较好的作用，多数省市的协会组织只有一个空架子，还没有"实"起来，还有个别省市的协会组织尚未建立起来。中国田径协会及其相关业务部门是组织和指导中国田径运动发展的法定组织，是推动中国田径运动开展的领导力量。然而，由于地方大多数省市及其以下的各基层组织建设工作的滞后，中国田径协会的各级组织还没有充分发挥其对中国田径运动的组织和指导职能。因此，今后必须大力加强省市及其以下的基层田径协会的组织建设和完善工作，充分发挥各级田径协会对田径运动的组织和指导、监管职能。

当前，我国群众体育工作的改革正努力朝着"由体委统一领导，各部门、各行业具体负责，进一步促进社会化发展"的既定方向前进，各部门、各行业的群众体育组织将在未来我国群众体育活动中发挥越来越重要的作用。为了能够推动和促进中国群众田径运动的可持续发展，中国田径协会及其各级基层组织在认真抓好本部门的组织建设工作的同时，还应通过发展业余俱乐部等形式加强基层群众性田径组织的建设工作，调动这些群众性田径组织在开展基层田径运动中的积极性，发挥他们在基层田径运动中的组织和领导作用，经常开展多种形式的群众性田径运动和竞赛，在全民中掀起群众田径运动的热潮。

（七）大力开展群众田径运动，充分发展田径运动人口

1. 培养青少年田径兴趣，发展青少年田径人口

随着各类体育运动的兴起，争夺田径人口的项目越来越多，由于田径项目的特点，可能会失去较多的田径人口。面对这一问题，田协要有长远打算，要利用一切机会扩大田径影响，加强青少年的比赛，为青少年树立田径偶像明星，激发少年儿童从事田径运动的兴趣，发展青少年田径人口。

美国对明星的培养很重视，田径明星也不例外，运动员不仅会跑会跳，而且善于与观众沟通。很多外国运动员活跃，跑完了绕场一周，很风光，观众喜欢看，如果跑完了就低着头出去了，观众要给你鼓掌也没法鼓。中国运动员要学会表现自己，像演员一样，学会跟观众贴近，把观众调动起来，你比赛起来也有劲。像多哈亚运会上刘翔的表现就能调动每位观众的积极性，达到完美的效果。如果一个运动员水平很高，但不善于跟观众沟通，不善于跟媒体沟通的话，人家也写不出故事来。所以对我们的一些优秀运动员，中国田协要培养他们善于面对媒体，善于讲话，以及培养他们的仪表、仪态等各个方面。

国外运动员在田径比赛中大都以其独特的个性特点吸引观众,如琼斯、格林等就能吸引青少年的目光,他们无论赛场赛外都非常会做戏,经常改变衣着、发型等,这些举动常能引起各类媒体对他们的宣传并成为美国青少年竞相模仿的偶像,大大加深了人们对田径的了解,也培养了青少年田径人口。

2.坚持群众性田径运动与竞技田径运动协调发展,充分发展田径人口

群众体育和竞技体育协调发展,这是几十年来经过我国体育实践证明了的真理。群众体育和竞技体育是辩证统一的,竞技体育对于群众体育可以起到引起兴趣、进行示范、技术辅导、提供条件的作用;群众体育对于竞技体育,则有着打好基础、发现人才、鼓舞斗志、体现价值的作用。目前,在抓好竞技田径的同时,以扩大田径人口和传播正确技术为重点,大力开展群众性田径运动,以竞技田径运动带动群众性田径运动,更具有十分重要的现实意义。一是发现和及时培养苗子;二是进行技术基础教学和体质锻炼;三是培养人气,创造强大的群众支持力量。要坚持群众性田径运动与竞技田径协调发展,实行两条腿走路,相辅相成,共同提高。

(八)加快中国田径运动实现社会化、市场化、职业化、产业化——"四化"的步伐

1.加强田径运动的宣传,促进田径运动社会化

田径社会化是从体育社会化演变而来的,体育社会化是指尽可能多地动员社会组织和社会成员兴办体育事业,参与体育运动和关注体育运动,使体育成为社会中的一种普遍现象和人们的一种生活方式。田径运动社会化就是使田径运动面向社会,深入社会,增加从事田径运动的人口,尽可能调动全社会重视和参与田径运动的积极性,包括从事田径运动锻炼、训练,参与兴办田径,并从参与中获得各种物质和精神利益。通过推行田径运动社会化,培养和增强全社会对田径运动的认识,壮大田径运动队伍,推动田径运动的持续发展,不断提高田径运动技术水平。

田径运动的社会化是田径运动市场化、职业化的一个重要条件。加强社会宣传让更多的人关注田径、了解和理解田径,参与田径运动,吸引更多的人参与田径比赛。对田径比赛,通过加强赛前的宣传,现场活动的多样化安排,广播员的激情讲解等等来激活田径比赛现场,从而吸引越来越多的观众进入田径比赛现场。

利用明星效应吸引观众。田径运动技术水平的不断提高及我国田径健儿在世界大赛中取得优异的运动成绩,将极大地鼓舞全国人民,对于提高田径运动的社会影响和地位有着极其重要的作用,同时,也会引起社会和企业对田径运动的关注,获得更多的企业、集团的赞助,我们应该借奥运会上取得的突破,宣传田径,

弘扬田径价值。这也是田径运动可持续发展的一个必要条件。

2. 进一步开发田径市场，拓展资金来源

田径运动市场化是主动引进市场机制，形成田径运动人才、训练、竞赛、表演、培训、管理等各个环节的运作向市场经济方向转化，以适应社会主义市场经济的新体系。

田径市场的形成和发展，将通过经济杠杆的调节作用和优胜劣汰的竞争为田径运动发展和优秀田径运动的成长创造良好的社会条件和激励机制。市场化还将吸引更多的人参与田径运动，使田径市场进一步扩大，人们锻炼及观赏高水平田径比赛的欲望就更加强烈，同时，对田径比赛竞争性和竞技水平也提出了更高的要求，也从另一方面促进了田径运动水平的不断提高。运动水平的不断提高，使人们关注的程度高了，企业的赞助热情也随之高涨，进而有利于田径市场的开发，从市场中吸引田径运动发展的资金，实现良性循环。

3. 改革田径竞赛制度，推动田径运动职业化的发展

田径运动职业化主要指从事田径运动训练的人员把田径运动训练和竞赛作为一种职业，使田径运动训练和竞赛活动向着商业化运作方向发展的一个过程。田径竞赛制度是国家的田径组织机构为实现田径运动的目的、任务而实施的各种规章、制度、竞赛活动和组织措施的总称，是组织和实施田径比赛的指南，是一切田径活动所要遵循的一个中心原则。

我国近些年来的竞赛制度改革已逐渐形成全国田径大奖赛系列、全国室内田径锦标赛系列、全国田径锦标赛为主的赛事安排，并由此而产生新的规章制度和组织措施。运动员每年可以参加 12 场左右的全国性比赛，再加上全运会、城运会以及国际比赛，优秀运动员每年的比赛可达到 20 次以上。这无形当中给田径运动职业化提供良好的契机，职业运动员可以在繁多的比赛中获得奖金，为其职业生涯提供物质基础。在以市场经济为主要形式的世界经济体系中，没有市场就没有竞技体育的社会生存环境。田径赛事在参加经济活动中必须符合田径运动发展规律。改革后的竞赛体制必须服务于运动员，有利于运动员出成绩，增加运动员对比赛的兴趣，让运动员和教练员能有切身的利益所在。田径竞赛体制还必须服务于爱好田径的基本观众，服务于田径场地的观众和电视观众，观众是赛事商业化运作的基本保证，是运动员的衣食父母。田径竞赛制度还要服务于新闻媒体，服务于记者，服务于商家，服务于企业。改革后的田径竞赛制度给田径运动职业化提供了发展的机遇。

4. 田径产业化的发展要走法制化道路

田径运动产业化是指田径运动事业中，能够进入市场的部分，按产业的方式

运作，以扩展田径事业发展的空间和增强自我发展的能力，促进田径带来的发展，使田径逐步市场化，让市场在田径资源的配置上起基础作用。

市场经济就是法制经济，田径产业也不例外，依法来治田径，加强法制化建设，是田径产业可持续发展的基本要求。田径产业的可持续发展要求田径管理部门应依法行政，依法治田径，以立法的方式实现管理意图。建立起以体育法为龙头，地方性法规为骨干、政府规章和部分规范性文件为基础的法规体系，实现由"人治"向"法治"的转变。

目前我国田径"四化"水平不高，表现在田径的普及、推广和宣传力度不够，全国田径大奖赛赞助商不多，市场冷清，田径运动职业化进展缓慢，产业发展滞后。针对这些问题，加强对田径运动的宣传，普及田径运动知识，培养人们的田径意识和对田径的兴趣；建立便民、利民和亲民的田径设施和田径活动场所；依法建立健全社会田径组织网络；培养和建设社会田径指导员队伍；开展各级各类学校、机关、社会团体田径比赛是实现田径"四化"的基本对策。同时，可以发展田径竞技表演业，与娱乐业结合在一起，参考足球宝贝、篮球宝贝，田径完全可以走这条路，以此激活田径竞技表演业。只要各方面工作到位，将田径比赛的组织与安排多样化，相信不久的将来田径场上也可以看到红红火火的田径宝贝。另外，组建田径俱乐部，以点带面，可以率先实行长跑类项目（马拉松）的职业化，以此推动整个社会田径运动发展。充分调动社会办田径的积极性，多种形式发展各种类型的田径俱乐部。积极鼓励有条件的地区和单位建立田径俱乐部，俱乐部的形式可多种多样，可由田管中心与企业联姻组建，也可由高等学校组建，可组建田径项群俱乐部或某个单项俱乐部，也可组建经营性俱乐部或冠名性俱乐部等等。虽然我国竞技田径还没有发展到已经能够进行职业队或职业联赛这种程度，但从社会主义市场经济的角度看，朝着这个方向发展已是大势所趋。田径比赛是一个很好的传播载体，有着强大的市场潜力。如果我们对比赛进行很好的包装，完全有可能吸引工商界投资其中，加快田径实现"四化"的进程。

参考文献

[1] 刘建国．田径运动（第 2 版）．北京：高等教育出版社，2010.

[2] 李鸿江．田径（第 2 版）．北京：高等教育出版社，2010.

[3] 文超．田径运动高级教程（修订版）．北京：人民体育出版社，2010.

[4] 王兴林．田径运动概论．北京：科学出版社，2007.

[5] 李老民．田径运动教程．北京：北京体育大学出版社，2008.

[6] 郑厚成．田径．北京：高等教育出版社，2006.

[7] 林志超．大学体育标准教程．北京：北京体育大学出版社，2007.

[8] 刘永东．田径运动实用教程．北京：人民体育出版社，2007.

[9] 张贵敏．田径运动教程．北京：人民体育出版社，2007.

[10] 李鸿江．田径运动高级教程．北京：高等教育出版社，2010.

[11] 王向宏．体能训练理论与方法．北京：北京航空航天大学出版社，2009.

[12] 周兵．田径健身教程．北京：高等教育出版社，2001.

[13] 张英波．现代田径运动训练方法．北京：北京体育大学出版社，2006.

[14] 彭金洲．田径运动战术理论研究［D］．北京体育大学，2007.

[15] 杨海泉．田径运动训练主要理论与方法的初步研究［D］．广西师范大学，2009.

[16] 宋爱民．我国田径竞技管理体制改革的研究［D］．华南理工大学，2010.

[17] 张世宝．田径运动训练管理方法［D］．山东大学，2012.

[18] 韩永鹏．对"群体训练原则"在田径科学化训练中的重要作用研究［D］．山东师范大学，2011.

[19] 曲淑华．中国青少年田径运动训练研究［D］．北京体育大学，2006.

[20] 沈丙妮．中国田径运动可持续发展的研究［D］．广西师范大学，2007.

[21] 李春雷．对中国竞技田径运动可持续发展的研究［D］．北京体育大学，2001.

[22] 周文军．我国普通高校高水平田径运动的可持续发展［D］．湖南师范大学，2005.

[23] 张彬．我国田径运动的竞技实力分析与可持续发展研究［D］．曲阜师范

大学，2012.

　　[24] 王海英. 我国田径赛事市场运作现状及对策研究 [D]. 武汉体育学院，2009.

　　[25] 朱序伟. 我国田径赛事市场开发影响因素及其对策的研究 [D]. 苏州大学，2008.

　　[26] 林庆国. 制约我国田径竞技运动发展因素研究 [D]. 山东师范大学，2005.

　　[27] 郑志磊，顾海军，赵仁辉. 田径运动训现状分析及对策研究 [J]. 南昌高专学报，2007.

　　[28] 杨津森. 田径运动技术的共性探讨 [J]. 温州师范学院学报（自然科学版），2000.

　　[29] 赖勇泉，谢明辉. 田径运动技术原理理论体系的思考 [J]. 广州体育学院学报，1999.

　　[30] 王西安，邓括. 田径运动的健身属性及没健身价值的研究 [J]. 体育世界，2008 年.